全国鉄道事情大研究
東北・東部篇

川島令三

はじめに

本巻では東北本線黒磯―盛岡間を柱にして基本的に同線の東側の各路線を取り上げる。

東北本線黒磯―盛岡間は交流電化区間で、東北新幹線が開通してから主として地域輸送を目的とした快速と普通、それに新幹線では運転しない貨物列車が走る。

快速で頻繁に運転されているのは仙石東北ラインである。この快速は塩釜駅の先で仙石線に直通する。このほかに釜石線直通の快速「はまゆり」や仙台空港鉄道直通の快速があるが、東北本線内だけを定期運転で快速として走るのは仙台―福島間の「仙台シティラビット」と水沢―盛岡間の「アテルイ」だけしかない。これらは運転本数が少なく、停車駅も多く、あまり利用しがいがない。

東北新幹線が開通する前は特急が頻繁に運転されていた。長距離輸送を新幹線に譲ってしまうのは当然のことだが、中距離輸送として高速の快速が頻繁運転されていないのは寂しい限りである。

仙台都市圏には2本の地下鉄路線と仙台空港鉄道があり、これにJR東北本線と仙石線、それに本巻では取り上げていないが仙山線が加わって公共輸送の基幹を担っている。これら各線は運転頻度が高く利用しやすいために、結構、混んでいる。

福島と盛岡の両都市圏でも鉄道はそれなりに利用されているが、仙台都市圏ほどの混み方をしている区間は少ない。そのなかで気を吐いているのは福島交通で、昼間時でも頻繁に運転されている。

東北本線の北部で東側の路線というと、海岸沿いに三陸縦貫鉄道を形成している八戸《はちのへ》線、三陸鉄道北リアス線、山田線、三陸鉄道南リアス線、大船渡《おおふなと》線、気仙沼《けせんぬま》線のほか、仙石線、石巻《いしのまき》線の各線である。

これら各線は東日本大震災による津波で大きな被害に遭った。八戸線は明治時代に起こった三陸地震の津波被害をもとに丘陵地帯を走るルートを選定したが、宿戸《しゅくのへ》—陸中中野間は内陸側の地形が複雑なために海岸沿い、それも波打ち際を走るルートにした。この結果、同区間で大きな被害を受けた。

久慈《くじ》以南の三陸鉄道北リアス線は陸中野田—野田玉川間の十府ヶ浦《とふがうら》海岸に沿った区間と田野畑《たのはた》—島越《しまのこし》間の明かり区間（トンネルでない区間）が大きな被害を受けた。特に島越駅は高架のホームと駅舎が流失する被害に遭った。

田老《たろう》駅にも津波が襲ってきた。何度も津波被害に遭ってきたために高さ10mの2重堤防を海岸に設置していた。それを津波は乗り越え、標高12mの高さにあった田老駅にまで達したが、堤防によって津波のエネルギーが抑えられ、駅は冠水しても大きな被害は免れた。

山田線は河口にあった第34閉伊川《へいがわ》の橋桁5連が流され、磯鶏《そけい》駅や津軽石《つがるいし》駅が浸水、織笠《おりかさ》駅、陸中山田駅、大槌《おおつち》駅、鵜住居《うのすまい》駅は壊滅的被害に遭った。

三陸鉄道南リアス線も明かり区間に津波が押し寄せた。大船渡線・気仙沼線も海岸部を走る区間で壊滅的な被害を受けた。

完全に復旧したのは三陸鉄道の2線だけである。気仙沼線の柳津《やないづ》—気仙沼間と大船渡線の気仙沼—盛《さかり》間は被害が大きく復旧するには時間と費用がかかるので、鉄道としての復旧を諦め、被害に遭っていない区間の路盤を舗装してバス専用道とし、ＢＲＴという名でバスを走らせた。

ＢＲＴ化すると運行費用が安くなるために運転本数はたしかに増えた。それだけ乗りやすくはなったが、所要時間は長くかかるようになった。壊滅的被害に遭った陸前高田《りくぜんたかた》の市街地は土地を10ｍ以上嵩上《かさあ》げすることになり、すでに大半が嵩上げされ、ショッピングセンターなどが開業している。今後、復興住宅などが建つことになるが、陸前高田市が描いている復興後の都市計画図には大船渡線の線路も描かれている。陸前高田市としては鉄道の復活を望んでいるようである。

また山田線の宮古《みやこ》―釜石間もＢＲＴで復旧することが考えられたが、その後、鉄道として復旧することが決まり、復旧後はＪＲから三陸鉄道に移管して盛―久慈間を三陸鉄道の手によって一体運営することになった。大槌町付近はまだ嵩上げ工事中で線路を敷設しなおすところまではいっていないが、その他の被害区間は復旧工事がほぼ終了している。

本巻では東日本大震災の被害状況と復旧状況、そしてＢＲＴで復旧した区間はどうなっているのか、またどうなるのかを詳述する。

ＢＲＴの先例として白棚線《はくほう》白河―磐城《いわき》棚倉《たなくら》間のＪＲバスがある。一部区間でＢＲＴと同様に路盤をバス専用道化してＪＲバスが走っている。本巻で取り上げる水郡線のなかで白棚線を紹介する。その水郡線、そして同じ郡山《こおりやま》駅から出ている磐越東線は運転本数が極端に少ない。これでは利用しようにも利用できない。このため乗客は減る一方である。運転本数をもう少し増やせば乗客は増えると思える。

各線の状況は平成29年8月末時点のものである。また各種データは平成28年度のものだが、私鉄に関しては混雑率を除いて平成25年度のものである。混雑率はＪＲと同じ平成28年度のものである。

平成29年9月

全国鉄道事情大研究〔東北・東部篇〕目次

全国鉄道事情大研究

東北・東部篇

JR東北本線（黒磯—盛岡）

高速の快速の頻繁運転を

POINT! 東北本線は東北線の部の本線で常磐線をはじめ多数の所属線を抱え、元来は東京—青森間739・2キロの長大路線だった。しかし東北新幹線の盛岡—新青森間が開通すると、東北本線の盛岡—青森間は廃止され、路線は第3セクター鉄道に譲渡し、路線の長さは535・8キロに縮小した。

　また、東北新幹線大宮—盛岡間が開通する以前は昼夜を問わず多数の特急、急行が走っていた。そして最高速度は120キロを出していた。現在、新宿—東武日光・鬼怒川間を走る特急（東北本線走行区間は赤羽—栗橋間）以外で定期で走る優等列車は、福島—仙台間の快速「仙台シティラビット」、仙台空港—仙台間の快速（同・名取—仙台間）、仙台—石巻《いしのまき》・女川《おながわ》間の快速（同・仙台—塩釜間）、釜石—盛岡間の快速「はまゆり」（同・花巻—盛岡間）、それに快速「アテルイ」（同・水沢—盛岡間）だけになってしまった。寂しい限りである。


【概要】東北本線のうち交流電化区間の黒磯—盛岡間372・0キロと通称利府《りふ》支線と呼ばれる岩切《いわきり》—利府間4・2キロを取り上げる。東北本線は東北線の部の本線であり、利府支線はもともとは東北本線の一部だったのを線形改良で海側を通るルートに変更し、利用が多い岩切—利府間だけ東北本線の枝線として残されている。

　安《あ》積永盛《さかながもり》駅で水郡線、郡山《こおりやま》駅で磐越東線と磐越西線、福島駅で福島交通、矢野目信号場と槻木《つきのき》駅で阿《あ》武隈《ぶくま》急行、岩沼駅で常磐線、名取駅で仙台空港鉄道、仙台駅で仙山線、岩切駅で利府支線、松島駅で仙石線（仙石線・東北本線接続線）、小牛田《こごた》駅で石巻線と陸羽東線、一ノ関駅で大船渡《おおふなと》線、北上駅で北上線、花巻駅で釜石線、盛岡駅で山田線とIGRいわて銀河鉄道と接続する。

IGRいわて銀河鉄道はもともとは東北本線だったが、東北新幹線の延伸開業で第3セクター鉄道が引き継いだものである。

また、新白河駅と郡山駅、福島駅、仙台駅、一ノ関駅、北上駅、盛岡駅で東北新幹線、福島駅で奥羽本線（山形新幹線）、盛岡駅で田沢湖線（秋田新幹線）、仙台駅で仙石線と仙台市交通局東西線と南北線と連絡している。ここでいう連絡とは、線路はつながっていないが、連絡運輸をしている駅のことである。

岩倉具視《いわくらともみ》は全国各地に政府の保護による私設鉄道を設立する必要性があると唱え、明治14年（1881）2月に日本鉄道の発起人会を開いた。

当初の建設区間を1．東京―高崎間とその途中で分岐して青森まで、2．高崎から中山道《なかせんどう》経由で長浜まで、3．中山道線の途中から新潟、秋田まで、4．大里（門司）から長崎までと、その途中から熊本までの四つの路線を定めた。

中山道線は東京と京都を結ぶ国の鉄道局の予定線だったし、3は北越鉄道、4は九州鉄道が敷設しようとしていた。それを一つの私設鉄道が運営するとしたので、社名を日本鉄道にしたのである。

しかし、現実には東京―前橋・青森間をとりあえず敷設することにし、東京―前橋間を第1区、その途中から白河までを第2区、白河―仙台間を第3区、仙台―盛岡間を第4区、盛岡―青森間を第5区にして、11月に特許条約書（現在でいう免許）が公布され、12月に会社を創立し、明治15年に第1区を鉄道局の手によって着工した。

明治16年7月に上野—熊谷間、17年5月に熊谷—高崎間が開通した。第2区の分岐地点として大宮と熊谷が検討された。熊谷分岐は距離が短く、館林《たてばやし》と佐野を通ることから需要が見込まれたが、多数の川を渡らなくてはならない。大宮分岐では、ルート上にある大きな川は利根川だけということで工費は安い。このため大宮分岐が決定した。

明治17年12月に大宮—宇都宮間を着工し、以後、次々と着工していった。大宮から宇都宮までは18年7月に開通した。ただし利根川橋梁の建設が長引き、栗橋—中田仮駅間は渡船連絡になっていた。19年6月に利根川橋梁が完成し、11月に那須野（現西那須野）まで、12月に黒磯まで、20年7月に郡山まで、12月に岩切まで開通した。

明治23年4月に岩切から一ノ関まで、9月に盛岡まで、そして24年9月に青森まで開通して上野—青森間が全通した。

開通時、上野—青森間を通しで走る列車は上り1本しかなかった。所要時間は26時間45分もかかっていた。明治30年には2往復の運転になり、所要時間も24時間ちょうどになった。36年に所要時間は最速で20時間30分になり、1等寝台と食堂、それに2等座席の合造車が連結されるようになった。

明治39年に鉄道国有法が成立して日本鉄道は国有化され、42年の線路名称の制定で上野—青森間を岩切—塩釜港間の支線を含む東北線の部の本線とした。

東北線の所属線は高崎線、川越線、両毛線、烏山線、日光線、足尾線（現わたらせ渓谷鐵道）、水戸線、真岡《もおか》線（現真岡鐵道）、常磐線、塩釜線（陸前山王―塩釜埠頭間）、水郡線、丸森線（現阿武隈急行）、仙石線、仙山線、北上線、田沢湖線、角館《かくのだて》線（現秋田内陸縦貫鉄道）、花輪線、石巻線、気仙沼《けせんぬま》線、大船渡線、盛《さかり》線、釜石線、山田線、宮古線（現三陸鉄道北リアス線）、岩泉線、八戸《はちのへ》線、久慈線、大湊線、大畑線（後の下北交通）、白棚《はくほう》線（廃止、白河―磐城《いわき》棚倉《たなくら》間）、川俣線（廃止、松川―岩代川俣間）、上越線、吾妻《あがつま》線と日本で一番多い。これは日本鉄道となっていた高崎線と同様に常磐線を本線とはせずに東北線の所属線にしたことが要因である。これに本線直属の支線である利府支線が加わる。

国有化後の明治42年に3往復あった上野―青森間直通列車のうち、1往復を急行にした。これによって所要時間は17時間に短縮した。

郡山以北で最初に複線化されたのは仙台―苦竹《にがたけ》信号場（現東仙台）間で、大正9年（1920）2月だった。その後、12年12月に岩沼―岩切間も複線化された。常磐線の貨客列車が仙台あるいは長町操車場に乗り入れ、塩釜港駅への貨物列車の運転が加わって運転本数を増やす必要があったためである。

黒磯―白河間には25‰の急勾配区間があったために、白坂トンネルを掘削するなどして線路を移設し、大正10年に勾配を10‰に緩和した。その後、久田野《くたの》―泉崎間、鏡石―須賀川間、花泉―一ノ関間の25‰の勾配の緩和を行なった。

戦時の昭和19年（1944）11月に岩切―品井沼間の16・7‰の勾配を緩和した。従来、塩釜線岩切―塩釜港（貨）間の途中にある陸前山王駅から松島湾に沿った新線を建設し、これを海線と称して主として貨物列車を走らせるようにした。そして37年4月に海線は複線化され、こちらを本線とし、山線は岩切―利府間を除いて廃止し、利府支線となった。

昭和43年に上野―青森間全区間が電化され、583系電車が投入された。583系電車は昼行時は座席、夜行時は寝台になる車両（1等車は除く）で、昼行特急として走り、折り返し後は夜行特急となる優れもののため、車両基地をあまり必要としない。そして昼行の「はつかり」の上野―青森間の所要時間は8時間30分まで短縮した。

そして昭和57年11月に東北新幹線大宮―盛岡間が開通し、特急「はつかり」は新幹線連絡の盛岡―青森間の運転となった。東北新幹線は上野、そして東京乗り入れとなり、盛岡からも八戸、続いて新青森まで延長された。東北本線の盛岡以北は第3セクター鉄道となったが、盛岡以南と同様に普通列車主体の運転になっている。

東北本線の全区間である東京―盛岡間の輸送密度は8万1516人である。これは埼京線や京浜東北線を含んでいる。ちなみに埼京線などを含んだ東京―大宮間では60万9348人になっている。

黒磯以遠の区間毎の輸送密度は、まず黒磯―新白河間では2397人、東日本大震災後の平成24年度は2451人、東日本大震災前の21年度は2468人で減少傾向にあるが、分割民営化時の昭和62年度は7480人だから大きく減ってしまっている。

新白河―福島間は8888人、平成24年度は8724人、21年度は8694人、昭和62年度は1万3189人となっている。

福島―白石間は5910人、平成24年度は6057人、21年度は5614人、昭和62年度は6663人である。

白石―仙台間は2万9313人、平成24年度は2万8341人、21年度は2万9032人、昭和62年度は２万７７９２人である。
仙台—小牛田間は１万８１８３人、平成24年度は１万７２４９人、21年度は１万６５９５人、昭和62年度は２万１５０４人である。
小牛田—一ノ関間は２２１２人、平成24年度は２４７５人、21年度は２５９４人、昭和62年度は５７８１人である。
一ノ関—盛岡間は８４４１人、平成24年度は８８２５人、21年度は８３９３人、昭和62年度は１万３７６人である。
利府支線は５７１８人、平成24年度は５４７９人、21年度は公表されていない。昭和62年度は１３２４人である。
昭和62年度に比べて白石—仙台間と利府支線を除いてすべて減少している。クルマ社会への移行と少子化が要因だが、さらに昭和62年度は上野—青森間運転の寝台特急「はくつる」が２往復あって黒磯—盛岡間で輸送密度に反映している。また常磐線経由の上野—青森間「ゆうづる」が３往復あって岩沼—盛岡間で輸送密度に反映していた。
白石—仙台間と仙台—小牛田間、利府支線は震災後に沿岸地域からの住居移転や仙台都市圏の発達で増えている。白石—仙台間は仙台空港鉄道の開通でさらに増加が加速されている。
仙台都市圏での下りの最混雑区間は長町→仙台間で混雑時間帯は仙台到着でみて７時から１時間、この間に４両編成が６本、６両編成が４本走り、通過両数は48両、輸送力は６３２７人、輸送量は８４６８人で、混雑率は１３４％となっている。

上りの最混雑区間は東仙台→仙台間で混雑時間帯は仙台到着でみて8時から1時間、この間に4両編成が4本、6両編成が2本走り、通過両数は28両、輸送力は3755人、輸送量は4272人で、混雑率は114％になっている。

【沿線風景】●黒磯駅　電化方式は黒磯駅以南は直流1500V、以北は交流50Hz20000Vになっている。

直流電化は変電所で交流から直流に変換しなくてはならないので変電所設備に費用がかかる。交流電化はそれが不要で変電所設備は安価だが、今度は車両に直流への変換装置が必要で車両価格が高くなる。

頻繁運転される線区は直流電化、運転本数が少ない線区では交流電化がいいとされている。黒磯以北の交流電化は昭和34年（1959）に行われた。このころは交流電化と直流電化の切り替えは地上方式をとっていた。

黒磯駅の以北と以南とを直通する列車は機関車牽引の客貨車を使用することにした。以南から列車が黒磯駅にやってくると、直流機関車を切り離してから架線電流を直流から交流に切り替えて、交流電気機関車を連結して以北へ向けて発車する。

しかし、これでは手間と時間がかかる。このため車上切り替え方式も開発された。交直両用の機関車あるいは電車を使用し、車両の屋根上にある交直検知装置によって交流か直流かを判断して切り替えるのである。このためには交流電化と直流電化のあいだにデッドセクション（無給電区間）を設置し、車両が通過すると次々に交直切り替えを行うのである。

黒磯駅では両方を備えている。最近はほとんど車上切り替えは行なっていない。少し前まで貨物列車は地上切り替え方式を行なっていたが、現在はすべて交直両用機関車となり、機関車の付け替えはなくなった。普通列車は直通運転をせずに黒磯連絡をしている。車上切り替えの直通列車は定期列車としては皆無、団体

東北本線(黒磯—白河)

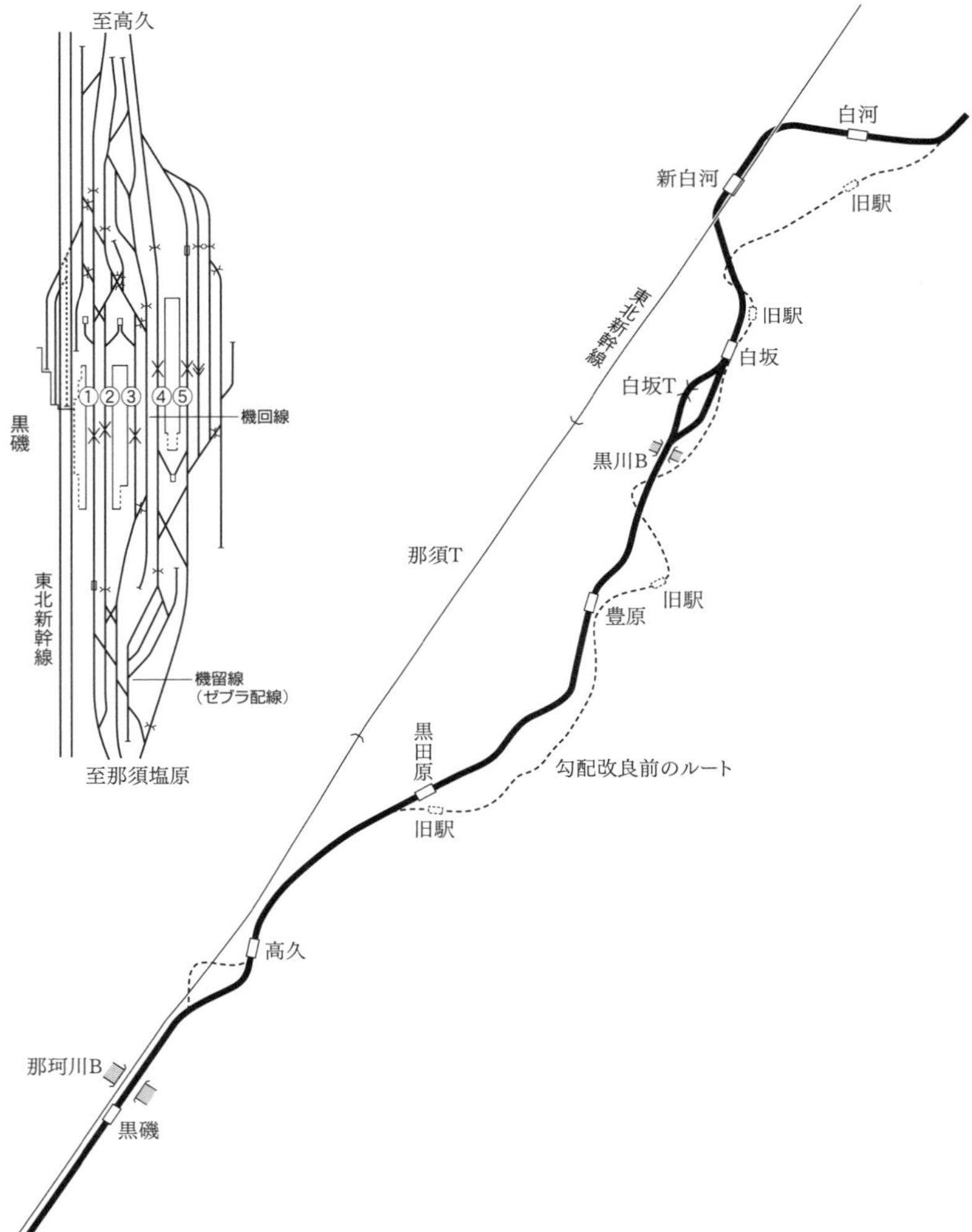
至高久
黒磯
①②③④⑤
機回線
東北新幹線
機留線
(ゼブラ配線)
至那須塩原
白河
新白河
旧駅
東北新幹線
旧駅
白坂
白坂T
黒川B
那須T
旧駅
豊原
黒田原
勾配改良前のルート
旧駅
高久
那珂川B
黒磯

黒磯駅の4番線に停車中のE721系交流電車郡山行（左）と2番線に
進入中のEH500形交直両用機関車牽引の下り貨物列車

臨時列車しか行なっていない。

１番線は上野方にデッドセクションがある。２番線は下り貨物列車が交直両用機関車になっても停止して地上切り替えを行う。３番線は直流電化に固定し、上野方面の電車が発着する。４番線は交流電流を流して福島方面電車が発着する。５番線は上り貨物列車の車上切り替えを行う。駅の上野方に直流機留線、福島方に交流機留線がある。

しかし、交流になったり直流になったりと可変ができることは事故の起こる可能性がある。特に交流電化は50Hz 20kVなので架線に近寄るだけで吸い寄せられて危険である。事実、感電死事故が起こっている。

このため黒磯駅全体を直流電化に固定し、次の高久《たかく》駅とのあいだにデッドセクションを置いて、ここで交流電化に切り替える工事を現在行なっている。こうなると黒磯駅から以北へは現在のような交流専用電車ではなく交直両用電車を使用することになる。つまり、交直両用のＥ５３１系が投入されることになり、もしかすると品川―郡山間といった直通電車が走るかもしれない。

●黒磯―新白河間　黒磯駅を発車すると単線並列橋梁で127mの那珂川《なかがわ》橋梁を渡る。その先で福島県との県境の那須山麓を抜けるために10‰の上り勾配になる。手前の野崎駅辺りから、ほぼずっと直線だったが、最小曲線半径600mのカーブが続くようになる。

東北本線が開通したときの黒磯―白河間は最急勾配が25‰の山岳線だった。これを10‰に緩和するために大正10年にほぼ全区間でルートの変更を行なった。

西側に並行していた東北新幹線が分かれる先で水平になると相対式ホームの高久駅がある。単線時代は行き違い用の信号場だった。黒磯寄りの上下線それぞれに、その名残の側線が保守用の横取線（保守用側線）として残っている。黒磯―高久間はルートを変更して勾配を緩和したが、高久駅（信号場）の位置は開業時と変わっていない。

再び10‰の連続上り勾配で進み、93mの余笹川《よささがわ》橋梁を渡るために10‰で降りてから、また上って水平になると黒田原《くろだはら》駅となる。高久駅から黒田原駅の手前までは開業時と同じルートだが、勾配緩和後に黒田原駅は500m西に移設された。

その黒田原駅は元はJR形配線に貨物側線があった。また、東側に島式ホームが配置されていたが、駅本屋も東側にあるために島式ホームの外側の上り本線が2番線、内側の中線が3番線、片面ホームの下り本線が4番線になっている変則的なJR形配線だった。通常は片面ホームが駅本屋側にあって1番線にする。しかし、駅本屋側から1番線とするのが大原則のために同駅はこうなっていた。

また、2番線の東側に片面ホーム跡があり、これに面した線路が1番線となっていた。

現在、黒田原駅は中線が撤去され、島式ホームの中線側は柵が設置されている。また、ホームがなくなった福島寄りには中線を、東側には貨物側線と上1線を流用した横取線が置かれている。そして発着線番号は上り本線が1番、下り本線が2番となっている。

黒田原駅を出ると緩い下り勾配になってから10‰の連続上り勾配に変わる。水平になると豊原駅がある。同駅は島式ホームで半径600mの右カーブ上にあり、下り側の横取線が福島寄り、上り側の横取線が黒磯寄りに置かれている。

再び連続10‰の上り勾配になり、上下線のあいだが広がって単線並列複線橋梁で338mの黒川橋梁を渡ると福島県に入る。勾配緩和のために白坂《しらさか》トンネルを掘削してルートを変更したが、複線化のときに旧線を上り線として再利用し、下り線は別ルートで勾配を緩和させた線増線とした。上り線は20‰の下り勾配があってサミットに達する。サミットの福島寄りは9‰の上り勾配である。

列車は上り勾配に弱いが、下り勾配ではただ降りるだけなので急勾配を気にすることはない。このため旧線を再利用したのである。上下線のいずれかを勾配緩和のために別ルートにした複線化は、線路を平面図で見ても縦断面図を見てもたすき掛け状になっていることから、たすき掛け線増という。

なお、サミットの標高は上り線が403・6m、下り線が398・3mになっている。黒磯駅の標高が293・3mだから100mほど登ったことになる。サミットの先で緩く下って上下線が合流した地点に白坂駅がある。中線を撤去した元JR形配線の駅で、福島

新白河駅に進入する黒磯行、上は新幹線新白河駅

寄りには中線などを流用した横取線がある。

最急勾配10‰の下り勾配が続き、半径800→600mで大きく左にカーブし、今度は半径600mで右にカーブしながら東北新幹線をくぐり、東北新幹線と並行するようになると新白河駅がある。

●新白河─郡山間 新白河駅は東北新幹線が開業する前は磐城西郷《いわきにしごう》の駅名だった。新幹線寄りが片面ホームのJR形配線で、発着番線は新幹線の下り4番線に続いて5番線から始まっている。また、西側には貨物ヤードがあって、三菱製紙白河工場への専用線がつながっていたが、貨物輸送を中止し、残っていた貨物ヤードも本線との接続を切られている。しかし、JR貨物の車扱《しゃあつかい》貨物臨時駅となっていて正式に貨物取扱を廃止したわけではない。

少しのあいだ新幹線と並行し、半径600mで右にカーブして東北新幹線をくぐり、東向きになると白河駅がある。島式ホーム1面だけだが、貨物着発線が下り本線の外側に2線、上り本線の外側に1線ある。

これら着発線は上り1番線といったような言い方をする。上り本線に続いてある線路のことで、貨物着発線のような線路は本線であっても、貨物の着発用といったサブ的な本線なので副本線としている。このため上り1番副本線というのが正しい。また、貨物列車も含めた営業列車が走らない留置線などの線路は総称して側線という。そして側線にも上り1番線と線路名を付けている。

この上り1番線あるいは下り1番線では長くなるため、本書では上1線あるいは下1線と略した呼称を使うことにする。また、中線《なかせん》とは上下本線のあいだにある副本線のことで、2線以上ある場合は中1番線、中2番線となる。やはり本書では中2線と略した呼称を使うことにする。

下りの貨物着発線のうち下1線は両方向に着発ができる。その両外側には空地が広がっている。

黒磯─泉崎間の勾配区間に備えて機関区が置かれていたからである。このため転車台と扇形車庫が設置されていた。その跡地が空地になって残っているのである。

下り勾配はまだ続いている。177mの阿武隈川《あぶくまがわ》橋梁を渡り、半径600mで左にカーブしてから右にカ

東北本線(白河—郡山)

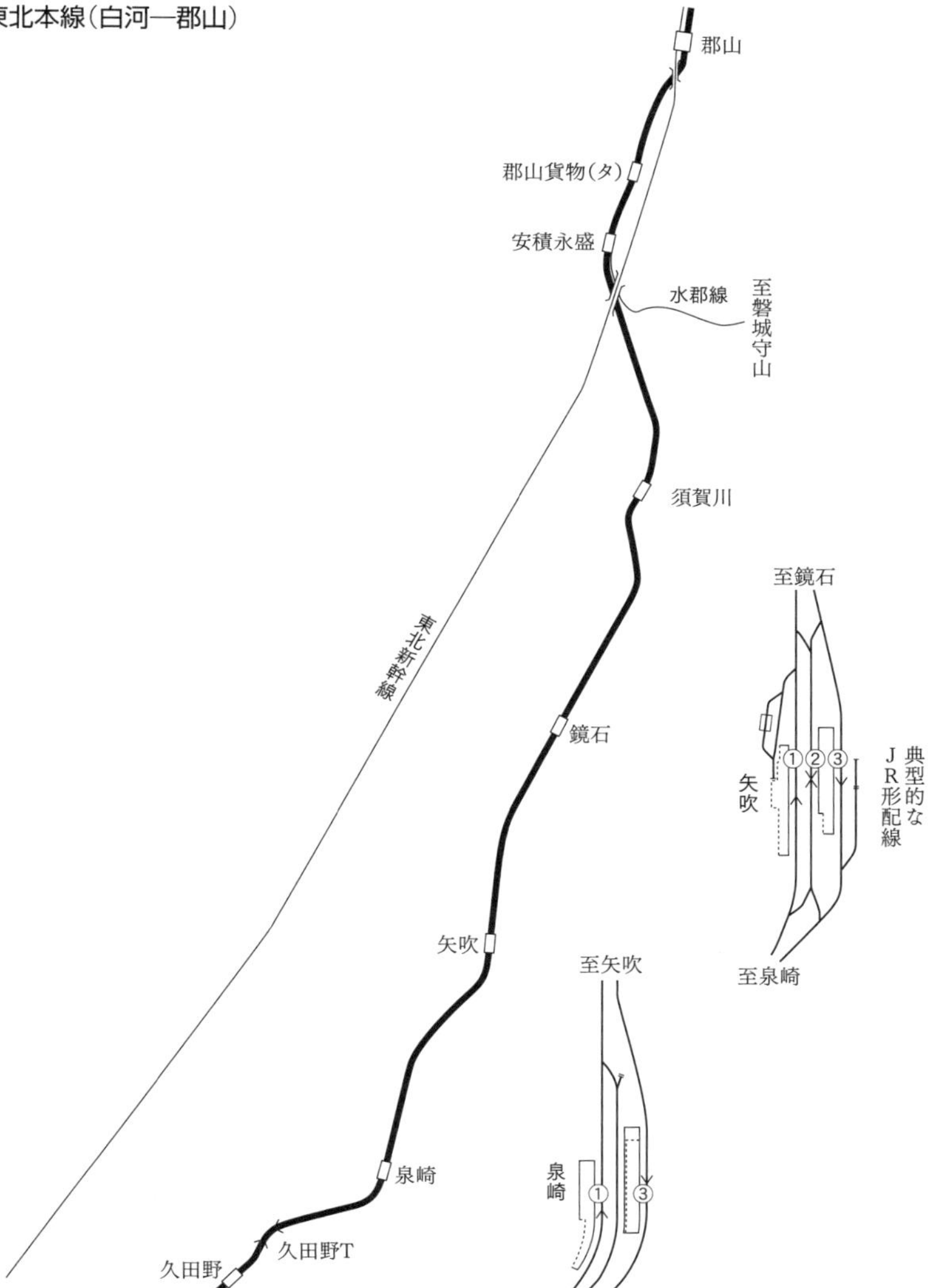

郡山
郡山貨物(タ)
安積永盛
水郡線
至磐城守山
東北新幹線
須賀川
鏡石
矢吹
泉崎
久田野T
久田野
白河
至鏡石
矢吹
①②③
典型的なJR形配線
至泉崎
至矢吹
泉崎
①③
至久田野

ーブするS字カーブを切って直線になる。

次の久田野駅は島式ホームで上下線それぞれに横取線が並行する。久田野駅を出ると上り勾配になり、上下線が広がって単線並列の久田野トンネルに入る。下り線が単線時代のもので電化時に路盤を下げて架線を設置した。下り線のトンネルの長さは378m、線増線の上り線は373mになっている。

久田野トンネルを出ると再び10‰の下り勾配になる。しばらく直線で進んでから半径1000m、続いて1400mで大きく左にカーブする。続いて上下線が広がりながら左カーブを続けると泉崎駅となる。

カーブの途中から上下線が広がるのはJR形配線の中線を入れるためだが、現在、中線は新白河寄りで下り線、郡山寄りで上り線との接続を切られ、さらに接続している側も乗り上げポイントになっている。中線は横取線として使われるとともに保守車両のための渡り線にもなっている。このため上り線側にある島式ホームの中線側は柵が設置されている。

10‰以下の勾配でアップダウンしながら半径2200mで緩く右にカーブし、今度は半径1200mで左にカーブするとJR形配線の矢吹駅となる。

この先は10‰の下り勾配が少しあるだけで、多くはもっと緩い下り勾配で進む。途中に半径1200mの右カーブがあるが、その前後は直線である。次の鏡石駅は島式ホームで下り線は直線、上り線が膨らんでいる。その上り線の向こうに片面ホームに面した上1線があった。現在でも片面ホームは残っている。

鏡石駅を出ても緩い勾配と直線が続くが、その先で連続10‰の下り勾配になる。半径600mと1200mで左にカーブし、62mの釈迦堂川橋梁《しゃかどうがわ》を渡ると須賀川駅《すかがわ》となる。半径500mの右カーブがあって、途中から700mの左カーブになっているS字カーブ上にホームがある。元々JR形配線だったが、中線は白河寄りで下り本線と、郡山寄りで上り本線と切断されており、上下本線とつながっているポイントも乗り上げ式になっており、保守用車両の転線と留置に使われている。なお、下り線が島式ホームの外側にあり、中線側は柵が設置されている。

釈迦堂川橋梁の手前からカーブが続いているのは、日本鉄道が敷設するときに須賀川の市街地を避けて大回りしたためである。これをもって須賀川の住民が鉄道を忌避したとよく言われるが、市街地を通ると多数の踏切を設置する必要がある。これを避けたのが一番の大きな理由である。当時は踏切が列車を検知して自動的に閉まるといった技術はなく、目視して手動で閉めていた。街中を抜けるとなると多数の踏切ができてしまう。盛土にして立体交差することも考えられるが、これは費用が莫大にかかる。市街地を避ければ、その必要がないからである。

右側に流れる阿武隈川に沿って北上し、阿武隈川が離れると今度は右手から水郡線が並行して、すぐに東北新幹線と交差する。次に半径600mで右にカーブすると安積永盛駅となる。水郡線の発着線が1番線で片面ホームに面している。その隣に東北本線の上下本線が発着する島式ホームに面した2、3番線と貨物側線の下2線、下り貨物着発線の下3線があり、車扱貨物の臨時駅になっている。

安積永盛駅の安積は国名ではなく郡名である。通常、同一駅名のとき後に開設された駅のほうに国名を冠するが、永盛駅のような例は他にはない。明治42年(1909)に笹川駅として開設され、成田線に笹川駅が開業したときに国名の磐城を冠した磐城笹川とはせずに、安積郡永盛村にあったために安積永盛としたのである。

笹原川を51mの耳語川橋梁で渡ると郡山貨物ターミナルとなる。元は東北3大操車場の一つで最大時の仕訳能力4300車/日にもなっていた郡山操車場の東側の敷地を流用している。

郡山操車場は上下本線のあいだにある抱込式操車場で、仕訳線と着発線などを合わせて50線もあった。郡山貨物ターミナルになってからも着発線は上下本線に挟まれた抱込式になっているが、着発線は上下線とも各4線の計8線が抱き込まれている。このほかに仕訳線などが東側に16線ある。操車場時代は上下線それぞれが膨らんでいて、そのあいだに仕訳線などがあったが、東側はほぼそのまま流用しているのに対して、西側は半分以上の敷地を売却している。このため下り本線は外側に広がらず、かえって東側にしぼむようにカーブしている。

売却した敷地ではコンベンションホールのビッグパ

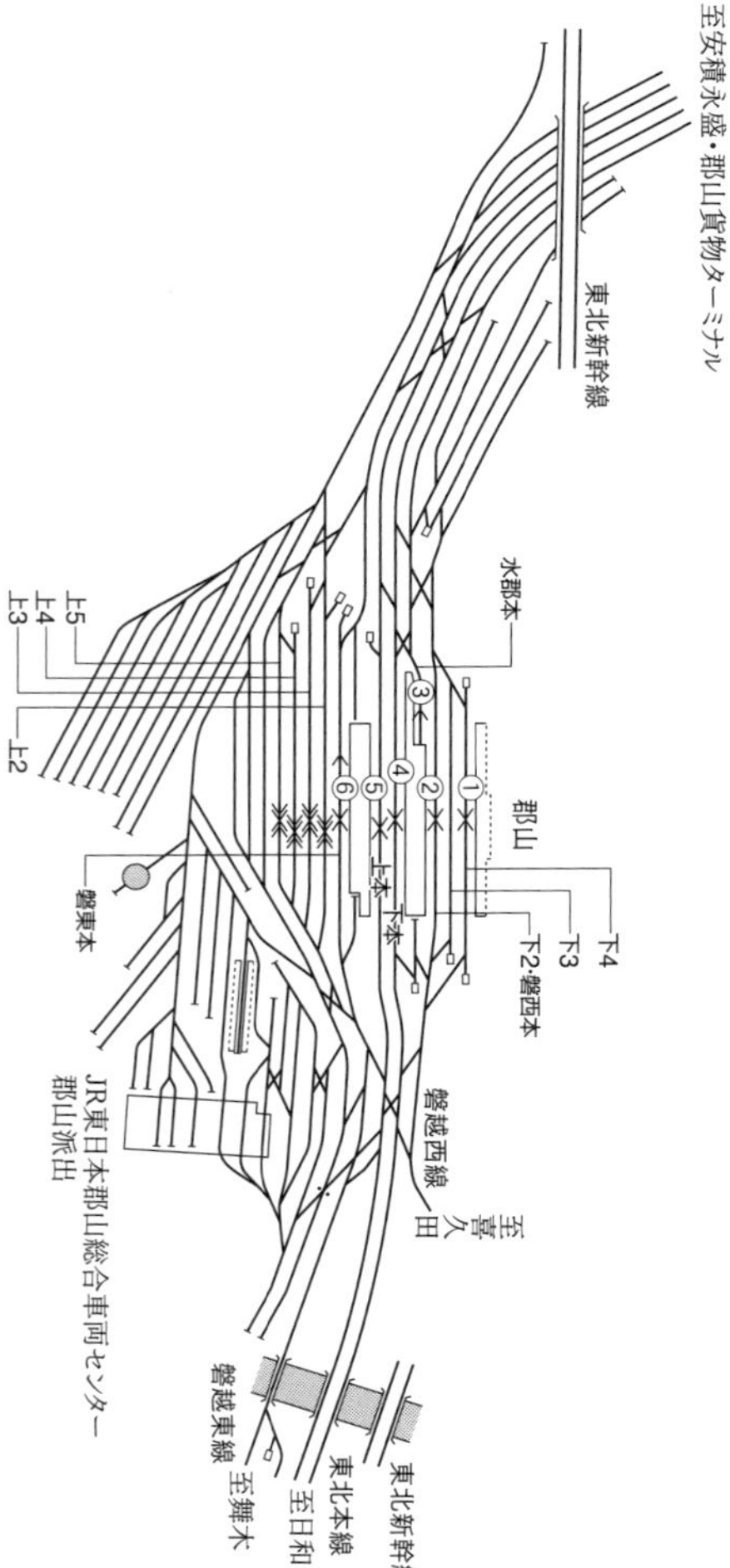

レット福島やホテル、量販店などが営業している。

下り本線は着発線などと合流するだけだが、上り本線は、さらに仕訳線の北側にある東通路線と西通路線に挟まれて進む。両通路線間には大きく取ったシーサスポイントがあり、これと立体交差するために高架になる。そして上り線が地平に降りて複線になるだけでなく郡山駅の貨物着発線への単線の出入線も並行し、さらに郡山総合車両センター（旧郡山工場）の引上線と出入線も並行するので5線が並んで進む。右手には工場への入線待ちをする車両などが見える。

東北新幹線と斜めに交差しながら半径600mで左にカーブすると郡山駅である。

●郡山—福島間　在来線の郡山駅は片面ホーム1面、島式ホーム2面で、西側の片面ホームが1番線となっている。1番線と2番線のあいだに中線がある。

ホーム案内番線と線路名は異なる。案内番線1番は線路名下4線、中線は下3線、2番線は下2線および磐越西線本線、4番線が下り本線、5番線が上り本線、6番線が磐越東線本線となり、続いて貨物着発線の上2線〜上5線がある。

通常は下り本線があって次に下1線と続くが、郡山駅ではなぜか下1線は下り本線、上1線は上り本線としており、副本線は下2線と上2線から始まる。東北本線の郡山以北の多くの駅もこの線路名の付け方をしているところが多い。また、2番線と4番線の島式ホームの安積永盛寄りに切欠きホームの3番線があり、線路名は水郡線本線である。

郡山駅を出ると磐越西線が左にカーブして分かれ、磐越東線は東北本線とやや離れて並行する。51mの逢《おう》瀬川《せがわ》橋梁を渡った先で磐越東線が右にカーブして分かれるが、そこから新幹線郡山保守基地への新幹線の資材輸送のための狭軌の出入線が分岐して並行する。この出入線は保守基地に入ると一部が分かれて標準軌とで3線軌になってバラスト積載線に進む。また、もう1線は標準軌と並行してそのあいだにレール運搬用クレーンがあるレール積換線になっている。

その先で半径600mで左にカーブして新幹線と分かれる。丘を掘割で抜ける。このために当初10‰の上り勾配、そして下り線は15・7‰、上り線は10‰の下り勾配になる。上下線がやや広がって単線並列の複線で35mの藤田川橋梁を渡った先に相対式ホームの日和《ひわ》田《だ》駅がある。下りホームが郡山寄りにずれており、上り線にはホームに面していない通過線とホームに面している停車線がある。通過線が上り本線、停車線が上1線である。

上りホームが終わっても通過線と停車線はそのまま左にカーブしている。郡山寄りも下りホームにかかるずっと前から分岐している。1000t牽引で機関車を含めて21両編成の貨物列車が待避できるようにしているためだが、優等列車の運転がない現在、貨物列車の待避はない。貨物列車は上り本線を通過する。

日和田駅の先で丘を越える。このため下り線は10‰の勾配で上り、16・7‰で下る。上り線は10‰で上下する。ここもたすき掛け線増で複線化された。直線で進み、単線並列で86mの五百川《ごひゃくがわ》橋梁を抜けると五百川駅である。JR形配線だったが、中線は乗り上げポイ

東北本線
（郡山—福島）

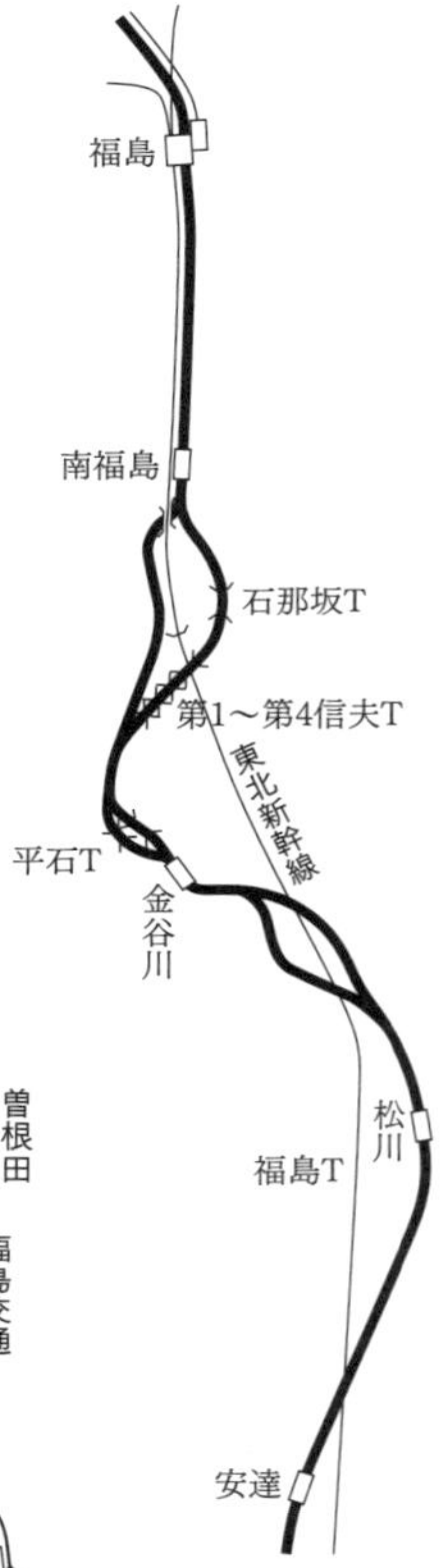
福島
南福島
石那坂T
第1～第4信夫T
東北新幹線
平石T
金谷川
松川
福島T
安達

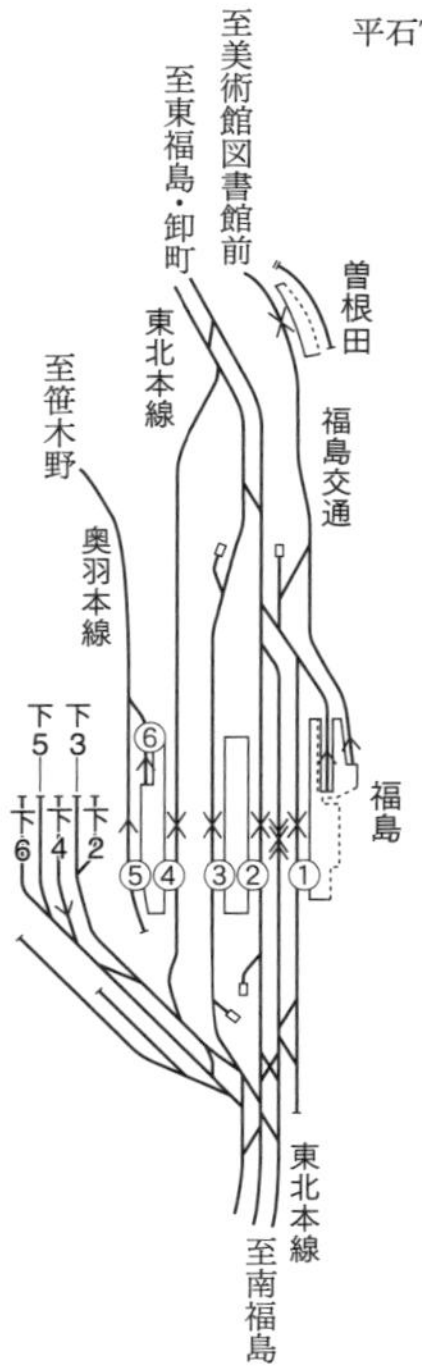
至美術館図書館前
至東福島・卸町
曽根田
東北本線
福島交通
至笹木野
奥羽本線
下5
下3
下6
下4
下2
⑥
⑤
④
③
②
①
福島
東北本線
至南福島

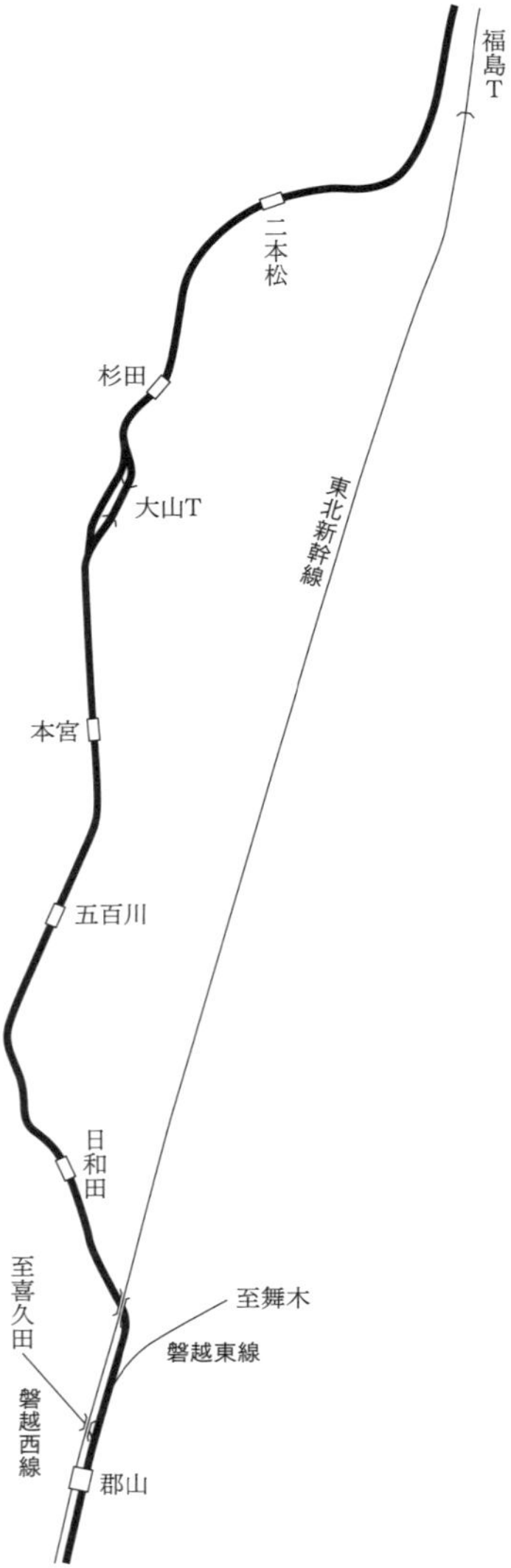
福島T
二本松
杉田
大山T
東北新幹線
本宮
五百川
日和田
至喜久田
至舞木
磐越東線
磐越西線
郡山

ントで上り線と郡山寄りで接続し、下り線と福島寄りで接続する渡り線兼用の横取線になっている。

五百川駅を出ても直線が続くが、上り線が線増線で10‰の上り勾配に抑えるために下り線よりもやや低くなっていて段差ができている。下り線は20‰の下り勾配がある。次の本宮《もとみや》駅は上り本線が片面ホームに面しているJR形配線になっている。

本宮駅を出ると単線並列で45mの第2中川橋梁を渡ってから、また丘を越える。途中で上下線は離れ、下り線は10‰で上り、20・1‰で下る。上り線は10‰で上り、16・7‰で下るとともに804mの大山トンネルを抜けるというたすき掛け線増による複線になっている。

上下線が合流して相対式ホームの杉田駅となる。同駅は600～1100mの半径で左にカーブしている。

杉田駅の先でも2回のアップダウンがあり、上下線とも上り勾配を10‰以下にした線増線で、下り勾配を16～20‰にしている従来線を通るようにしたたすき掛け線増になっている。

次の二本松駅は五百川駅と同様に中線を横取線にしている。二本松駅を出たところでは張付線増になっているが、安達《あだち》駅に近づくとたすき掛け線増になる。下り線が線増線で10‰の上り勾配、上り線は従来線を使うが、最大で16‰の下り勾配である。その安達駅は島式ホームで半径800mの右カーブ上にある。

安達―松川間にも2回のアップダウンがあり、たすき掛け線増で複線化され、上り勾配は最大10‰でも下り勾配は最大20‰になっている。途中、東北新幹線が福島トンネルでこれら山岳区間を抜けているが、東北本線と交差するものの、当然トンネルとの交差なのでわからない。

次の松川駅は半径800～1500mの左カーブ上にあるJR形配線の駅で、東側に貨物側線があって、福島寄りで北芝電機専用線とつながっている。貨物側線は2線あり、駅舎側の使われていない片面ホームに面している。旧川俣《かわまた》線（松川―岩代川俣間）の発着ホームだった。北芝電機は大型変圧器を製造しており、ときおり大物貨車によって大型変圧器を輸送する。このため車扱臨時貨物駅となっている。

この先もたすき掛け線増になっていて、上り線が線増線で、下り線と離れている。従来線は20‰の長い勾配があるために連続10‰に緩和した線増線はかなり迂回させなければならなかった。上下線とも東北新幹線の福島トンネルと交差している。

次の金谷《かなや》川《がわ》駅は当初、半径400〜500mの右カーブ、福島寄り端部から半径400mの左カーブとなったS字カーブ上にある島式ホームの駅である。金谷川駅から先も上り線が線増線のたすき掛け線増になっている。

25‰の連続下り勾配になっている下り線は240mの平石トンネルを抜けるだけだが、上り線は金谷川駅寄りから450mの平石、短い第1〜4信夫《しのぶ》、120mの石那《いしな》坂《ざか》の六つのトンネルを抜ける。しかも上り線は下り線よりも320m遠回りになっている。これだけ遠回りにしても20‰にしか緩和できていない。なお、平石トンネルは単線並列複線トンネルとしているが、金谷川寄りで上下線間は相当離れていて、前述のようにトンネルの長さも異なる。

下り線は急勾配を降りきる手前で福島トンネルを出た東北新幹線と少しだけ接してから、また離れる。そして東北新幹線を斜めにくぐって上り線と合流して南福島駅となる。同駅はJR形配線だったが、中線はホームから離れた金谷川寄りだけ残して撤去されている。残った中線部分は横取線として機能している。

南福島駅の標高は73・9m、金谷川駅の南福島寄りにあるサミットの標高は160mで90mほど一気に降りてきたことになる。

福島の市街地に入って220mの須《す》川《かわ》橋梁を渡ると福島駅になる。

●福島—仙台間　東北本線の福島駅は東側の駅本屋側に片面ホームの1番線の上3線、続いて貨物着発線の上2線、島式ホームを挟んだ2番線の上り本線と3番線の下り本線がある。その西隣の島式ホームの4番線は下1線で、その対面の5番線は標準軌に改軌された奥羽本線（線路名）で、仙台寄りに切欠きホームの6番線があって、そこの発着線路名は奥羽1番線となっている。

その隣には下2〜6の留置線がある。奥羽線が標準軌化される前は通り抜けの留置線で線路の数ももっと

信夫山の展望台から見た福島駅。新幹線（右）と在来線駅（左）のあいだにあったヤードは半分以下に縮小されて駐車場になっている。新幹線では「やまびこ」が「はやぶさ・こまち」を待避し、在来線の５番線では奥羽線米沢行、４番線では仙台行が停車している

あったが、奥羽線の標準軌化後は仙台寄りは切断され、さらにその後、5線だけ残して撤去され、跡地は駐車場になっている。残った留置線も短くした。特筆すべきは下り4番副本線に出発信号機があることである。

片面ホームの1番線の仙台寄りの背面には阿武隈急行と福島交通飯坂《いいざか》線の頭端行き止まり式の発着線がある。

福島駅を出ると阿武隈急行の線路が合流する。福島—矢野目信号場間は阿武隈急行と共用している。

福島交通飯坂線と並行しながら左にカーブする。飯坂線には曽根田駅がある。東北新幹線をくぐった先にも飯坂線の美術館図書館前駅があり、ここで飯坂線は一度右にカーブしてから左にカーブして東北本線を乗り越して北西に向かう。東北本線は信夫《しのぶ》山《やま》の西側を回るように進み、松川を176mの第2松川橋梁で渡る。

渡ると半径600mで大きく右にカーブして向きが東北になると東福島駅がある。まずは上下線が広がり、上り本線に阿武隈急行の上り線が合流し、上り本

東北本線（福島―白石）

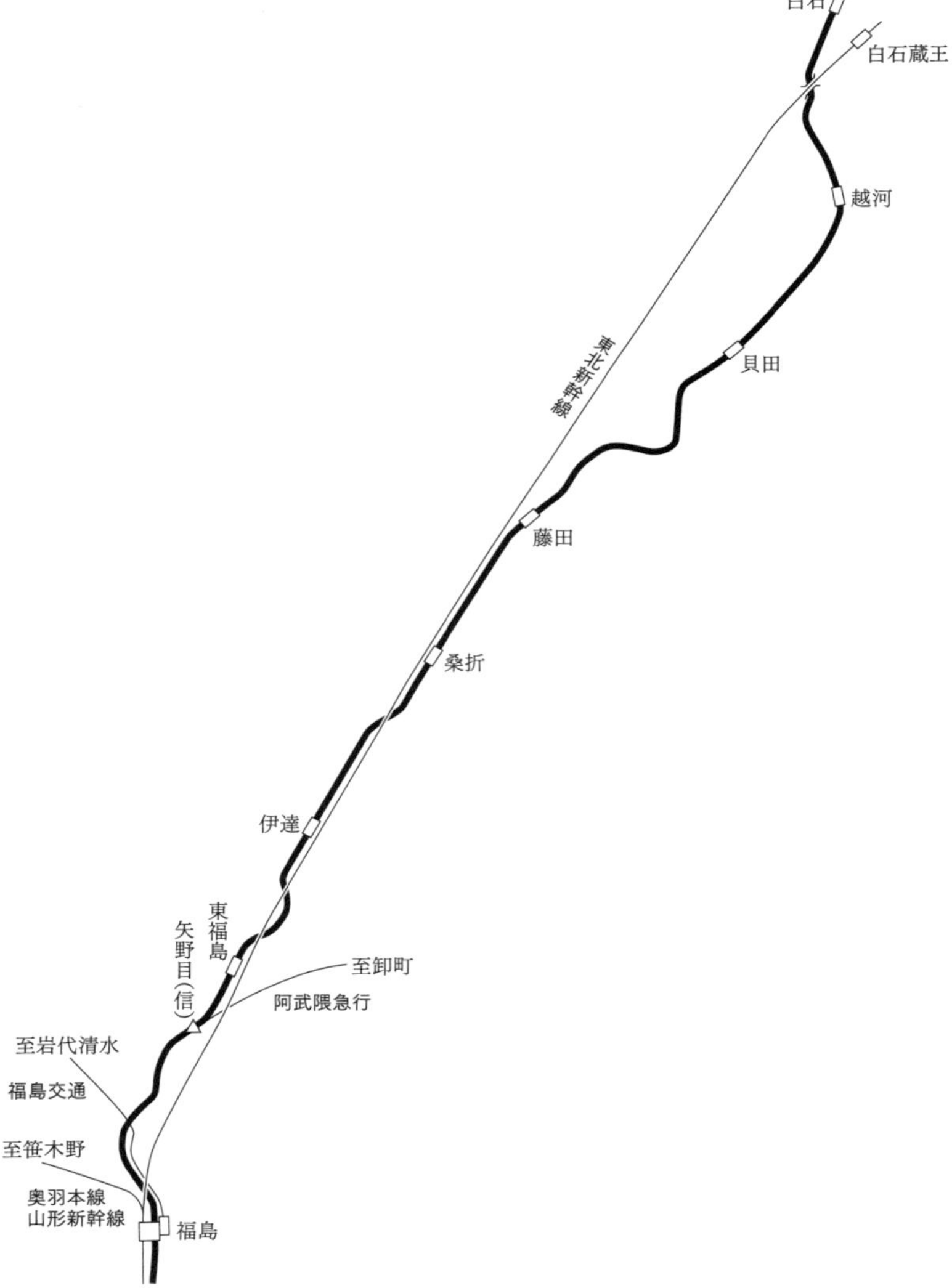
白石
白石蔵王
越河
貝田
東北新幹線
藤田
桑折
伊達
東福島
矢野目(信)
至卸町
阿武隈急行
至岩代清水
福島交通
至笹木野
奥羽本線
山形新幹線
福島

福島—矢野目（信）間を走る719系使用の仙台行

線は高架になる。下り線から阿武隈急行の下り線が分岐して上り本線をくぐる。その先で阿武隈急行の上下線は合流して単線になる。この地点を阿武隈急行は矢野目信号場としており、ＪＲでは東福島駅構内の扱いとなっている。

東北本線は左にカーブして北北東に向きを変える。右手に東北新幹線福島保守基地が並行し、左手にはコンテナホームがあるが、貨物取扱は中止して自動車代行輸送の東福島ＯＲＳ（Off Rail Station）となっている。

その先に島式ホームの旅客駅があり、貨物取扱は中止したが、貨物列車の待避線として上下貨物列車の着発できる下２線と下３線があり、その向こうに仕訳線がそのまま残っている。

ホームの先で貨物着発線や仕訳線とともに半径１４００ｍで右にカーブして東北新幹線をくぐる。貨物着発線が合流するものの、機待線も残されている。新幹線とやや離れるが、半径６００ｍで大きく左にカーブして１６８ｍの第２摺上川《すりかみがわ》橋梁を渡る。渡った先で新幹線を斜めにくぐり、半径６００ｍで大きく右にカーブしてから直線になって徐々に新幹線に近づいていく。

そして斜向かいの相対式ホームの伊達《だて》駅となる。元は下り本線の反対側に下り待避線である下1線があったが、撤去された。

再び新幹線を斜めにくぐって、高架になっている新幹線の東側を地平で並行する。25‰、次に22‰の上り勾配の先に桑折《こおり》駅がある。並行する新幹線は14‰の上り勾配になっている。このため桑折駅では新幹線は少しだけ高い位置に線路があり、桑折駅の跨線橋から新幹線を見下ろすことができる。桑折駅はＪＲ形配線の中線を横取線を兼ねた保守車両の渡り線にした配線で、新幹線の反対側の上り線に面して片面ホームがある。

桑折駅を出ると10‰の下り勾配になり、1‰の下り勾配になっている新幹線と再び高低差がつくようになる。しばらく新幹線と並行し、半径６００ｍの右カーブで分かれるとＪＲ形配線の藤田駅となる。上り本線が片面ホームに面した1番線になっている。

厚樫山《あつかしやま》の麓を回りこむように進む。それでも25‰の上り勾配を最小曲線半径４００ｍのカーブで蛇行しながら進み、相対式ホームの貝田《かいだ》駅となる。下りホームが仙台寄りにずれていて、ホームの途中から半径６００ｍで右にカーブしている。ずれているため上りホームはさほどカーブ上にかかっていない。駅の標高は１８２・３ｍである。

上り勾配はさらに続く。標高１９６・９ｍの地点から連続25‰の下り勾配になる。最小曲線半径は８００ｍと緩い。東北自動車道が横切り、国道4号が並行する。平坦になって半径４００ｍで左にカーブするところに越河《こすごう》駅がある。

ＪＲ形配線で上り線に面している片面ホームが仙台寄りにずれている。下り本線と中線に挟まれた島式ホームは左カーブ上にあるが、片面ホームは途中から直線になる。ホームがなくなった下り本線と中線も直線で進み、片面ホームもなくなると半径４００ｍで右にカーブしながら中線は上下線に接続する。この先も25または24‰の連続下り勾配になる。最小曲線半径は４００ｍである。

勾配が緩むと直線となる。右手に新幹線白石蔵王《しろいしざおう》保守基地が並行し、半径3000mで緩く左にカーブして新幹線と交差する。交差した付近では半径1200mの左カーブになっている。新幹線保守基地の出入線が新幹線のほうへ分岐していく。右手に東北新幹線の白石蔵王駅が見える。白石蔵王駅は在来線と連絡していない新幹線単独駅となっている。東北本線と交差した地点に両線とも新白石駅を設置すればよかったが、なぜかそうはしなかった。

まっすぐ進んでJR形配線の白石駅となる。下り本線が片面ホームに面しており、また、上2線は貨物着発線になっている。しかも上下両方向の貨物列車が着発できる。このため上下渡り線が駅の前後に置かれている。

左手に白石川が並行し、緩いカーブで蛇行しながら進む。次の東白石駅は半径600mの左カーブ上にある相対式ホームの駅である。同駅の先で半径500mで大きく右にカーブする。下り線が従来線で404mの城山トンネルを単線で抜ける。線増線の上り線は第1城山トンネルと第2城山トンネルの二つのトンネルを抜ける。

白石駅の仙台寄りの新幹線との交差地点を走る701系使用の仙台行。その隣は新幹線白石蔵王保守基地、新幹線の高架線の奥に白石蔵王駅がある

東北本線(白石—岩沼)

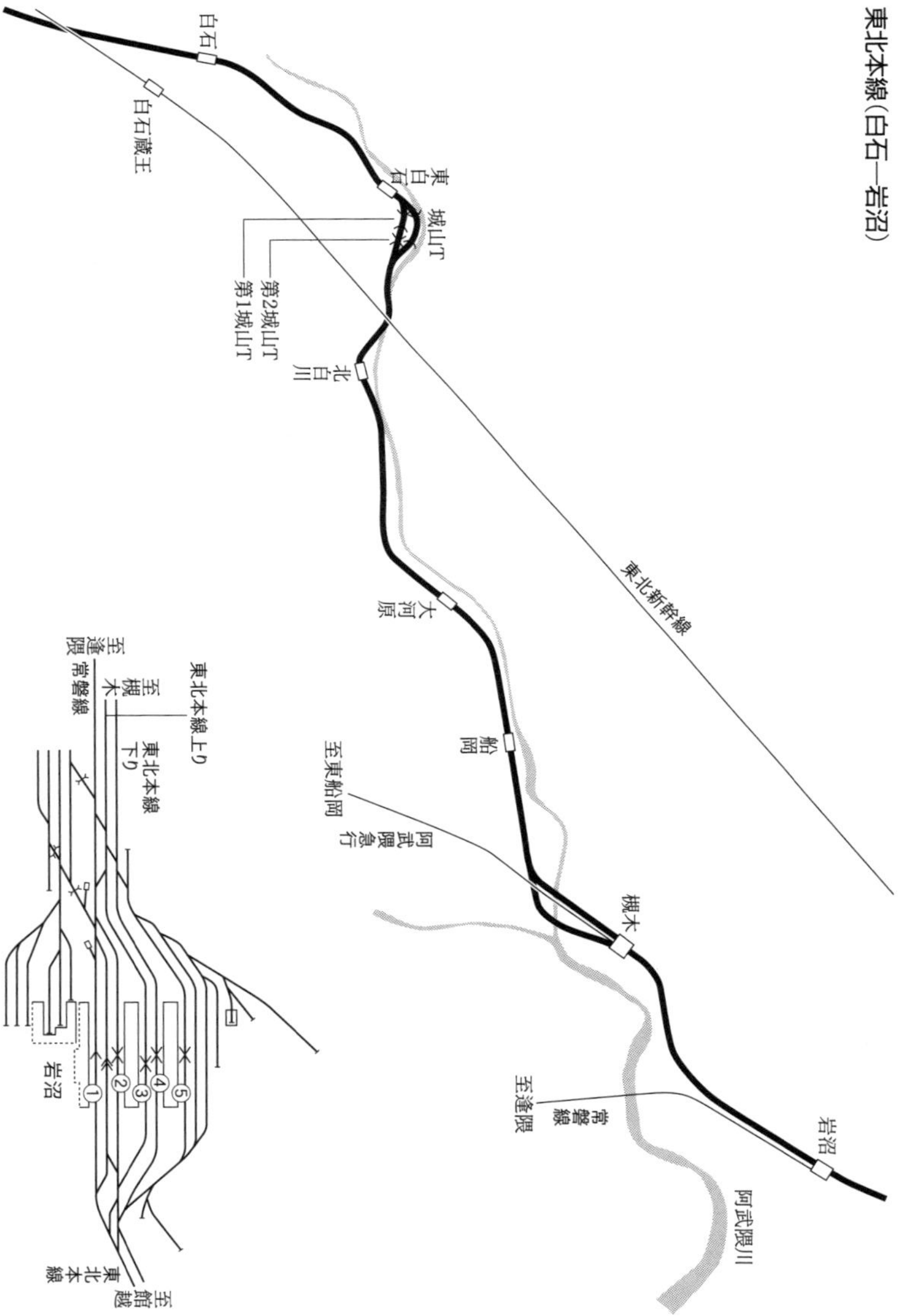
白石
白石蔵王
東白石
城山T
第2城山T
第1城山T
北白川
東北新幹線
大河原
船岡
至東船岡
阿武隈急行
槻木
常磐線
至逢隈
岩沼
阿武隈川
東北本線上り
東北本線下り
至槻木
至逢隈
常磐線
① ② ③ ④ ⑤
岩沼
至館越
東北本線

なおも白石川と並行しながら蛇行して進む。新幹線をくぐって少し進むと北白川《きたしらかわ》駅となる。半径1000mの左カーブ上にあり、元はJR形配線だったが、中線は保守車両の渡り線を兼ねた横取線に転用されている。

さらに白石川と並行しながら進んでJR形配線の大《おお》河原《がわら》駅、そして元はJR形配線で中線を横取線にした船岡駅となる。船岡駅の手前右手には最初の交流電気機関車ED71-37号と客車のオハフ61-2527号が保存展示されている。

半径600mで左にカーブしながら上下線が離れていく。上り線の頭上を阿武隈急行の線路が横切り、下り線に並行するようになる。そして下り線と阿武隈急行が複線、やや離れて上り線が単線で159mの白石川橋梁を渡る。上り線は上を阿武隈急行が乗り越すので下り線が上り勾配になってもレベルのまま進む。このため白石川の手前の築堤に18‰の上り勾配で取りついている。白石川を渡り、3線が合流してしばらく進むと槻木《つきのき》駅となる。元はJR形配線だが、中線は阿武隈急行の発着線になっている。

槻木駅を出ると右にカーブし、少し走って左にカーブした先で常磐線が右手から合流してくる。東北本線上り線と単線の常磐線が複線となり、東北本線下り線は1線分ほどあいだを空けて並行する。常磐線の向こうに日本製紙専用線が2線分ほど空けて並行するようになる。専用線は機回線、発送線、発送留置線の3線で、これにJR貨物の授受線が加わる。

一方、旅客線は東北本線上下線の間隔が通常になる。そして岩沼駅のホームに滑りこむ。東側に片面ホームがある。片面ホームに面しているのが、常磐上り本線の1番線、そして上り貨物着発用中線、続いて常磐下り本線の2番線が島式ホームの東側に取りつく。反対側の3番線は東北上り本線、その隣にも島式ホームがあり、それに面している4番線は東北下り本線、反対側の5番線は下り1番副本線となっている。さらに下2と下3の2線の側線がある。

市街地を進み、相対式ホームの館腰《たてこし》駅を過ぎてしばらくすると、右手から高架の仙台空港鉄道仙台空港線が東北本線上下線のあいだに割りこんできて地上に降り、東北本線と合流して名取駅となる。元は上り1番

岩沼駅に停車中の常磐線直通普通

線が片面ホームのJR形配線をしていたが、中線の2番線は仙台空港線の上下発着線専用になっており、ときおり仙台空港線の上下電車が名取駅で行き違いをする。このとき仙台空港行は1番線に停車してから仙台空港線に入る。

下り本線の西隣に貨物着発線の下2線と機回線がある。隣接するサッポロビールの工場内にコンテナホームと積込線1線があってビール輸送専用のコンテナ列車が発車していたが、現在は中止され、ビール工場敷地手前に車止を置いて工場内に入線できなくしている。代わってコンテナホームは名取ORSとして仙台貨物ターミナルまで2往復のトラック便が設定されている。名取駅の下り副本線も2番線から始まっており、下り本線を下り1番本線としている。

さらに北上して南仙台駅となる。西側の島式ホームの外側を下り副本線とした変則的なJR形配線になっている。下り副本線は上り線からも転線して待避できるように駅の前後に渡り線がある。しかし、現在は下りの一部の電車が発着するだけである。

新幹線が左手に並行するようになって名取川を下路《かろ》

東北本線（岩沼—塩釜・利府）

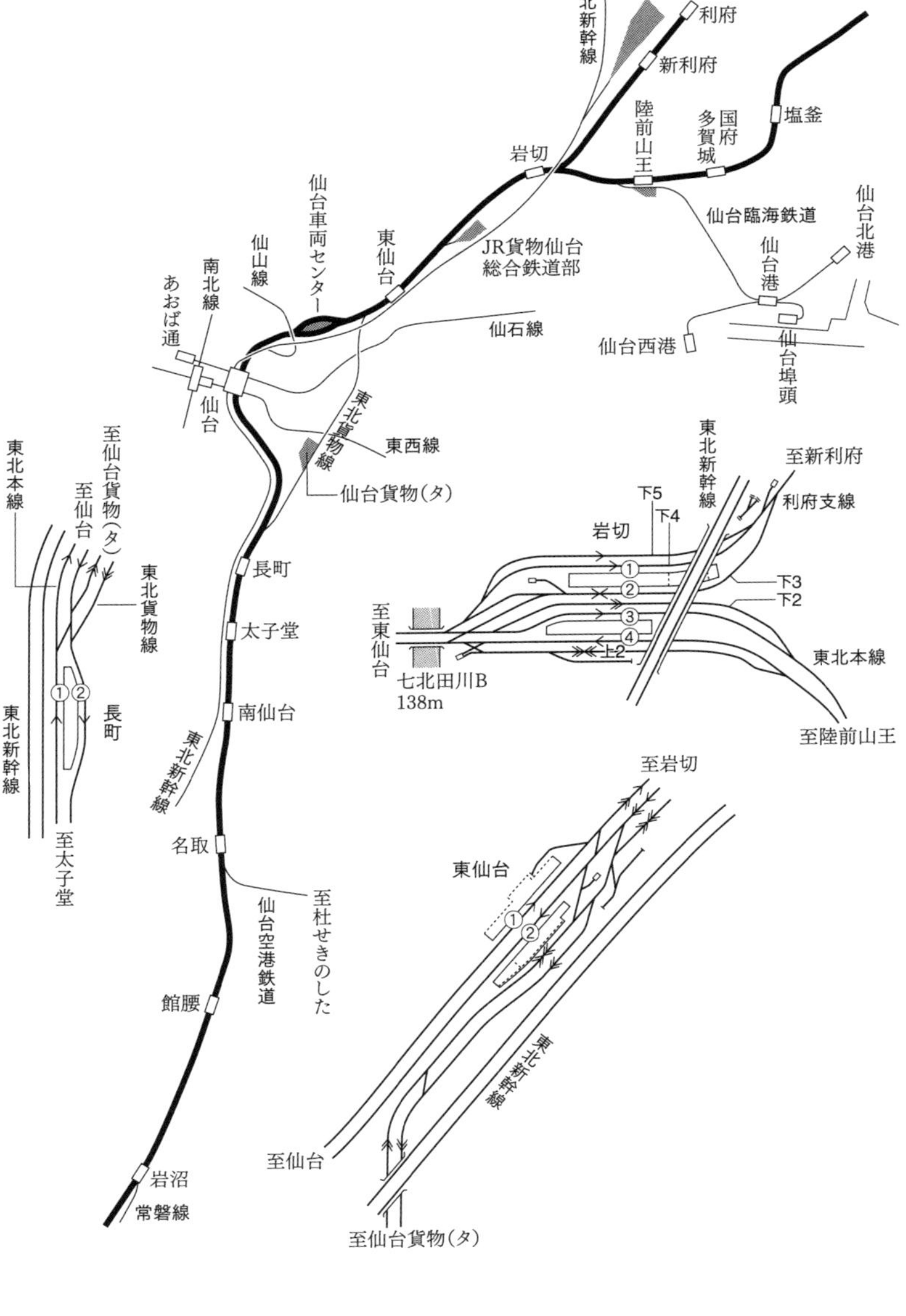

41　JR東北本線（黒磯—盛岡）

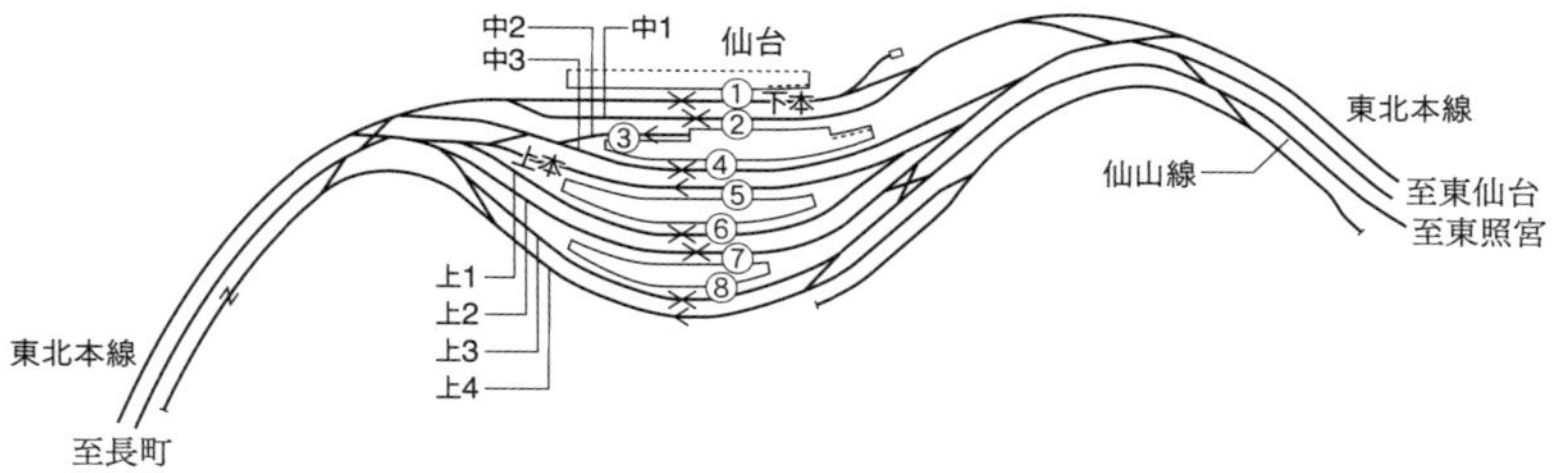

コンクリートトラス橋で渡った先に太子堂《たいしどう》駅がある。下り線は右にカーブしているが、上り線のホーム区間は直線になっており、前後でカーブして上下線を広げて中央が幅広い島式ホームにしている。

並行する新幹線が降りてきて、高架の東北本線と同じ高さになると長町駅がある。この駅も島式ホームだが、太子堂駅と違って長町駅は下り線のホーム区間が直線で、上り線がホーム中央で膨らんでいる。並行する新幹線に線路をぴったり近づけているためである。ホームの先で東北貨物線が分岐合流する。上り貨物線はただ合流するだけだが、下り貨物線は一旦上り本線に転線してから分岐する。

長町駅には隣接して仙台操車場があったが、閉鎖され、跡地は売却され、ショッピング街などになっている。

東北貨物線は仙台駅に寄らず、東側を短絡して東仙台駅で再び旅客線と合流する。途中に仙台貨物ターミナルがある。

東北貨物線と旅客線は分岐するけれども広瀬川までは並行する。152mの広瀬川橋梁を渡り、東北貨物線と分かれて地上に降り、しばらくすると仙台駅となる。

●仙台―岩切間　在来線の仙台駅は片面ホーム1面、島式ホーム3面となっている。北側の片面ホームが1番線で線路名は下り本線、次の島式ホームには福島寄りに切欠きホームの3番線がある。2番線の線路名は中1線、3番線は中2線、4番線は中3線となっている。その隣の島式ホームの5番線は上り本線、6番線は上1線である。南側の島式ホームに面している7番線は上2線、8番線は上3線で、さらにホームに面し

仙台駅を出発し、新幹線高架橋をくぐる松島行。左奥に在来線ホームが見える

てない上4線がある。

3番線は仙台空港線の電車が主として発着、1、2番線は東北線下りの電車と仙石東北ライン、4番線は東北線上下列車と仙台空港線、それに常磐線、5番線は東北線上りと常磐線、仙石東北ライン、6番線は東北線上りと常磐線、7、8番線は仙山線の列車が発着する。切欠きホームの3番線と隣の5番線と上4線は上り岩沼方向にしか出発できないが、他は上下いずれの方向にも発車が可能である。

1番線に面している片面ホームの壁側は新幹線の真下にあるが、1番線自体は新幹線の高架から外れている。

各ホームの岩切《いわきり》寄りは左にカーブしており、新幹線は右にカーブするので、在来線の線路は新幹線の高架をくぐる。そして複線の東北本線と単線の仙山線の3線が並んで進む。今度は右にカーブして新幹線と並行する。

しばらくすると東北本線上り線から仙山線への渡り線があり、その先で仙山線は右にカーブして新幹線をくぐる。東北本線の上下線が広がり、そのあいだに仙台車両センターのヤード群が広がる。その仙台寄りの入出庫線などの線路を仙山線が斜めに乗り越していく。東北本線上り線と新幹線は並行し、仙台車両センターの線路が単線の引上線に収束した先で上下線は合流する。

その先で右手から東北貨物線が合流して東仙台駅となる。下り線が1番線で片面ホームに面している。上り2番線は貨物着発線とで島式ホームを挟んでいるが、貨物着発線側は柵がしてある。貨物着発線は通常は下り貨物列車用だが、仙台貨物ターミナル方向への発着が可能である。そして上り貨物線がこれに並行する。

岩切駅寄りで旅客線と合流しているが、それとは別に単線の貨物線がさらに並行する。この先にあるJR貨物の仙台総合鉄道部（旧仙台機関区）への線路だが、旧機関区には2線の着発線があり、その先でも東北旅客線と合流している。

国道4号仙台バイパスをくぐり、右にカーブして138mの七北田川《ななきたがわ》橋梁を渡ると岩切駅となる。川を渡るとすぐに利府支線への複線線路が分岐する。東北本線は島式ホームで、上下線の両外側に上2線と下2線の2線の貨物着発線がある。上2線は両方向に発車できるが、下2線は小牛田方向にしか発車できない。

下2線の向こうに利府支線の島式ホームがある。利府支線の西側が1番線になるが、線路名は1番線が下4線、2番線が下3線になっている。さらに1番線の西側に南留置線への入出庫線の下5線がある。2番線は両方向に出発できるが、1番線と下5線は利府方向にしか出発できない。

●利府支線　岩切駅のホームの利府寄りで新幹線が斜めに横切っている。利府支線は左にカーブしながら下3～5の3線が合流して単線になるが、すぐに南留置線と保守基地への線路が左手に分岐する。

保守基地の線路のうち2線が利府支線と並行する。奥の1線は新幹線保守基地の標準軌の線路とで3線軌になる。上部にレールを釣り上げるクレーンがあり、狭軌のレール運搬車両のレールを釣り上げて、次に標準軌のレール運搬車両に積みこんだりする。利府支線側の狭軌線にはレール運搬車が停まっていることも多い。

その先で新幹線保守基地と新幹線総合車両センターの留置線が並行する。留置線がなくなると片面ホームの新利府駅となる。周囲に民家がないので、一般客はほとんどなく、もっぱら新幹線総合車両センターに行き来するJR職員が乗降している。

その先では新幹線総合車両センターの検修線等と並行し、新幹線の線路がなくなるあたりで複線になり、少し進んで頭端複線櫛形ホームの利府駅となる。以前は片面ホームで留置線のヤードがあったが、これを櫛形ホームにし、ヤードはパーク・アンド・ライド用駐車場になっている。ほとんどは西側の1番線で発着する。駅は利府町の市街地にある。

●岩切—小牛田間　本線のほうは半径600m、続いて1200mで右にカーブして東へ進む。次の陸前山王駅は仙台臨海鉄道とのあいだで貨物列車の授受を行う。下り本線が片面ホームに面した1番線、2番中線と3番上り本線のあいだに島式ホームがあるJR形配線をしている。そして上り本線側に上2～4の貨物着発線がある。同駅も上り本線を上り1番線とし、副本線は2番線から始まっている。側線の上5、上6線があり、その次に仙台臨海鉄道の着発線と5線の側線がある。また、中線と上り本線は両方向に発車できる。

三陸自動車道をくぐり、仙台臨海鉄道が右にカーブして分かれる。46mの市川橋梁を渡ると上下線間に逆方向の渡り線が置かれている。ここまでが陸前山王駅の構内である。

直線から半径1000mで左にカーブするところに相対式ホームの国府多賀城駅がある。駅の仙台寄りは2‰の上り勾配だが、駅の途中から10‰の上り勾配になる。通常、勾配が変化したとき線路の横の犬走りに勾配標を置くが、ホームがあってそれができない。そこでホームの屋根の下に勾配標が置かれている。

勾配が緩むと島式ホームの塩釜駅となる。駅の手前から半径500～600mで大きく左にカーブしている。このため塩釜駅のホームも左カーブ上にある。駅が設置された昭和31年ころは街はずれで何もなかったが、現在は住宅地に取り囲まれている。

駅の大半とその手前は築堤になっているが、地面が上がってきて小牛田寄りは掘割になる。その掘割の上も住宅地が広がっている。１８０ｍの石堂トンネルを抜けるが、同トンネルの真上も家が建っている。

半径６００ｍで右にカーブしながら上下線が広がり、単線並列の塩釜トンネルに入る。長さは下りトンネルが１２１２ｍ、上りトンネルが１２１４ｍになっている。途中で右にカーブし、同トンネルを出てもす

東北本線（塩釜—小牛田）

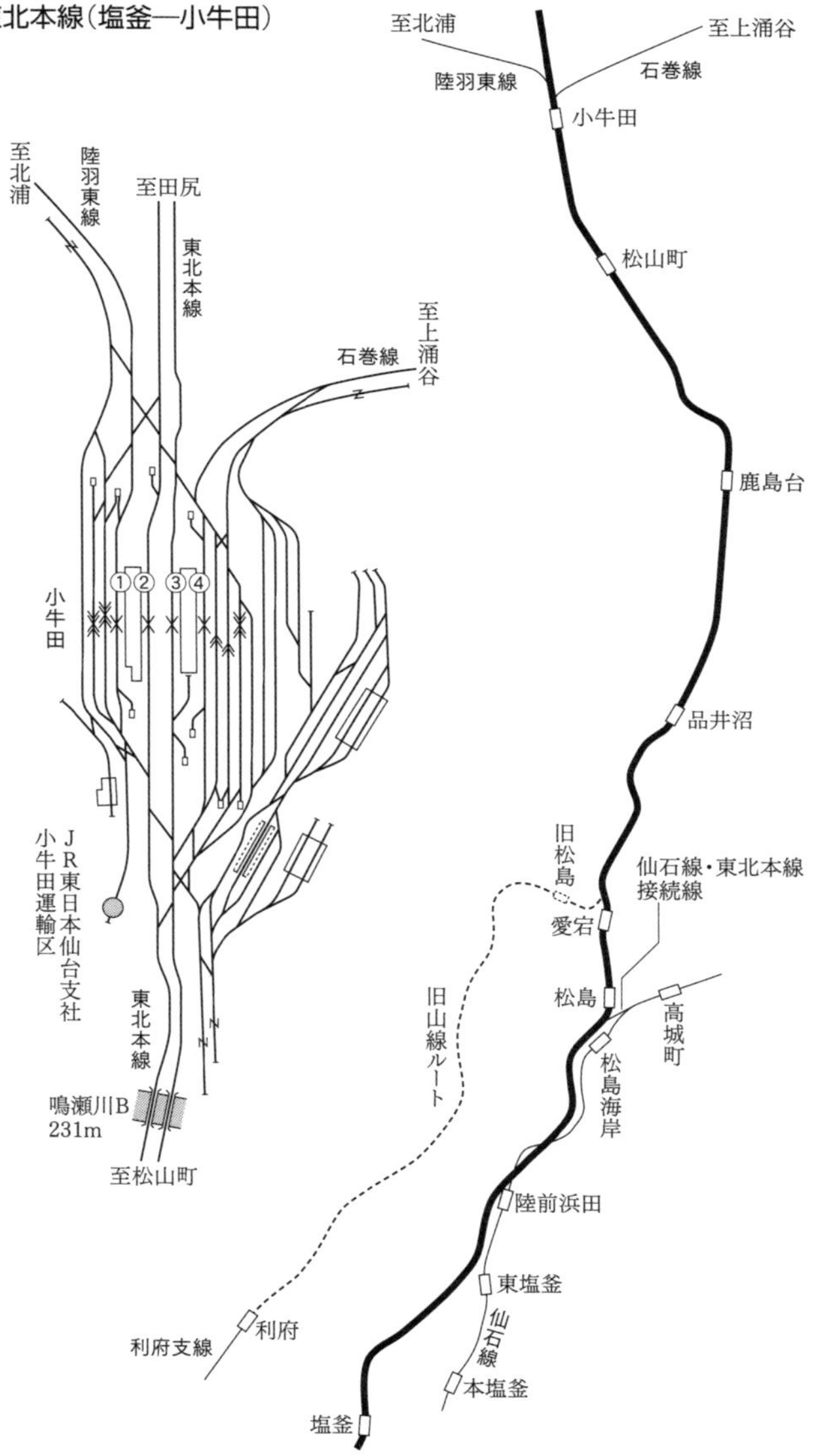

国府多賀城駅の上屋下にある勾配標。2番ホームの案内板の右側にある

ぐに下りが１２６ｍ、上りが１０１ｍの梅の宮トンネル、続いて下りが４２３ｍ、上りが３５４ｍの第1吉津トンネルを抜ける。

上下線に横取線があり、仙石線が近づいてくる。複線で１０５ｍの第2吉津トンネルを抜けると仙石線と並行する。ずっと続いていた市街地はなくなり、右側の仙石線の向こうは国道45号が走り、そして松島湾が広がる。

続いて複線の第2浜田トンネルを抜けると仙石線は一旦離れてから、築堤になっている東北本線をくぐって左手に移る。単線並列の第2浜田トンネルを抜けると、東北本線はすぐに桜岡トンネルに入るが、この仙台寄り坑口付近で仙石線が頭上を乗り越し、右手に移って離れていく。

その先では複線化のとき東北本線下り線が線増線のために１７３ｍの第1判官、続いて40ｍの第2判官トンネルを抜ける。上り線は１７８ｍの判官山トンネルがあるだけである。さらに１０３ｍで複線の松島トンネルを抜けた先に仙石線・東北本線接続線が分岐する。

「仙石東北ライン」の快速の最後部から見た仙石線・東北本線接続線（左側の線路）。右は仙石線を走る普通石巻行

その先に松島駅がある。駅全体が大きな左カーブ上にあるＪＲ形配線の駅だが、片面ホームに面している上り本線とその隣の中線とのあいだにもう一つの中線があった。現在、その線路は一ノ関寄りにしか残っていない。

松島駅から北上すると相対式ホームの愛宕《あたご》駅がある。駅はほぼ直線上にあるが、手前は右にカーブし、駅の先は左にカーブしている。三陸自動車道と交差し、１６０ｍの根廻《ねまわり》トンネルをくぐる。

次の品井《しない》沼《ぬま》駅はＪＲ形配線だったが、中線は保守用車両の渡り線兼横取線に転用されている。駅自体は半径７００ｍの左カーブ上にある。

この先はほぼ直線になるが、吉田川を渡るとき線増線の下り線の橋梁は上り線から離して設置したため、線路は橋梁の前後で振っている。次の鹿《か》島台《しまだい》駅はＪＲ形配線だったが、中線は直線の下り線だけと接続していて下り待避線になっている。また上り線の外側に上り貨物待避線が置かれている。

さらに北上して松山町《まつやままち》駅となる。同駅もＪＲ形配線だったが、中線を保守用車両の渡り線兼横取線として流用している。そして213mの鳴瀬川《なるせがわ》橋梁を渡ると小牛田駅となる。

●**小牛田—一ノ関間**　小牛田駅は東北本線のほかに石巻線と陸羽東線が乗り入れている。島式ホーム2面と旅客発着線4線のほかに貨物着発線が5線置かれている。さらに小牛田運輸区の留置線や転車台がある。

西側から側線の通路線、貨物着発線の下3、下2線、そして陸羽東線本線の1番線、東北本線下り本線の2番線、上り本線の3番線、石巻線本線の4番線があり、その東に上2～4線の貨物着発線がある。上5、上6線もあるが、この2線は仕訳線である。同駅も上1線と下1線はない。続いて小牛田運輸区の4線の留置線、4線の気動車留置線、洗浄線1線、検修線4線がある。

上2、上3線の2線を除く本線、副本線はすべて両方向に発車できる。ただし石巻線へは下2、下3線と陸羽東線本線、東北本線下り本線からは行けない。

陸羽東線と東北新幹線が交わる古川は奥州街道が通っていて栄えていた。小牛田は江合川《えあいがわ》の水運の拠点として栄えていた。東北本線が開通すると小牛田のほうが栄えるようになったが、東北新幹線と東北自動車道は古川を通ったために、近年は小牛田が衰退気味である。

小牛田駅の先でまずは石巻線が右にカーブして分かれ、少し先で陸羽東線が左にカーブして分かれる。東北本線はずっと直線で進む。途中、161mの江合川橋梁を渡る前後で堤防を上り降りするために10‰の上下勾配があるだけで、その他の区間はほとんどレベル（水平）になっている。

次の田尻駅は元はJR形配線だったが、中線が撤去されている。田尻駅を過ぎると丘に差しかかり、途中で半径1200mと800mで右にカーブするが、それ以外は4か所の丘を直線で突き抜ける。このため各丘の前後に10‰の上下勾配がある。

170mの富川橋梁を渡り、田尻—瀬峰《せみね》間で最後の上下勾配を過ぎると半径600mで左にカーブしながら上下線のあいだに中線が分岐する。そして直線になってJR形配線の瀬峰駅がある。上り線と中線のあいだに島式ホームがある。その上り線の向こうに駐車場があるが、かつてはここから仙北鉄道が西の築館《つきだて》と東の登米《とよま》まで延びていた。

　連続10‰の上り勾配となり、丘を上りきると10‰の下り勾配になる。その途中、6‰に勾配を緩和したところに梅ヶ沢駅がある。ホームは半径800mの左カーブ上にある。同駅もJR形配線だったが、中線を撤去している。片面ホームは上り本線が面している。

　再び10‰の下り勾配になり、降りきると新田《にった》駅となる。やはり上り本線が片面ホームに面したJR形配線

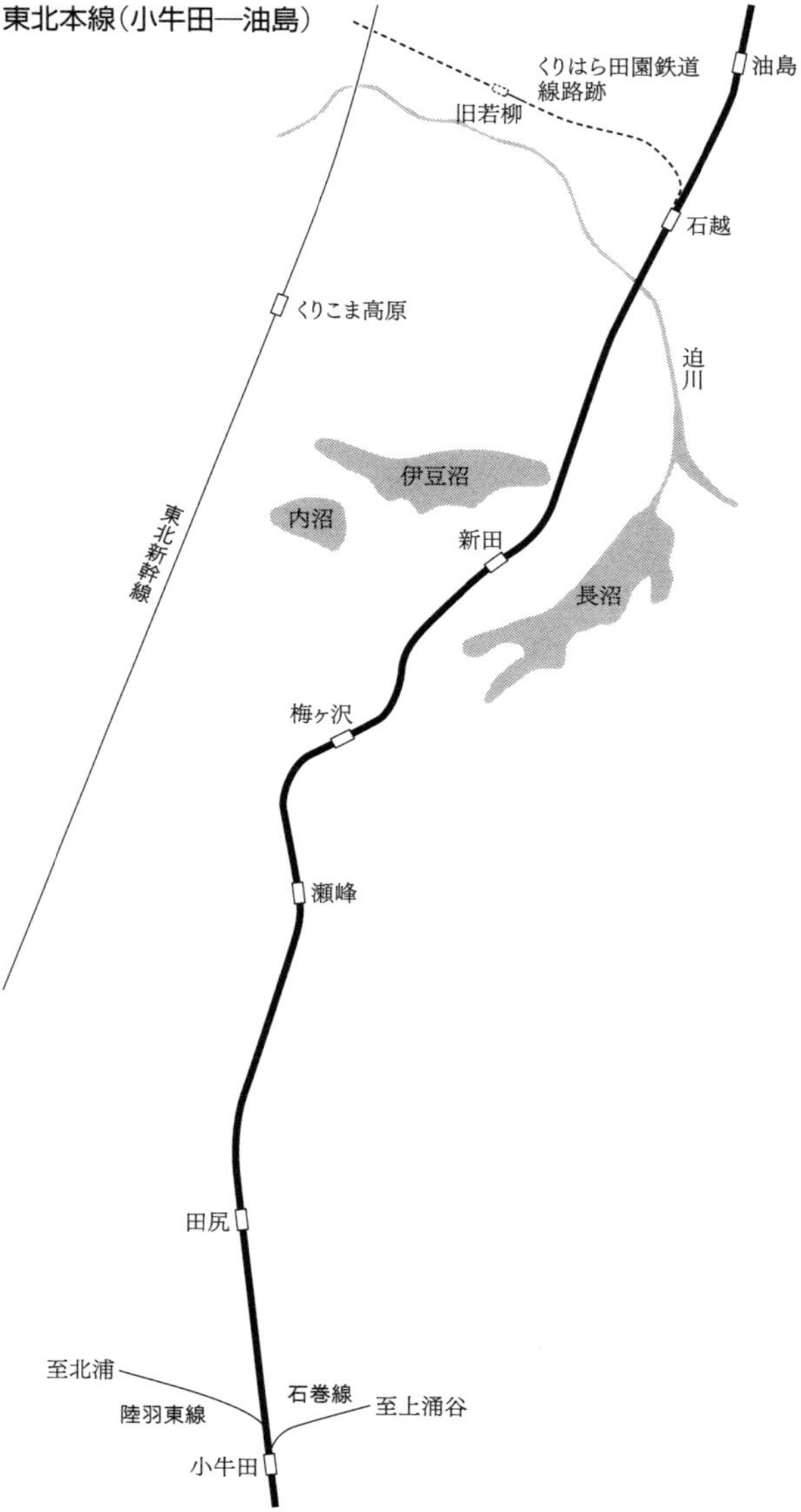

だったが、中線は保守車両の上下渡り線兼横取線になっている。

新田駅を出ると左手に伊豆沼が見える。それほどカーブは多くなく、勾配も迫川《はさまがわ》の前後に10‰の上下勾配があるだけである。次の石越《いしこし》駅は下り本線が片面ホームに面したJR形配線に加えて、上り本線の外側に貨物着発線の上1線がある。

駅の一ノ関寄りでくりはら田園鉄道が連絡していた。くりはら田園鉄道は西側へ細倉マインパーク前まで線路が延びていた。平成19年に廃止されたが、石越駅のホームは残っており、その他の区間の線路でも各踏切付近などのところではレールが撤去されているが、大半は残されている。旧若柳駅はくりはら田園鉄道公園として、旧細倉マインパーク前は駅の手前も含めてそのまま残されており、途中の行き違い駅だった旧沢辺駅と旧栗駒駅も大半の線路とホームが残されている。

くりはら田園鉄道公園には旧若柳駅を流用した「くりでんアトラクションゾーン」があり、石越駅方向へ線路が延びて、くりはら田園鉄道で走っていた気動車

くりはら田園鉄道公園のアトラクションゾーンで復活走行する気動車。
元の線路を整備して走ることができるようにした

の乗車体験や運転体験などができ、駅構内に各種保存車両が展示されている。

道を挟んだ北側には元の車庫などを流用した「くりでんミュージアム」があって、ここにも保存車両を使っての運転シミュレーターやくりでんの歴史がわかるミニシアターなどがある。他の残されている駅でも何らかの保存展示を行うことも考えられる。

石越駅を出ると次の相対式ホームの油島《ゆしま》駅の先から山登りが始まる。まずは連続10‰の上り勾配になり、勾配が終了するあたりで半径６００ｍで左にカーブして花泉駅となる。上り本線が片面ホームに面し、島式ホームの内側が下り本線、外側が下１線の変則的なＪＲ形配線になっている。下１線は上下列車が待避や折り返しができるように駅の前後の上下線間に渡り線がある。

花泉―一ノ関間では開通時には25‰の上下勾配があった。これを大正13年に西側に迂回させて10‰に緩和した。迂回線には有壁《ありかべ》駅を設置した。花泉―有壁間には清水原《しみずはら》信号場があったが、昭和30年に駅に昇格した。

花泉駅を出て少し進むと10‰の上り勾配になるものの、カーブは半径８００ｍがあるだけである。相対式ホームの清水原駅は半径１２００ｍの左カーブ上にある。その先もカーブは少ない。

有壁駅はＪＲ形配線だったが、中線は撤去されている。上り線が片面ホームに面している。同駅の先で新幹線と交差し、サミットに達する手前で大沢田トンネルをくぐる。上り線が線増線の単線並列トンネルで、長さは上り線が１４２７ｍ、下り線が１４１６ｍになっている。サミットの先は連続10‰の下り勾配になる。途中で新幹線と並行するようになり、その先に一ノ関駅がある。

●一ノ関―北上間　一ノ関駅は大船渡線との接続駅である。とはいえ、旅客ホームはＪＲ形配線の２面３線しかない。片面ホームに面した1番線が下り本線、島式ホームの内側が上り本線、外側が大船渡線本線となっている。これに上2、上3線の貨物着発線2線が加わる。上2線は両方向、上3線は小牛田方向に発車できる。上4~8線もあるが、留置用側線である。以前はもっと多くの留置線と洗浄線があったが、撤去され

東北本線（油島—前沢）

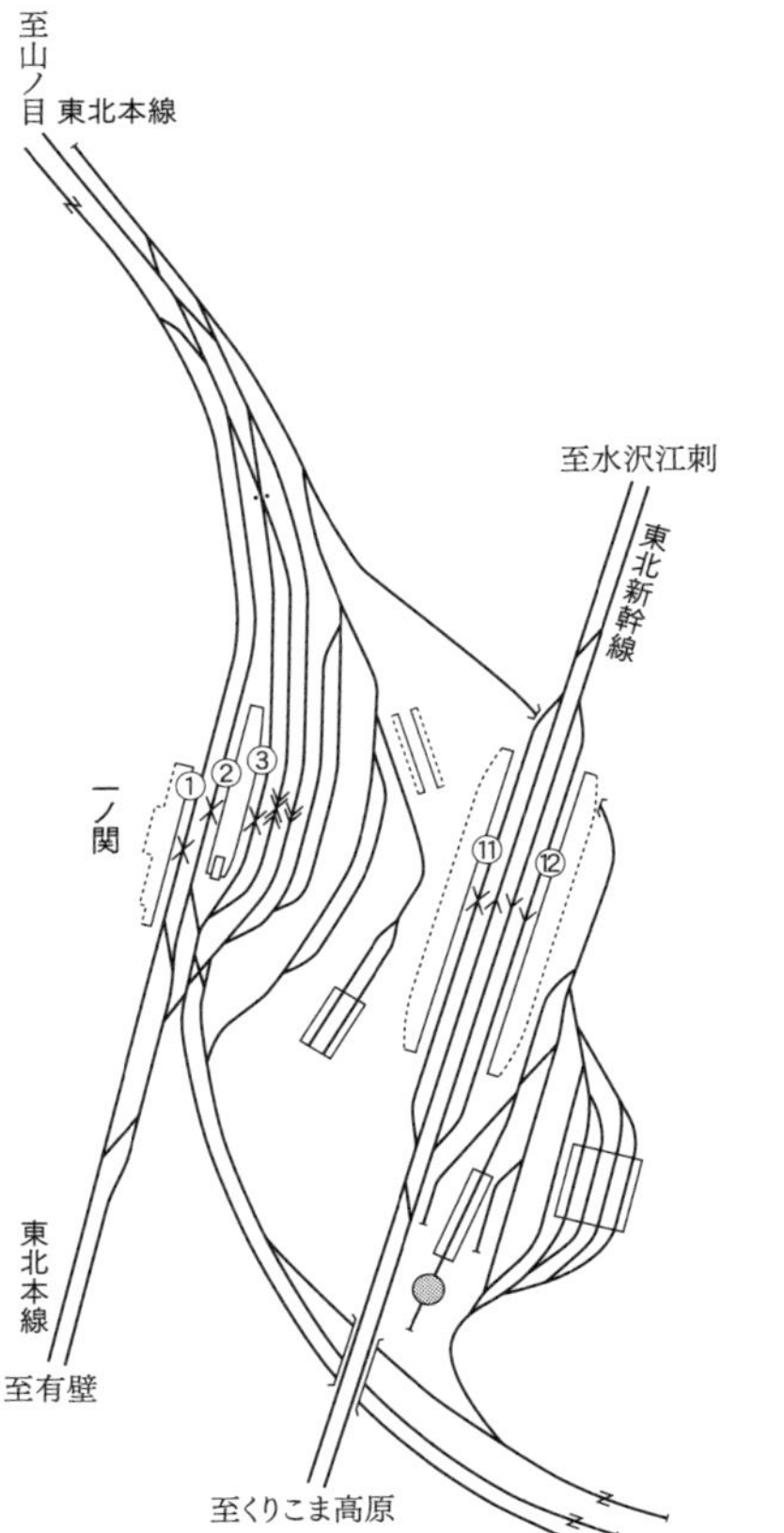

至山ノ目
東北本線
至水沢江刺
東北新幹線
一ノ関
①
②
③
⑪
⑫
東北本線
至有壁
至くりこま高原
大船渡線
至真滝

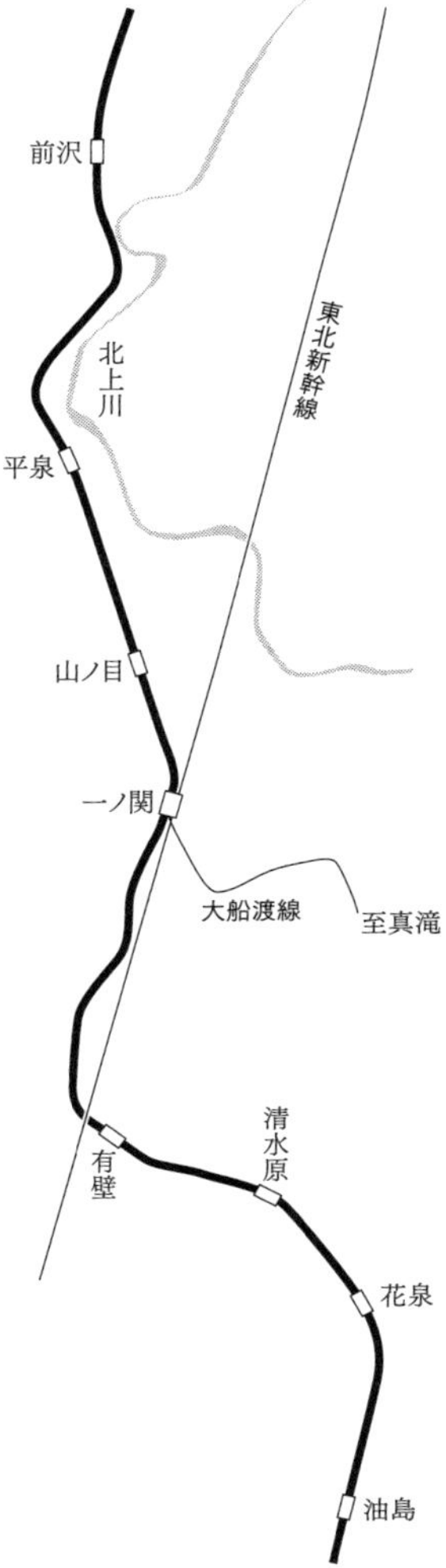

前沢
北上川
東北新幹線
平泉
山ノ目
一ノ関
大船渡線
至真滝
有壁
清水原
花泉
油島

た。ただし洗浄ホームは残っている。隣接する新幹線の南側に旧機関区があって、現在は気動車の検修と留置を行い、転車台もある。

一ノ関駅を出ると半径４５０ｍ、続いて５００ｍで左にカーブして新幹線と分かれる。１５８ｍの磐井《いわい》川《がわ》橋梁を渡って山ノ目駅となる。下り本線が片面ホームに面し、中線を撤去した元ＪＲ形配線の駅である。

山ノ目駅から直線で進む。しかも勾配はあっても１‰程度で、ほとんどレベルで進む。地面は少しアップダウンしているが、盛土で突き進んでいく。３・５‰の上り勾配になって相対式ホームの平泉駅となる。その先では10‰の上り勾配を半径６００ｍで左にカーブしてから左手の中尊寺の東側を高架になって右に回りこむ。右手には北上川が並行する。

１１５ｍの衣川橋梁を渡り、しばらくして１５５ｍの鵜ノ木《うのき》トンネルをくぐる。そして下り線が片面ホームに面したＪＲ形配線の前沢駅となる。

徐々に上り勾配基調となって進む。前沢駅の標高は26・5ｍ、次の陸中折居《りくちゅうおりい》駅は36・8ｍと約10ｍ高くなっている。その陸中折居駅は中線を横取線兼渡り線にした元ＪＲ形配線の駅である。

さらに上り勾配基調で進んで水沢駅となる。標高は51・2ｍになる。ＪＲ形配線でコンテナ取扱貨物駅でもあるために上2線とコンテナホームがある。ここも上1線はなく上2線としている。前後に出発信号機はなく、進入のための場内信号機もない。一度、中線に入線してから入換標識によって上2線に入線する。

水沢駅を出ると、半径３２００ｍで大きく右にカーブする。その先は直線で進む。３５５ｍの胆《い》沢《さわ》川《がわ》橋梁を渡り、Ｓ字カーブを切って進むと金ケ《かねが》崎《さき》駅となる。標高は59・5ｍ、上り線が片面ホームに面している元ＪＲ形配線の駅で中線は撤去されている。

10‰の勾配で台地を上ると六原《ろくはら》駅がある。標高は72・7ｍ、ＪＲ形配線になっているが、片面ホームの反対側に側線があり、その先に隣接する北上ハイテクペーパーと東邦特殊バルブ北上工場への専用線が延びている。しかし、貨物の取扱が中止され、六原ＯＲＳが工場内に開設されて水沢駅まで1日2往復のトラック便が設定されている。

六原駅の北上寄りは半径１２００ｍの右カーブにな

東北本線（前沢—花巻）

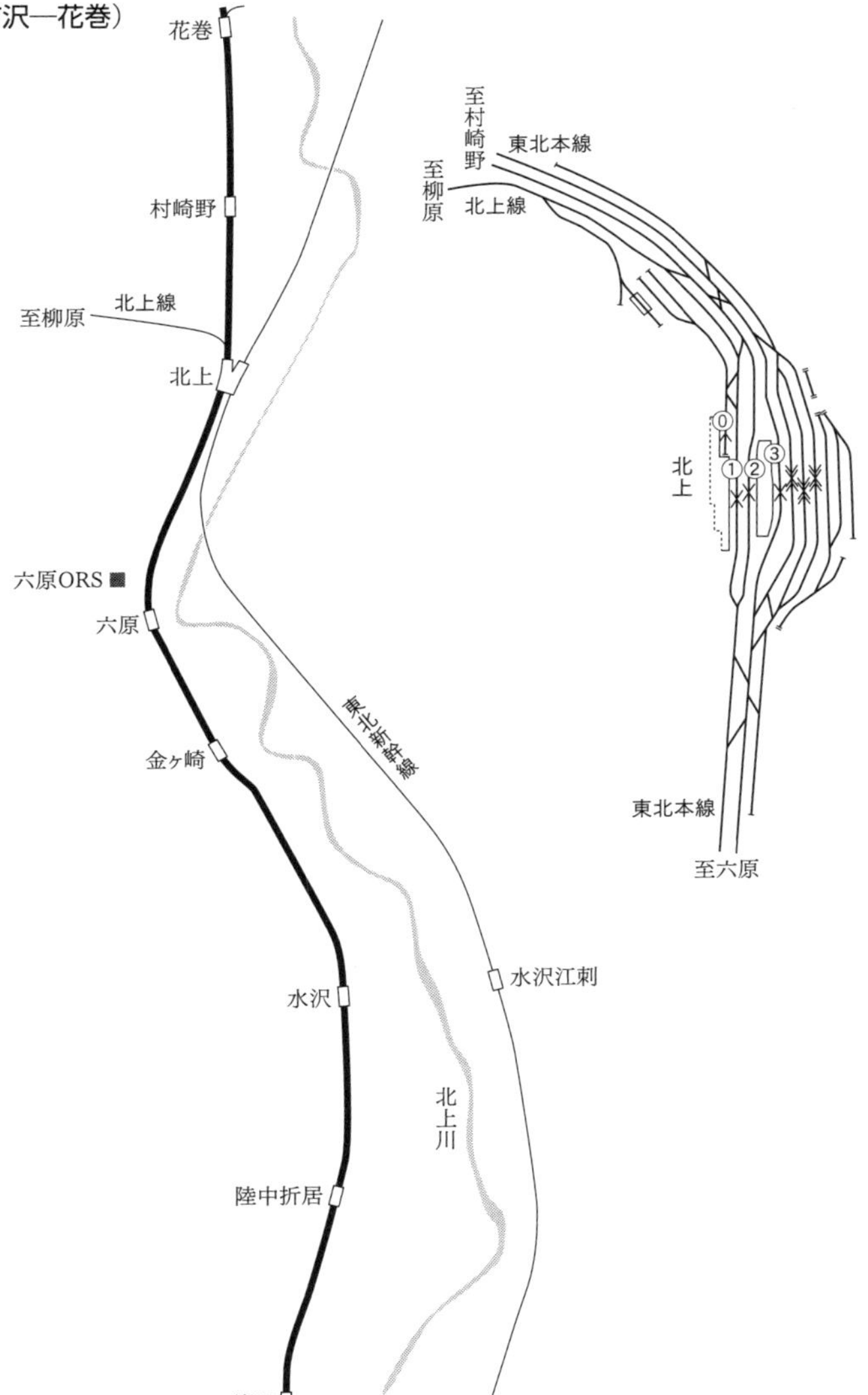
花巻
村崎野
至柳原
北上線
北上
六原ORS
六原
金ヶ崎
東北新幹線
水沢
水沢江刺
北上川
陸中折居
前沢
至村崎野
東北本線
至柳原
北上線
北上
0
1
2
3
東北本線
至六原

っている。同駅を出ると10‰の下り勾配になって台地を降りていく。レベルになったところに抱込式の北上操車場があったが、廃止され、離れていた上下線は通常の間隔に戻した。跡地は工業団地になっているが、全敷地が埋まっておらず、空地が目立つ。

右手から新幹線が近寄って並行するが、在来線とのあいだに新幹線北上保守基地が細長く広がっている。レール搬入用に在来線からも側線が入り、標準軌とで3線軌になって搬入用クレーンの下を通っている。

単線並列で393mの和賀川《わがかわ》橋梁を渡ると北上駅である。

●北上—盛岡間　北上駅では北上線が接続している。片面ホームの1番線の盛岡寄りに切欠きホームの0番線があり、ここで北上線は発着する。1番線は下2線、2番線は下り本線、3番線は上り本線になっている。その向こうに上2〜上4の貨物着発線3線がある。その隣に上5〜上7の側線3線があるが、本線、副本線と接続するポイントは撤去されている。さらに向こうに新幹線の高架ホームがある。この北上駅でも下1線と上1線は本線としてカウントされている。

在来線の北上駅の盛岡寄りは半径400〜600mで左にカーブし、新幹線の盛岡寄りも半径5000mで右にカーブしているために在来線と新幹線は徐々に離れていく。少しのあいだ複線の東北本線と単線の北上線は並行し、国道107号をくぐった先で北上線は左にカーブして分かれていく。

その先は直線で進むが、台地に差しかかるので10‰の連続上り勾配になる。レベルになってしばらく進むと相対式ホームの村崎野《むらさきの》駅となる。さらに直線で進むが、10‰の勾配でアップダウンする。途中、半径3200mで左に少しカーブして国道4号と交差するが、その先は直線である。

198mの豊沢川橋梁を渡ると10‰の上り勾配になって花巻駅がある。標高は88・0mである。釜石線が分岐するが、東北本線のホームは島式になっている。その東側に貨物着発線の上2線があるが、もっぱら釜石線の気動車の留置線として使用されている。その隣に釜石本線の1番線がある。東北本線は2番線が上り本線、3番線が下り本線となっている。

花巻駅を出ると半径800mで右にカーブする。釜

東北本線
（花巻—盛岡）

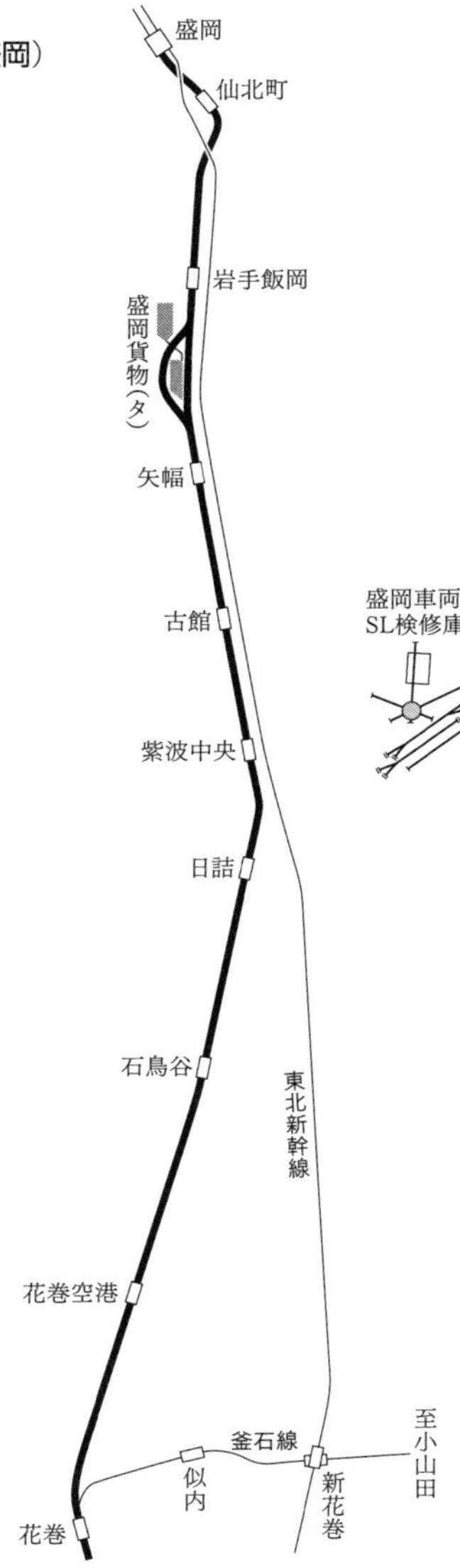
盛岡
仙北町
岩手飯岡
盛岡貨物（タ）
矢幅
古館
紫波中央
日詰
石鳥谷
東北新幹線
花巻空港
釜石線
至小山田
似内
新花巻
花巻

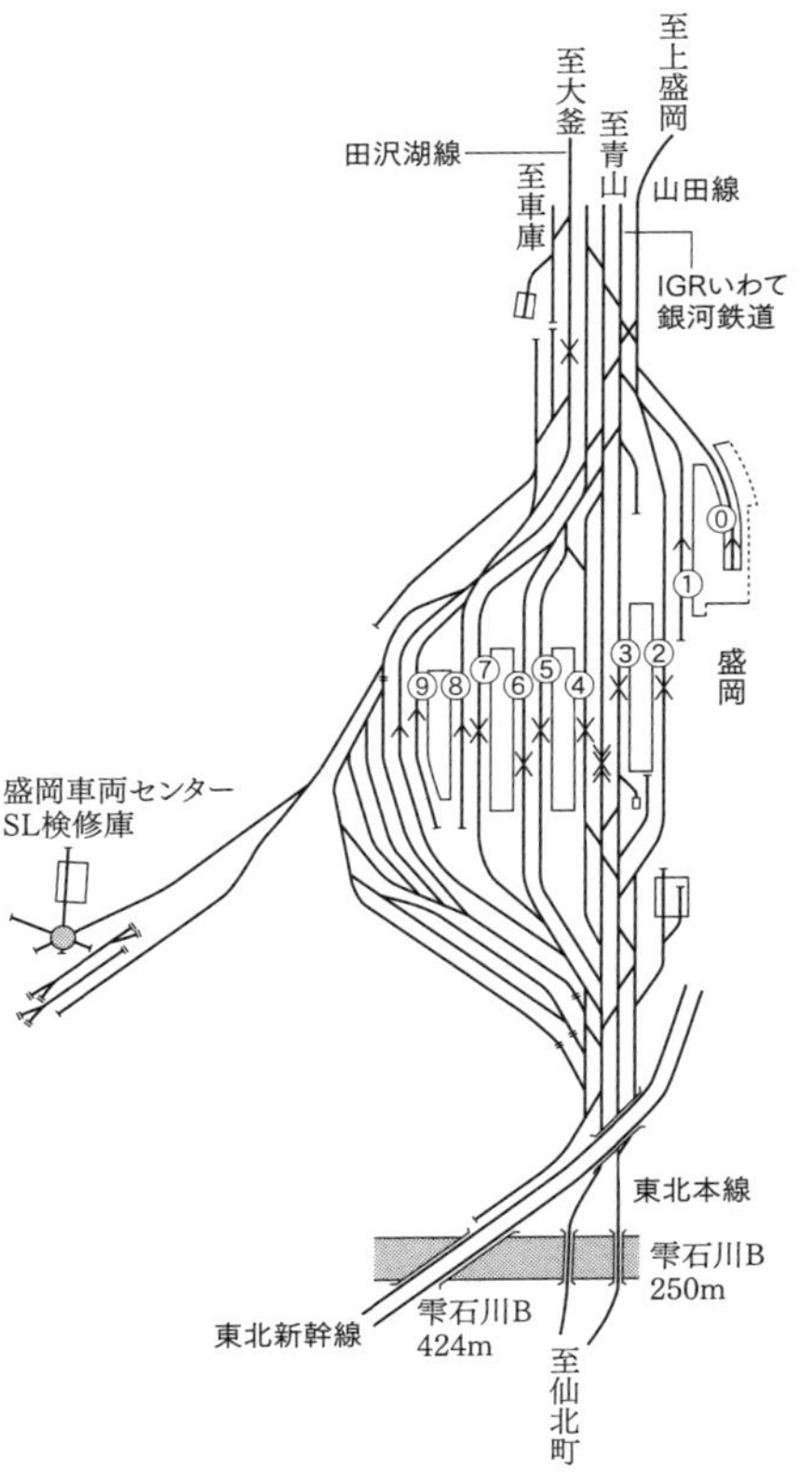
至上盛岡
至大釜
至青山
田沢湖線
至車庫
山田線
IGRいわて
銀河鉄道
⓪
①
②
③
④
⑤
⑥
⑦
⑧
⑨
盛岡
盛岡車両センター
SL検修庫
東北本線
雫石川B
250m
東北新幹線
雫石川B
424m
至仙北町

石線も右にカーブするが、曲線半径は600mなので両線は離れていく。東北本線は直線になり、105mの瀬川橋梁を渡り、しばらくすると花巻空港駅となる。いわて花巻空港に近いので二枚橋という駅名から改称された。しかし、空港ターミナルまでは3㌔ほどあって遠い。盛岡から同駅を経由する岩手県交通の路線バスがあるが、さほどの利用はない。同駅は上り本線が片面ホームに面しているJR形配線になっている。

直線がずっと続くが、54mの葛丸川《くずまるがわ》橋梁を渡った付近で半径3000mの左カーブがある。次の石鳥谷《いしどりや》駅は中線を撤去した元JR形配線の駅で、上り線が片面ホームに面しており、ずっと直線になっている。下り線は西に膨らむために半径1400mまたは2000mのカーブがあるが、駅部や橋梁部を除いてずっと直線になっている。橋梁部では上下いずれかの線路が線増線になるので、線増線側は元の単線橋梁と間隔を空けるために緩くカーブする。

10‰の上り勾配で進み、勾配が緩くなると日詰《ひづめ》駅である。日詰駅の手前で線増線が上り線から下り線に移る。このために下り線は半径2000mで左にカーブしてずれ、2500mで右にカーブして直線になる。駅自体はJR形配線である。

駅を出ると半径1600mで左にカーブしてから、また直線で進む。右手から新幹線が並行するようになると相対式ホームで平成10年に開設された紫波中央《しわちゅうおう》駅となる。

新幹線とずっと並行しながら上り勾配基調の直線で進む。途中に相対式ホームの古館《ふるだて》駅がある。古館駅の標高は104・5mである。線増線が上り線から下り線に移った先にJR形配線の矢幅《やはば》駅がある。

その先で新幹線は半径4000mで右にカーブする。東北本線の上り本線は新幹線とほぼ並行するが、下り本線は左にカーブして上下線の間隔を空ける。そして着発線などが抱込式の盛岡貨物ターミナルとなる。下り本線は高架になり、着発線などから分岐した通路線などが下り本線の下をくぐる。石油とコンテナの積載線や仕訳線、機関庫等は片置き式になっているためである。そして下り本線は上り本線と合流し、再び新幹線と並行して相対式ホームの岩手飯岡《いわていいおか》駅となる。その先は新幹線と並行しながら直線で進む。

新幹線は半径2500mで左にカーブするが、東北本線はまっすぐ進むので新幹線と斜めに交差する。そして半径625m~1250mで左にカーブする。そのカーブの途中に島式ホームの仙北町《せんぼくちょう》駅がある。

ずっとカーブが続き、その先で250mの雫石川《しずくいしがわ》橋梁を渡ると、カーブが緩んだ東北新幹線がまた頭上を交差していく。東北本線は右にカーブして新幹線と並行するようになると盛岡駅がある。盛岡駅の標高は123・8mと結構高い。

在来線の盛岡駅は島式ホーム4面（第2~5ホーム）のほかに元片面ホーム（第1ホーム）を流用して改札口を別にした1番線とその右隣に櫛形ホームの0番線がある。線路名は0番線が山田線本線、1番線が上2線でIGRいわて銀河鉄道の発着線となっている。山田線本線の0番線もIGRが発着するとともに花輪線の列車の発着線になっていて、山田線列車は発着しない。

山田線列車は島式の第2ホームの2番線から発車する。第2ホームの3番線の隣は貨物着発線の中線になっている。第2~4ホームの2~7番線は東北本線の列車以外に花輪線の一部の列車、IGR線と山田線の盛岡以南直通列車も発着する。

第5ホームは標準軌の田沢湖線が発着する。

線路名は2番線が上1線、3番線が上り本線、4番線が下り本線、5番線が下1線、6番線が下2線、7番線が下3線、8番線が田沢湖本線、9番線が田沢湖1番線となっている。さらに側線で狭軌の下6線がある。その隣には使われていない側線のほかに盛岡車両センターのSL検修庫と転車台がある。

【車両】普通電車用はE721系、719系、701系の3種類がある。これに仙石東北ライン用のハイブリッド車HB-211系列、釜石線直通用のキハ110系列とキハ100形がある。HB-211系列については仙石線、釜石線直通用については釜石線の項を参照していただきたい。

E721系は仙山線と常磐線にも使用される0番台の2両編成42本がある。トップナンバーのE721-1、E720-1とE721-19とE720-19の4両は東日本大震災のとき常磐線新地《しんち》駅で大津波によって大破し、廃車されている。

これに仙台空港鉄道直通用500番台2両編成4本があり、仙台空港鉄道にも100番台としてSAT721系2両編成3本がある。仙台空港鉄道直通用については仙台空港鉄道の項を参照していただきたい。

モーター付きの電動車のクモハE721形とモーターなしでトイレ付き制御車のクハE720形の2両固定編成で3扉セミクロスシート、ステンレス車体の広幅車両である。レール面から客室床面までの高さは950mmにし、郡山以北のホームの高さ920mmと30mmのわずかな段差にしてバリアフリー化を図っている。

後述の701系よりも高速域での加速がよく、運転最高速度は120キロだが、701系と連結したときには701系の加速度に合わせて走る。

定員はクモハE721形が137人、クハE720形が132人である。

ただし運輸省の定員算出基準ではセミクロスシート車は有効床面積を0・4m²で割るとしている。それを適用するとクモハE721形が120人、クハE720形が116人となる。

719系は平成元年に仙台地区近郊用として登場した3扉セミクロスシート車である。電動車がクモハ719形、トイレ付き制御車がクハ718形の2両固定編成で、仙台、盛岡地区には42本が配置され、うち1本は磐越西線用リゾート列車として改造されている。

運転最高速度は110キロで仙山線の勾配区間でも無理なく走行でき、抑速ブレーキを装備している。起動加速度は2・5キロ/h/sである。床面高は1180mmなので、扉付近の内側に150mmほどの段差をつけたステップがある。扉間は中央に2組のボックスシート、扉寄りはロングシートで、乗務員室後部と連結部もロングシートになっている。定員はクモハ719形が134人、クハ718形が131人である。

国土交通省の算出基準の0・4m²で割ったときの定員はクモハ719形が122人、クハ718形は119人で、2両編成では241人である。

701系は3扉ロングシート車で、仙台車両センター所属は2両固定編成27本と4両固定編成4本、盛岡車両センターに2両固定編成15本がある。広幅車両ではなく、定員は先頭電動車のクモハ701形が135

人、トイレ付き制御車のクハ700形が133人、中間車で電動車のモハ701形と付随車のサハ700形が146人となっている。

国土交通省の算出基準での定員はクモハ701形が133人、クハ700形が128人、モハ701形とサハ700形は140人である。

【混雑率】 仙台都市圏での国土交通省発表の下りの混雑率は輸送力が7857人、輸送人員が8626人なので110%である。しかし、混雑区間は岩沼→仙台間となっている。通常は1駅間とするのだが、仙台都市圏では途中に駅が入っている。現実には長町→仙台間である。

混雑時間帯は仙台着でみて7時30分から1時間とし、その間に平均連結両数5・3両が11本走るとしている。ということは通過両数は58両である。

形式別の内訳は719系2両編成が5本、4両編成が4本、E721系2両編成が9本、4両編成が1本、701系2両編成が3本、阿武隈急行の2両編成が2本の計58両である。

公表の輸送力は7857人だが、これはJRが定め

東仙台駅付近を走る719系

た定員から算出している。国土交通省の定員の算出基準は有効床面積に対してロングシートの場合は0・35㎡、セミクロスシートの場合は0・4㎡で割ったものとしている。

この場合、輸送力は7232人になるので混雑率は119%ということになる。

上りの最混雑区間は松島→仙台間で、混雑時間帯は8時0分から1時間、平均4・7両編成が6本走り、輸送力は4811人、輸送人員は4860人で混雑率は101%としている。

しかし、ここでも東仙台→仙台間とせずに途中に5か所の駅があり、利府支線からの直通電車もある。仙台着8時から1時間としており、その間に6両編成4本、4両編成3本計36両が走っている。

国土交通省の定員算出基準に従うと輸送力は4526人となり、混雑率は107%に上がる。

【ダイヤ】 運転系統は基本的に黒磯―郡山間、郡山―福島間、福島―仙台間、仙台―一ノ関間、一ノ関―盛岡間に分かれているが、一部の列車は境界を通り越して走る。

黒磯駅での東京方面からの電車との接続を含めて、郡山、福島、仙台、一ノ関での接続時間は10分以上となっている。なかには30分以上とっていることもある。このために到着1分前に出発して、次の電車が発車するまで乗換駅で長時間待つことがある。

たとえば小金井発で黒磯駅に8時56分に到着する普通の2分前の8時54分に郡山行が発車する。次の郡山発は9時38分だから42分も待たなくてはならない。福島駅でも郡山発が福島駅に到着する11時54分の7分前の47分に白石行が発車している。

接続時間を10分以上とっているのは、遅れたときでも接続できるように余裕を見ているからで、少し是正して2分程度での接続だと、それができないからである。とはいえ、十数分程度ずらすことで無駄な待ち時間をなくすことも必要である。

逆にスムーズなのは黒磯駅10時27分発の郡山行である。郡山駅で10分の接続で福島行に乗れる。そして福島では12分待ちで快速「仙台シティラビット」仙台行に接続する。黒磯駅の東京方面からでは5分で宇都宮発に接続、この宇都宮発は国府津発快速「ラビット」

に接続しているから、国府津駅を6時21分（土休日は35分）に出て仙台駅に13時55分に到着できる。「青春18きっぷ」利用などで重宝するダイヤである。しかし、残念なのは仙台以北での接続は40分待たなくてはならない。仙台に到着する同じ時刻に小牛田行、そして小牛田で12分待ちで一ノ関行、一ノ関駅で7分待ちで盛岡行があるが、仙台駅で快速は1番線に到着、小牛田行は2番線で発車するので乗り換えはできないのである。仙台駅で少し調整すれば盛岡までスムーズに行けるが、残念ながらそうなっていない。

仙台空港―仙台間の空港連絡電車、原ノ町―仙台間の常磐線直通電車、仙台―石巻間の仙石東北ラインの列車、仙台―利府間の利府支線直通電車、釜石―盛岡間の釜石線直通列車、そしてＩＧＲいわて銀河鉄道直通電車が乗り入れ、阿武隈急行の電車が槻木―仙台間に2往復乗り入れている。

●**黒磯―福島間**　同区間では快速の運転はなく、昼間時は黒磯―郡山間と郡山―福島間の区間電車に分かれる。郡山駅での両区間電車の接続は最短で3分だが、30分以上になっていることもある。両区間ともおおむね1時間毎の運転だが、どちらかというと郡山―福島間のほうが運転間隔を短くしている。

朝ラッシュ時には矢吹―郡山間と松川―福島間の区間運転もある。黒磯発1番電車は仙台駅まで通しで運転される。この電車は７０１系6両編成で、他の電車は4両編成か2両編成である。

区間運転は午後遅くと夕方に高校生の帰宅ラッシュに備えて矢吹―郡山間の電車が走る程度である。

●**福島―仙台間**　快速「仙台シティラビット」が昼間時に福島―仙台間で3往復走る。停車駅は藤田まで各駅、白石、大河原―岩沼間各駅、名取、南仙台、長町と通過する駅のほうが少ない。同区間で普通電車は1時間20分かかるのに対して、快速「仙台シティラビット」は最速1時間14分と大して速くない。停車駅が多すぎるのである。

仙台空港快速も走る。同快速のＪＲ線内の停車駅は名取だけである。快速「仙台シティラビット」も南仙台、長町を通過すれば、もう2分程度短縮する。この場合、名取駅で仙台空港直通普通と接続すれば、南仙台、長町の利便性は低下しない。

白石駅に停車している721系使用の快速「仙台シティラビット」2号

福島—藤田間と大河原—岩沼間の各駅も乗降客は多く通過しにくいけれども、福島—藤田間の区間電車を設定して東福島、伊達、桑折の3駅も通過し、さらに3分程度短縮してほしいものである。そして使用車両をすべて721系にして120キロ運転をすればさらに3分程度短縮する。

新幹線は白石駅を通っていない。白石駅に行くには速達性がある快速が必要なのである。

昼間時は快速「仙台シティラビット」を含めて概ね1時間毎の運転だが、白石—仙台間の区間運転が加わって同区間では概ね30分毎になる。さらに岩沼—仙台間では常磐線電車が加わって運転間隔はさらに短くなり、名取—仙台間では空港直通電車が加わってもっと短くなる。

朝ラッシュ時には福島—藤田間と白石—仙台間の区間運転が設定されている。また岩沼—仙台間の常磐線直通電車、仙台—仙台空港間の仙台空港線直通電車も加わるから白石—仙台間は最短4分毎の運転になる。

●仙台—盛岡間　仙石東北ラインの快速、特別快速が仙台—塩釜間で走る。東北本線内では各駅に停車するものと塩釜駅にだけ停車するものがある。基本的に運転本数が多い朝夕時間帯は塩釜駅だけ停車、閑散時は各駅に停車となっている。

また盛岡発着で釜石線直通の快速「はまゆり」が3往復走る。東北本線内の停車駅は矢幅駅のみである。さらに朝下りに水沢→盛岡間に快速「アテルイ」が運転されている。停車駅は北上、花巻、矢幅、仙北町で、普通が1時間5分程度かかるのに比べて56分と9分短い。

利府支線直通は基本的に朝夕夜間に運転され、朝は約30分毎、夕方は約40分毎、夜間は1時間毎の運転で、昼間時は利府支線内だけの運転となり、運転間隔は約1時間毎になっている。

運転系統は基本的に仙台—小牛田間、小牛田—一ノ関間、一ノ関—盛岡間の3区間に分かれている。

仙台—小牛田間での区間運転は朝上りに松島発仙台行、夜間下りに仙台発松島行があるだけである。このほか利府支線直通や仙石東北ラインも区間運転の電車と言える。

朝ラッシュ時上りは最短10分間隔になっている。昼間時は約1時間毎だが、約30分間隔になることもある。夕ラッシュ時は下りが仙台からの帰宅ラッシュのために15〜25分間隔、夜間もそれが続いて約20分毎になっている。

小牛田—一ノ関間では朝夕に仙台発着で小牛田駅を通り越して石越までの区間運転があるが、朝夕の区間運転を除いて概ね1時間毎になっている。また、ときおり1時間半以上間隔が開くこともある。

一ノ関—盛岡間では盛岡都市圏の通勤通学の流れがあるために、朝は北上、日詰発盛岡行のほか釜石線列車も花巻から盛岡まで乗り入れている。このため一ノ関駅発車時点では20〜45分間隔でも日詰駅からは6〜9分間隔になる。昼間時は一ノ関—北上間が1時間30分〜2時間間隔、北上—盛岡間が30分〜1時間30分程度の間隔になる。これに加えて快速「はまゆり」が花巻—盛岡間で走る。

快速「はまゆり」は花巻駅で北上方面の普通と緩急接続はしていない。接続すれば北上駅などから快速に乗れて便利である。

盛岡駅でわずかながらIGRいわて銀河鉄道と相互

直通運転を行なっている。一ノ関発5時47分は滝沢行でJRの701系2＋2の4両編成で滝沢駅折り返し後は一ノ関行になる。一ノ関発6時9分のいわて沼宮《ぬまく》内《ない》行もJRの701系2＋2の4両編成でいわて沼宮内到着後の折り返しは盛岡行になる。

いわて沼宮内発7時16分がIGRの2＋2の4両編成の北上行で、折り返しは9時8分発の盛岡行になる。

東北本線のIGR直通電車は当然JRの盛岡ホームで発着するが、IGRと花輪線の列車はIGRのホームで発着する。IGRのホームはJRのホームから離れており、改札口も別になっている。東北本線からIGR線に乗り換えるには歩くだけで5分はかかる。乗り換え時間は10分は必要である。そしてほぼ10分ほどで接続している電車が多い。

【将来】 黒磯駅での交直地上切り替え方式から黒磯—高久間での車上切り替え方式に代わると盛岡寄りから黒磯駅に進入するには交直両用電車が必要になる。

常磐線で使用しているのと同じ新造のE531系を投入する。黒磯—白河間ではすべてこの車両を使用するが、一部は宇都宮—白河間を走る。

高層の盛岡地域交流センターマリオスの展望台から見た盛岡駅の仙台寄り

JR水郡線

やはり快速を走らせてダイヤの改善を

POINT! 水郡線は東北線の部に所属し、東北本線と常磐線を結ぶ路線である。愛称は「奥久慈《おくくじ》清流ライン」。

常磐線側の水戸―常陸太田《ひたちおおた》・常陸大子《ひたちだいご》間は比較的運転本数が多いが、郡山《こおりやま》側の常陸大子―安積永盛《あさかながもり》間は日中には4時間以上列車の走らないときがある。これでは利用しようにも利用できない。

かつては2往復の急行「奥久慈」（常陸大子から郡山寄りは普通）や快速とはしていないが水戸―常陸太田・郡山間で多数の駅を通過する普通があって、運転本数も多かった。

現在は軽量高性能気動車によって急行とほぼ同じ所要時間で各駅に停車する普通ばかりになってしまっている。快速を運転してもっと利用しやすいダイヤにすべきである。

【概要】 水郡線は水戸―郡山間142・4キロと上菅谷《かみすがや》―常陸太田間9・5キロからなる単線非電化の路線である。水戸駅で常磐線、安積永盛駅で東北本線と接続し、郡山駅まで直通する。

日本鉄道の海岸線（現常磐線）の水戸駅と常陸太田地区を結ぶ目的で地元が太田鉄道を発起し、明治30年（1897）11月に水戸―久慈川仮駅間を開通させた。32年4月には久慈川橋梁を完成させて太田（現常陸太田）駅まで延伸して全通した。久慈川仮駅は貨物駅として残ったものの5月には廃止した。

しかし、営業収支はよくなく、借入をした十五銀行への債務返済が滞ったために、同銀行が水戸鉄道を設立して明治35年に太田鉄道を買収した。なお、現水戸線である水戸—那珂川貨物駅間を明治23年に開通させた水戸鉄道とはまったく別物である。

水戸鉄道は久慈川に沿って上菅谷駅から常陸大子を目指して鉄道を敷設することにした。大正7年（1918）6月に瓜連《うりづら》まで、10月に常陸大宮まで開通した。さらに常陸大宮—郡山間を結ぶ大郡線を着工し、大正11年12月に山方宿《やまがたじゆく》駅まで、14年8月に上小川《かみおがわ》駅まで開通した。

昭和2年（1927）3月に常陸大子駅まで開通したものの12月に国有化された。常陸大子駅まで開通していれば買収価格を釣り上げることができると踏んだのである。そして水戸—常陸太田間と上菅谷—常陸大子間を東北線に所属する路線として水郡線と名づけた。

水郡線の未成線は笹川（現安積永盛）駅と常陸大子の両駅から着工することになり、笹川寄りは水郡北線、常陸大子寄りは水郡南線とした。

昭和4年5月に水郡北線の谷田川《やたがわ》—笹川間、5年4月には水郡南線の常陸大子—東館《ひがしだて》間、6年10月に南線の東館—磐城塙《いわきはなわ》間と北線の谷田川—川東《かわひがし》間、7年11月に南線の磐城塙—磐城《いわき》棚倉《たなくら》間が開通し、9年12月に磐城棚倉—川東間が開通して全通した。

水郡線に優等列車が登場したのは昭和33年のことである。臨時列車として上野—矢祭山間に準急「奥久慈」の運転を開始した。41年に急行に昇格した。

昭和45年10月改正時点では、上野—郡山間に急行「奥久慈」が2往復運転されていた。上野—水戸間は常磐線急行「ときわ」に併結され、常陸大子—郡山間は普通として走る。

水戸—常陸大子間の停車駅は上菅谷、常陸大宮、山方宿《やまがたじゆく》、西金《さいがね》、袋田だった。また、普通の多くは水戸—上菅谷間で常陸青柳、下菅谷のみしか停まらなかった。さらに常陸太田方面ではノンストップとなったり、額田《ぬかだ》、河合《かわい》のみ停車する普通があったりした。

水戸—郡山間運転の下り1本は常陸青柳、下菅谷、上菅谷、瓜連、常陸大宮、玉川村、山方宿、下小川—常陸大子間各駅、矢祭山、東館、磐城塙、磐城棚倉、磐城浅川、磐城石川、川東、谷田川以遠各駅となっており、実質は快速だった。

しかし、昭和58年6月に全列車が気動車化されたときに急行「奥久慈」は水郡線内は普通で走るようになり、昭和60年3月には廃止されてしまった。

平成4年（1992）3月にワンマン運転を開始し、26年に水戸—常陸太田・常陸大子間が東京近郊区間に含まれるようになった。これでスイカが使えるようになったが、東京駅などから常陸太田駅に行く場合の長距離乗車券扱いはなくなり、通用1日限りで、途中下車もできなくなった。

輸送密度は水郡線全体では1739人、平成24年度は1803人、21年度は2004人、昭和62年度は2762人と減少していっている。

うち水戸—常陸大宮間は5621人、平成24年度は5648人、21年度は上菅谷—常陸太田間を含んで5373人、昭和62年度は7921人となっている。減少はしているが、水戸都市圏の通勤通学客の利用が多い。少子化が一番の要因である。

常陸大宮—常陸大子間は1021人、平成24年度が1143人、21年度は1413人、昭和62年度は2458人である。

常陸大子—磐城塙間は263人、平成24年度は262人、21年度は293人、昭和62年度は788人である。昭和62年度に比べて大きく減少し、もう鉄道としては成り立たない数値だが、下げ止まりになっている。挽回するには快速の設定と矢祭山などの行楽地への観光キャンペーンが必要だろう。

磐城塙―安積永盛間は1049人、平成24年度は1090人、21年度は1153人、昭和62年度は1608人とずっと減少している。福島空港・あぶくま南道路という高規格道や国道の整備が主な要因である。やはり快速の運転がほしいところである。

【沿線風景】 **●水戸―上菅谷間**　水郡線は水戸駅の1、2番線から発車する。2番線は片面ホームだが、その北側の背面に切欠きホームの1番線がある。水戸駅を出ると左に急カーブして北向きになる。右手に引上線が並行し、引上線がなくなると14‰の上り勾配で高架に上がってコンクリート橋梁に架け替えられた那珂川橋梁を渡る。同橋梁を含めて高架化区間の総延長は1・68キロである

高架から地上に降りるとすぐに常陸青柳駅となる。島式ホームで駅舎は取り壊されたものの、ホームはリニューアルされてきれいになった。

しばらくまっすぐ進み、13‰の上り勾配になって、半径387mで右にカーブしたところに左手に片面ホームのある常陸津田駅がある。

この先で10‰の連続上り勾配になり、勾配が緩和して0・4‰になったところに右手に片面ホームのある後台《ごだい》駅、続いて相対式ホームの下菅谷駅がある。駅は半径600〜640mの左カーブ上にある。次の中菅谷駅も左手に片面ホームがある。後台、下菅谷、中菅谷、そして次の上菅谷の4駅の駅間隔は比較的短い。

●上菅谷―常陸太田間　上菅谷駅はJR形配線だが、上り本線の1番線と下り本線の2番線が島式ホームの両側にあり、これに下1線の3番線と保守用側線に挟まれた元島式の現片面ホームがある。上り本線と下1線は水戸方面と郡山・常陸太田方面の両方向に出発できる。

元々は島式2面4線となっていたが、4線もいら

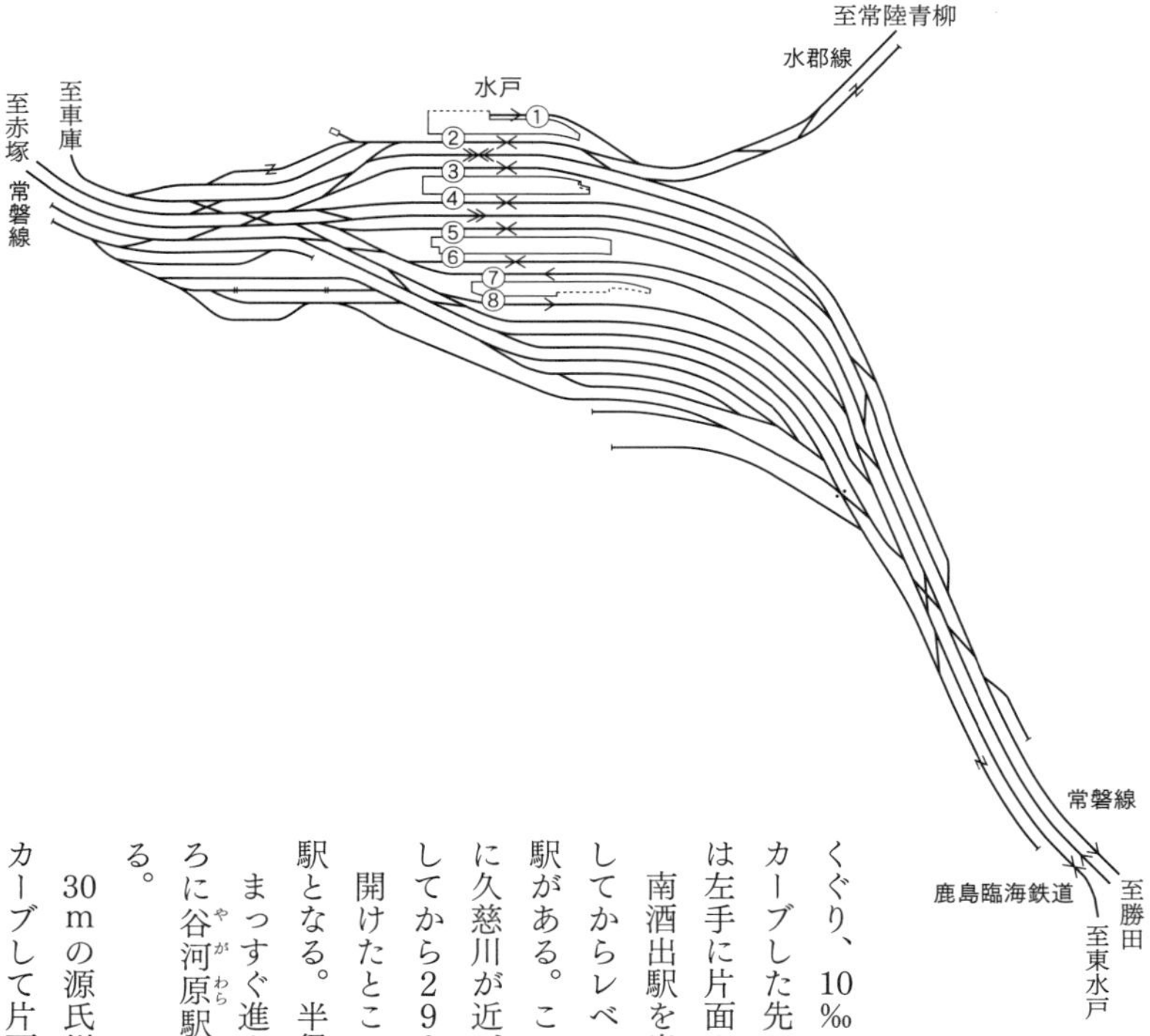

ないということで3線になり、減らした1線は保守用側線になった。

郡山方面の線路が左にカーブし、常陸太田駅への線路はまっすぐ進んで両線は分かれる。常磐自動車道をくぐり、10‰の下り勾配となって半径３９０ｍで右にカーブした先の10‰の勾配上に南酒出《みなみさかいで》駅がある。同駅は左手に片面ホームがある。

南酒出駅を出ると今度は半径４００ｍで左にカーブしてからレベルになって右手に片面ホームのある額田駅がある。この先は9～15‰の下り勾配になる。左手に久慈川が近づき、半径３００ｍで左に大きくカーブしてから２９０ｍの久慈川橋梁を渡る。

開けたところを進んで左手に片面ホームがある河合駅となる。半径３００ｍの右カーブ上に駅がある。

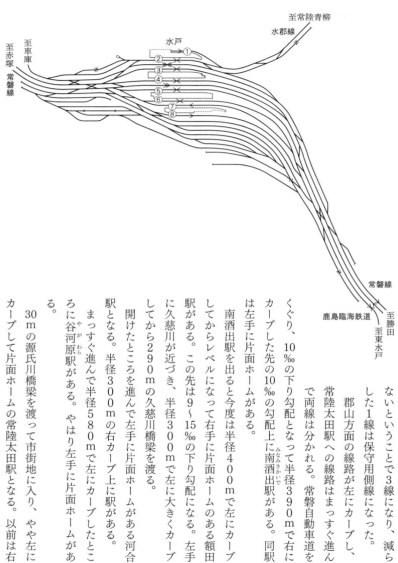

まっすぐ進んで半径５８０ｍで左にカーブしたところに谷河原《やがわら》駅がある。やはり左手に片面ホームがある。

30ｍの源氏川橋梁を渡って市街地に入り、やや左にカーブして片面ホームの常陸太田駅となる。以前は右

水郡線

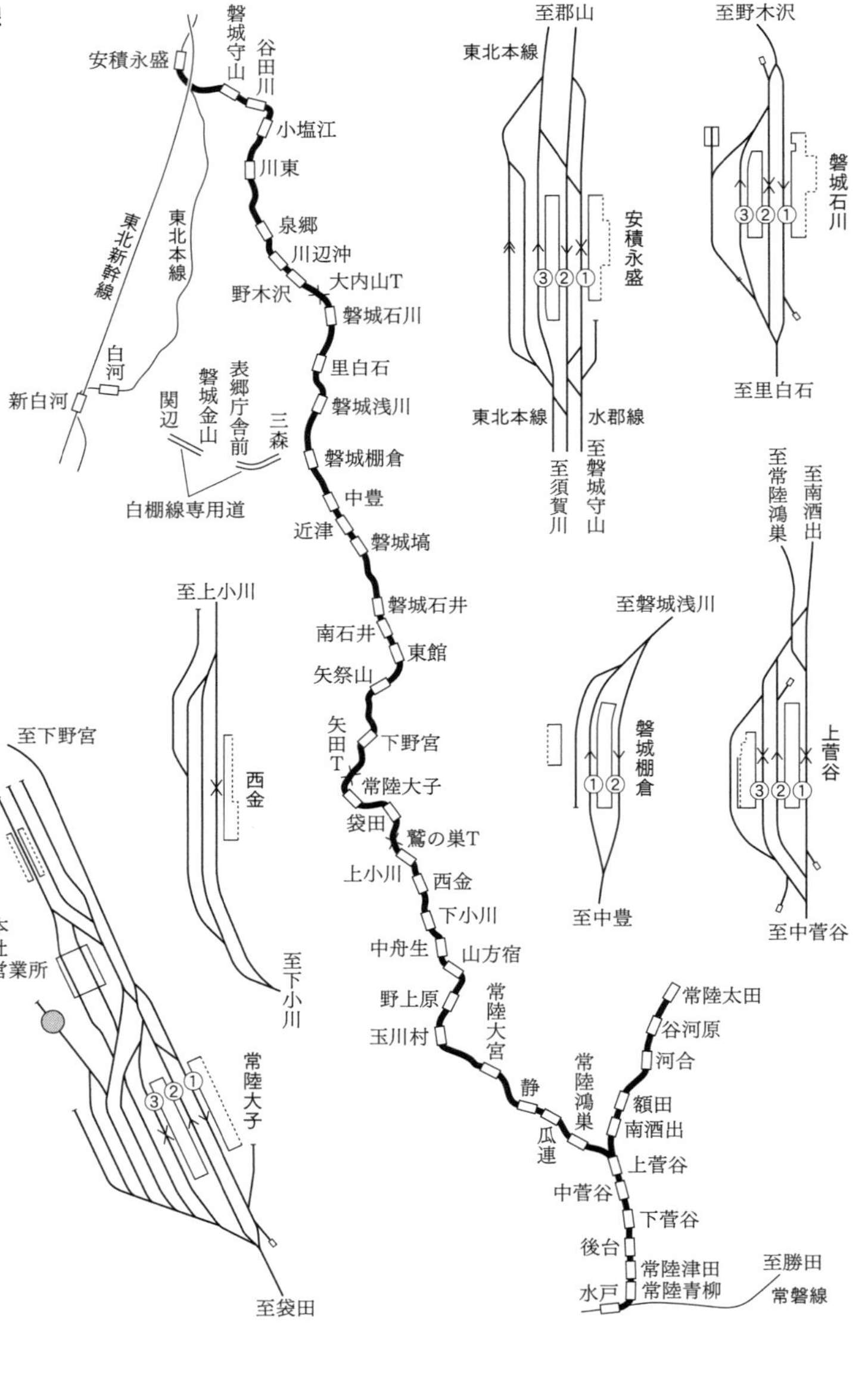

安積永盛
磐城守山
谷田川
小塩江
川東
泉郷
川辺沖
大内山T
野木沢
磐城石川
里白石
磐城浅川
磐城棚倉
中豊
近津
磐城塙
磐城石井
南石井
東館
矢祭山
矢田T
下野宮
常陸大子
袋田
鷲の巣T
上小川
西金
下小川
中舟生
山方宿
野上原
玉川村
常陸大宮
静
瓜連
常陸鴻巣
常陸太田
谷河原
河合
額田
南酒出
上菅谷
中菅谷
下菅谷
後台
常陸津田
常陸青柳
水戸
至勝田
常磐線
東北新幹線
東北本線
白河
新白河
関辺
磐城金山
表郷庁舎前
三森
白棚線専用道
至郡山
東北本線
安積永盛
③②①
東北本線
水郡線
至須賀川
至磐城守山
至野木沢
磐城石川
③②①
至里白石
至上小川
西金
至下小川
至磐城浅川
磐城棚倉
①②
至中豊
至常陸鴻巣
至南酒出
上菅谷
③②①
至中菅谷
至下野宮
JR東日本
水戸支社
水郡線営業所
常陸大子
③②①
至袋田

下菅谷駅に停車中の常陸大子行

上菅谷駅に停車中の郡山行（左）と水戸行（右）

常陸太田駅に停車中の上菅谷行

手に片面ホームがあったが、平成23年にホームを左手に移し、駅舎も左側に新築移設された。

●上菅谷—常陸大子間　上菅谷駅を出ると少しのあいだ常陸太田への線路と並行してから半径４００ｍで左にカーブする。その先、勾配はなくレベルで、しかも直線で進む。４‰の緩い上り勾配になって半径４００ｍで右にカーブすると常陸鴻巣《ひたちこうのす》駅となる。同駅は島式ホームと片面の貨物ホームがあったが、棒線化された。元上り線を使用し、下り線は水戸寄りで本線と乗り上げポイントでつながった横取線になっている。島式ホームの横取線側には金網のフェンスが張られている。その向こうには貨物ホームが残っている。

この先でも勾配、カーブは緩くなっている。次の瓜連駅は島式ホームの行き違い駅で、前後のポイントはスプリング式になっている。その次の静《しず》駅は半径１６００ｍの右カーブ上の左手に片面ホームがあるが、対面にも片面ホームが残っており、元は相対式ホームの行き違い駅だった。

静駅の先で15・1‰で下って久慈川の支流の玉川を渡り、今度は15・5‰で上る。勾配を緩和するために最小曲線半径３００ｍで右に左にカーブする。カーブがなくなり、勾配も緩み、国道１１８号大宮バイパスをくぐると奥久慈への玄関駅の常陸大宮駅がある。

元はＪＲ形配線だったが、下り本線側の外側の線路を撤去し、フェンスを設けて今は相対式ホームになっている。ただし、すべてを撤去せず、郡山寄りに少し線路が残っている。片面ホームの水戸寄りには元貨物側線を流用した横取線がある。

上下本線とも水戸と郡山の両方面に発車が可能で、行き違いをしないときには上下列車とも上り本線の１番線で発着する。駅本屋がある１番線側にしか改札口がないからである。２番線へは郡山寄り端部にある構内踏切を通る。西側の住宅地からは駅を横断する自由通路の跨線橋で東側に出てから改札口を通ってホームに入る。

常陸大宮駅を出ると半径４０２ｍで左にカーブし、大宮バイパスを再びくぐり、最急16・7‰で一度下って半径３０１ｍでＳ字カーブを切ってから上る。三度目の大宮バイパスをくぐり、16・7‰で上りきると玉川村駅となる。相対式ホームでスプリングポイントによる行き違い駅である。

久慈川の支流の玉川に沿って北上し、半径360mで右にカーブして丘を越える。16・7‰で上り、45mの照田トンネルを半径300mの右カーブで抜けると、下り勾配になる。右に左にカーブしたのちに半径360mで右にカーブしたところに片面ホームの野上原《のがみはら》駅がある。ホームの水戸寄りが少しカーブしているが、郡山寄りは直線になっている。

再び16・7‰の勾配で掘割を下り、半径300mで大きく左にカーブして久慈川に沿うようになると山方宿駅がある。同駅は元JR形配線だった。上り本線が片面ホームに面し、対面の島式ホームの内側が下り本線になっている。外側の線路は横取線に転用され、郡山寄りで下り本線とつながっている。行き違いポイントはスプリング式である。

駅の郡山寄りで左にカーブするが、まずは上り本線が半径400mで左にカーブして直線になったところで下り本線が合流している。直線で進むが、勾配は上り16・‰になる。途中で12・5‰の下りになり、169mの館トンネルを抜ける。

再び上り勾配になり、半径300mの右カーブがあり、そのカーブがなくなる寸前に片面ホームの一部がこのカーブにかかっている中舟生《なかふにゅう》駅がある。同駅を出ると、すぐに半径400mの左カーブがある。

右手には国道118号が並行し、その向こうに久慈川も並行しているが、少し離れていて久慈川はくっきりとは見えない。しかし、先では国道が久慈川を渡って離れ、久慈川が水郡線の間近に沿うようになる。少し進むと久慈川にかかる沈下橋が見える。

上り勾配基調で久慈川に沿ってアップダウンし、最小曲線半径300mで右に左にカーブしながら北上する。次の下小川《しもおがわ》駅は相対式ホームで、両端のポイントはスプリング式である。

駅の先で右にカーブして178mの第1久慈川橋梁を渡り、今度は久慈川の左岸に沿って北上する。しばらく進むと3線の側線がある片面ホームの西金《さいがね》駅となる。側線にはバラスト（枕木の下にある道床）運搬用で西金駅常備のホッパ車が留置されている。西金駅付近で取れた砕石は硬質砂岩で軌道のバラストとして最適のために、ここからホッパ車でJR東日本の各路線

西金—上小川間にある第2久慈川橋梁を渡る水戸行

へ送られる。

西金駅の先でも久慈川を左手に見ながら北上する。途中、久慈川が大きく蛇行しているが、水郡線は緩くカーブするので第２、第３（ともに長さは１５８ｍ）の二つの久慈川橋梁で久慈川を突っきっていく。

元ＪＲ形配線で手前の山方宿駅と同様の相対式ホームの上小川《かみおがわ》駅がある。なおも久慈川に沿って北上し、１５８ｍの第４久慈川橋梁を渡り、続いて６２６ｍの鷲《わし》の巣トンネルをくぐる。出ると久慈川の右岸を走るようになるが、すぐに１５８ｍの第５久慈川橋梁を渡り、左岸を走るようになってすぐに袋田駅となる。左手に片面ホームがあるが、元は相対式ホームの駅で、元の上りホームは残っている。袋田の滝は同駅から東へ２キロの位置にあり、バスが滝の近くの滝本まで走っている。しかし、１日４往復と少ない。

袋田駅を過ぎると１３８ｍの第６久慈川橋梁を渡り、左に大きくカーブする。次に小刻みに右に左にカーブして１０７ｍの押川橋梁を渡って大子町の市街地に入り、常陸大子駅となる。

上り本線の１番線が片面ホームに面し、隣の島式ホ

郡山寄りから見た常陸大子駅

ームの内側が下り本線、外側が下1線になっている。駅に隣接して機関区があったために現在でも下2〜6の留置側線と気動車庫、洗浄線、転車台がある。また、駅前にはC12187号機が保存展示されている。

常陸大子駅の標高は104・0m、水戸駅が8・3mなので約100mほど上ってきたことになる。

●常陸大子―安積永盛間　常陸大子駅を出ると16・5‰の上り勾配になる。左手に洗浄線と留置線が並行するが、こちらはレベルなので本線とは段差ができる。少し進むと上り勾配は24・0‰ときつくなり、それが11・5‰に緩み、そして25‰の下り勾配になったところで130mの矢田トンネルに入る。抜けると25‰の下り勾配が続く。

勾配が緩み、片面ホームの下野《しもの》宮《みや》駅となる。元は相対式ホームで貨物側線があったが、下り線を残して棒線化し、上りホームは撤去した。旧下り線を流用しているので駅の前後で振っていたのを、その後、直線にした。このため旧下りホームからせり出す形で新しいホームを設置している。貨物側線は横取線として流用されている。

矢祭山駅に進入する郡山行

112mの第7久慈川橋梁を渡った先で福島県に入る。といっても水郡線は久慈川に沿ってさらに北上しており、県境を越えたという雰囲気ではない。この先もアップダウンを繰り返すが上り勾配基調である。

　112mの第8久慈川橋梁を渡ると左手に片面ホームがある矢祭山《やまつりやま》駅となる。左手で並行する国道118号の向こうに桜やツツジが春に咲き誇る矢祭山がある。右手の久慈川の眺めもよく、駅のそばには対岸への吊り橋もあって行楽客が訪れる。

　同駅の先で斜めにかかる138mの第9久慈川橋梁を渡り、久慈川の左岸を進む。久慈川から少し離れた盆地を走るようになって元JR形配線で現在は相対式ホームの東館駅となる。下り側の島式ホームの外側にあった下1線は保守車庫付きの横取線になっている。両端のポイントはスプリング式である。

　盆地を走るためにカーブは少ないが、久慈川に沿って北上するので最急勾配17‰で上っていく。次の南石井駅は田園のなかにある片面ホームの駅、そして1・1キロ進んで磐城石井駅となる。同駅は元は相対式ホームで木材搬出駅だったので貨物ホームがあったが、現在は旧上り線を残した棒線駅になっている。しかし、下りホームや貨物ホームは残っており、貨物側線の一部も残っている。

磐城石井駅を出るとしばらく田園のなかを走るが、少し進むと右手の山裾を走るようになる。山裾は久慈川に近づくために線路はカーブが多くなって勾配も最急18‰になる。久慈川が遠のいて再び盆地のなかに入り、ほぼ直線で1・5‰の緩い下り勾配になったところに磐城塙駅がある。

三角錘状の屋根の駅舎が印象的な相対式ホームの駅で、駅舎は西側の下り線側にある。郡山寄り下り線側に側線が1線残っている。通常、これら側線は乗り上げポイントで本線とつながっていて横取線となっているが、磐城塙駅では手動ポイントになっている。

平均勾配8・6‰で上っていき、60mの第10久慈川橋梁を渡ると片面ホームの近津《ちかつ》駅となる。元相対式ホームの下り線を残して棒線化されたが、上りホームは残っている。

盆地を直線で進む。途中で川幅が狭くなった久慈川を53mの第11久慈川橋梁で渡り、しばらく進むと右側に片面ホームがある中豊《なかとよ》駅となる。同駅は久慈川を渡った西側にある県立修明高校（旧東白川農商高校と棚倉高校を統合）のために開設された駅である。

この先、最急勾配25‰で上っていくと磐城棚倉駅となる。島式ホームで西側に側線が1線あって、その先に駅舎がある。かつては多数の側線などがあったが、撤去された。ここから白河駅まで白棚《はくほう》線が出ていたからである。現在はJRバスが白河・新白河まで白棚線として運行されている。途中に白棚線の路盤を流用したJRバス専用道がある。

昭和33年に白棚線跡を舗装して国鉄バスが走るようになった。並行している国道は当時は未舗装の砂利道であまり速く走れない。それに対して専用道を走る国鉄バスの白棚線は速い。そこで正式なバス路線名は白棚高速線、専用道は「国鉄高速度専用自動車道」とした。現在は白棚線になっている。

国鉄としては赤字ローカル線はすべて専用道化することを考えていて、その試金石とした。しかし奈良の五条寄りで一部区間の路盤が完成したものの未開通となり、これをバス専用道とした五新線以外に、当初は

JRバス白棚線の表郷庁舎前寄り出口付近のバス専用道を走る白河行。走っているのは側面を蒸気機関車の絵でラッピングした開業60周年記念バス

専用道関辺—磐城金山間にある古関バス停。鉄道線時代にも駅があった。左側に「国鉄高速度専用自動車道」の標識が残されたままになっている

鉄道線だったのをバス専用道に転換した国鉄線はまったくなかった。そして東日本大震災で大きな被害を受けた気仙沼線や大船渡線が、ようやくBRTと名前を変え、バス路線として実現したのである。

白棚高速線として運行開始したときは大半の区間が専用道だったが、現在は白河寄りから見て関辺―磐城金山先、表郷庁舎前先―三森手前間の2区間しか残っていない。結構スピードを出すが、舗装道路はあまりメンテナンスがなされておらず、結構揺れる。

他の車両や歩行者は通行禁止である。現在のBRTと同様に一般道との交差点には進入禁止の標識はあるが、遮断機があるわけでもなく、専用道の横にガードレールもないために専用道という雰囲気ではない。

磐城棚倉駅のホームを過ぎた駅構内で半径300mで右にカーブして山間部に入る。当初22‰、続いて25‰の連続勾配で上っていく。サミットの標高は322mで、ここで久慈川水系と分かれて阿武隈川《あぶくまがわ》水系に入って平均勾配5・8‰で山を下っていく。といってもこの先は急勾配でアップダウンを繰り返していく。

磐城棚倉駅から次の磐城浅川駅までは6・5キロも離れている。磐城浅川駅は下りホームがやや水戸寄りにずれた斜向かいの相対式ホームとなっている。

同駅の先は下り勾配だが、一度アップダウンをして片面ホームの里白石《さとしらいし》駅となる。水戸駅から丁度100キロの地点にあり、半径600mの右カーブ上にある。

この先、25‰の連続上り勾配になってサミットを越えると平均勾配17・6‰で下る。サミットの標高は325mと手前の久慈川水系と阿武隈川水系の分水嶺を抜けるサミットよりも高い。

下りきったところに磐城石川駅がある。上り本線が片面ホームに面した1番線でJR形配線になっており、島式ホームの内側の2番線が中線、外側の3番線が下り本線である。さらに少し離れて保守用側線と保守車庫がある。

磐城石川駅を出ると再び最急25‰、平均24・1‰の上り勾配になってサミットを越える。サミットの標高は320m、サミットの向こうは25‰の連続下り勾配になっており、下り始めたところに290mの大内山トンネルがある。

25‰の下り勾配が終わると平均勾配3・4‰の緩い

磐城石川駅に停車中の水戸行

上りになって片面ホームの野木沢《のぎさわ》駅となる。ここも元は相対式ホームの行き違い駅だったのを上り線側を残して棒線化された。ただし上り線は駅の前後も含めて直線である。

再び25‰の連続下り勾配となり、勾配が緩むと右側に片面ホームがある川辺《かわべ》沖《おき》駅となる。阿武隈川が近寄り、なだらかな地形を進むようになる。次の泉郷《いずみごう》駅は半径800mの左カーブ上にある。元は相対式ホームだったが、上り線を残して棒線化された。下りホームや貨物ホームは残っている。

泉郷駅は福島空港に近い。といっても空港ターミナルビルまで直線距離で2キロあって歩いていく気にはなれない。駅から空港へのバス路線はなく、空港連絡駅としての機能はない。

阿武隈川に沿って進む。次の川東駅は相対式ホームになっている。この先は阿武隈川から離れて山越えをし、大きく東に迂回しながら郡山を目指していく。阿武隈川に沿うと東北本線にすぐに接してしまう。線路の勢力圏を広げるために東に迂回させているのである。このため平均勾配22・9‰で上っていく。途中に右手に片面ホームのある小塩江《おしおえ》駅がある。

さらに平均勾配11・6‰で上ってから25‰で下ると相対式ホームの谷田川駅がある。上り線側の水戸寄りに貨物側線が残っている。駅の郡山寄りは半径600mで右にカーブしている。

下り終えると郡山盆地に入る。次の磐城守山《いわきもりやま》駅は元相対式ホームの上り線を使用する棒線駅で右手に片面ホームがある。下りホームは残っている。

189mの阿武隈川橋梁を渡り、半径400mで右にカーブして東北本線と合流し、すぐに東北新幹線をくぐり、半径600mで東北本線とともに右にカーブして安積永盛駅の1番線に滑りこむ。水郡線の終点だが、全列車が東北本線の郡山駅まで直通する。なお、安積永盛駅の標高は233mである。

【車両】 平成18年に登場した軽量高出力の気動車E130系を使用している。両運転台付きで単行運転が可能なE130形、片運転台で2両固定編成のE131形とE132形が各13両、計39両が水郡線用である。

車長20mで広幅車体、3扉セミクロスシートで、通路を挟んで片方は2人向かい合わせの4人ボックスシート、もう片方は1人向かい合わせの2人ボックスシートになっており、通学生の大量乗車に対応している。キハE130形とキハE131形には大型トイレが設置されている。定員はキハE130形が113人、うち座席34人、キハE131形が125人、うち座席40人、キハE132形が131人、うち座席48人である。

定格出力450馬力のターボチャージャー付きのエンジンを搭載、25‰の上り勾配での均衡速度は60キロとなっている。運転最高速度は100キロ、起動から60キロまでの平均加速度は1・58km／h／sである。

【ダイヤ】 枝線である上菅谷―常陸太田間を走る列車は10～15時台と夜間を除いて水戸まで直通する。このため水戸―上菅谷間は運転本数が一番多い。

朝ラッシュ時は常陸大子駅あたりからと枝線の常陸太田あたりから水戸へ向かっての通勤通学の流れがあり、また常陸太田駅を最寄り駅とする佐竹高校への通学の流れもある。

このため、水戸着6時56分（常陸大子発）、7時35分（常陸太田発）、55分（常陸大子発）、8時7分（磐城棚倉発）の4列車は4両編成、8時25分（常陸大宮発）、8時54分（常陸太田発）は3両編成になっている。このうち磐城棚倉発の水戸行は常陸大子駅まで2両編成、同駅で2両を増結する。

16時台を含む夕ラッシュ時も3、4両編成が多いが、常陸大子駅から郡山寄りでは同駅で1、2両切り離して2両編成のワンマン列車になる。単行列車は朝一番の常陸大子発と最終の郡山発磐城棚倉行、それに朝一番の磐城棚倉発である。郡山発磐城棚倉行は同駅で滞泊し、翌日朝一番の磐城棚倉発となり、常陸大子駅で3両を増結して4両編成になる。

運転間隔は朝ラッシュ時上りでは上菅谷→水戸間で9〜20分、枝線は1時間20分、常陸大子→上菅谷間は19〜30分になっている。

昼間時は水戸発でみて1時間毎になっているが、常陸大宮行や常陸大子行があったりして常陸大子—郡山間は4時間ほど運転間隔が長くなっている。土休日など行楽シーズンに不定期列車が1往復設定され、郡山着でみて運転間隔を2時間44分と1時間9分に短くしている。

16時以降は約1時間間隔で全線通しの運転になり、これに水戸—常陸大宮間の区間運転の列車と枝線の列車の多くが水戸まで直通するようになる。

最終は水戸発郡山行が18時40分、郡山発水戸行が18時19分、水戸発常陸大子行が22時30分で上菅谷駅で同駅始発常陸太田行に1分で連絡している。郡山発の最終は21時36分の磐城棚倉行である。

【将来】 行楽用不定期列車として下りの水戸発8時59分に常陸大子行と上りの常陸大子発14時41分または16時6分に不定期快速が設定されている。シーズンによって列車名や使用車両が異なるが、停車駅は上菅谷、常陸大宮、袋田で、所要時間は1時間5分である。

これを通年運転にして午前と午後の2往復とし、郡山まで延長運転すれば新幹線利用で袋田などに行くのに便利だし、常陸大子以北の観光名所である矢祭山にも行きやすくなる。

常陸大子—郡山間の停車駅は矢祭山、磐城塙、磐城棚倉、安積永盛とするのがいい。同区間の所要時間は普通が1時間45分なのが高出力のＥ１３０系であれば20分短縮して1時間25分程度になろう。

JR磐越東線

快速「いわき」の復活で都市間連絡路線として活用すべし

POINT! 磐越東線は磐越線の部に所属するが、磐越線の部には本線がない。強いて本線とみなすとすれば磐越東線と磐越西線を合わせた、いわき—新津《にいつ》間であろう。他の所属線には只見線があり、会津鉄道が国鉄だったときの西若松—会津滝ノ原（現会津高原）間と廃止された日中線喜多方—熱塩間もそうだった。磐越東線の愛称は「ゆうゆう阿武隈《あぶくま》ライン」である。

郡山《こおりやま》寄りの郡山—小野新町《おのにいまち》間は比較的利用されるが、いわき—小野新町間は朝夕以外はあまり利用されていない。

【概要】 磐越東線はいわき—郡山間85・6キロの単線非電化路線で、いわき駅で常磐線、郡山駅で東北本線と磐越西線に接続し、東北新幹線に連絡する。

磐城《いわき》と越後を結ぶ鉄道として磐越線となり、磐越線の部が設定されているが、郡山を境に人も物も流れがほぼ止まっているために磐城側を磐越東線、越後側を磐越西線と分けている。

磐越東線は常磐線の平《たいら》（現いわき）駅と東北本線の郡山駅を結ぶ鉄道として平郡線が第1次鉄道敷設法の改正時に追加された。平側を平郡東線、郡山側を平郡西線として着工し、大正3年（1914）7月に西線の郡山—三春《みはる》間、4年3月に三春—小野新町間、7月に東線の小川郷《おがわごう》—平間が開通し、6年10月に阿武隈山地を越える難工事区間の小野新町—小川郷間が開通して全通した。

すでに岩越《がんえつ》線の延長線の喜多方—新津間が大正3年に開通しており、平郡線が全通したときに平郡線は磐越東線、岩越線は磐越西線に改称した。

昭和34年（1959）に準急「いわき」の運転を開始した。運転区間は水戸—仙台間で平—郡山間の停車駅は小川郷、小野新町、大越《おおごえ》、船引《ふねひき》、三春、同区間の所要時間は1時間48分、普通は2時間20分前後だったので、30分程度短い。翌35年には2往復になり、41年には急行に格上げされた。

しかし、磐越東線内での表定速度は47・6キロと遅く、これで急行料金をとっていたので乗客が減り、57年11月に廃止された。

平成3年（1991）にキハ110形の使用開始により、快速として1往復が復活した。停車駅は小野新町、船引、三春に変更し、平—郡山間の所要時間は1時間19分と大幅に短縮した。表定速度は65・0キロである。

とはいえ、それほど利用されないということで、この快速は平成8年に下りだけの運転となり、しかも停車駅を小川郷、小野新町以遠各駅としたものの、翌9年に廃止されてしまい、現在、優等列車は走っていない。

現在は高出力軽快気動車のキハ110系が使用され、普通のいわき—郡山間の所要時間は最速1時間35分となっている。しかし、磐越自動車道が開通し、クルマ利用だと1時間20分と少し短い。高速バスだと1時間30分である。快速「いわき」は1時間19分で走っていた。これを1日に3往復ほど走らせればクルマや高速バス利用よりも便利である。快速の復活に期待したい。

輸送密度は全区間で1530人、平成24年度は1622人、21年度は1765人、昭和62年度は23

14人である。

いわき—小野新町間では359人、平成24年度は420人、21年度は588人、昭和62年度は1036人となっている。500人を大きく割っており、鉄道事業としては成り立たない輸送密度である。快速の設定以外に打つ手はなかなか見当たらない。

小野新町—郡山間では2562人、平成24年度は2682人、21年度は2957人、昭和62年度は3660人と郡山都市圏としての通勤通学輸送で乗客は多いが、ずっと減少している。やはり快速の設定で郡山—いわき間の都市間利用客を増やす必要がある。

【沿線風景】 ●いわき—小野新町間　いわき駅の南側にある島式ホーム2面4線の1番線から4番線までは常磐線列車が発着する。その北側に貨物列車着発用の3番中線があり、その次に磐越東線用の島式ホームの5、6番線がある。さらに留置2〜5番線がある。留置1番線は他の留置線用の架線柱が左右のレールのあいだに建植され、一部を残して撤去されている。なお、平駅からいわき駅への改称は平成6年12月に行われた。

いわき駅を発車すると5、6番線と留置2〜5番線は合流し、その先で常磐線下り線とのあいだにシーサスポイントがある。

常磐線は複線、磐越東線は単線のそれぞれ稲荷山《いなりやま》トンネルをくぐる。当初にできたのは単線トンネルのほうだったが、これを磐越東線に譲り、常磐線用は複線トンネルで新たに掘削した。磐越東線の稲荷山トンネルの長さは172・97m、常磐線のそれは173・80mと微妙に異なる。

トンネルを出ても少しのあいだは常磐線と並行するが、すぐに半径402mで右にカーブして常磐線と分かれる。直線になって北上し、好間川《よしまがわ》を渡ると田園地帯を走るようになる。半径402mで左にカ

岩沼寄りから見たいわき駅の磐越東線ホーム等。磐越東線列車が停車している線路の右側が元留置1番線で、他の線路との接続を切られ、架線柱も建っていて使用できない

ーブし、直線になると右側に片面ホームがある赤井駅となる。

元々は島式ホームだった。常磐炭田好間坑の石炭の積み出し駅だったために、その島式ホームの両外側に貨物ヤードがあったが、大半の貨物ヤードと島式ホームに面した上り本線は撤去された。現在は下り線と、その隣にあった貨物側線を流用した横取線しかない。

赤井駅を出るとしばらく市街地の中を走るが、その先で夏井川が右から迫り、左手は山地が迫ってくる。蛇行する夏井川に沿って北上し、土地が開けて夏井川の支流を70mの小玉川橋梁で渡ると小川郷駅である。島式ホームを挟んだ上下本線のほかに下り本線の外側に横取線がある。かつては住友セメントの専用線が接続していて貨物ヤードが広がっていたが、少し空地がある程度でかつての面影はない。上下本線はいわきと郡山の両方向に発車できる。

91mの夏井川橋梁を渡ってしばらくすると最急20‰の上り勾配で山を上っていく。この先、小野新町駅まで夏井川を9回渡り、17のトンネルを抜ける。通常は第1夏井川橋梁というようにするが、最初の夏井川橋

磐越東線

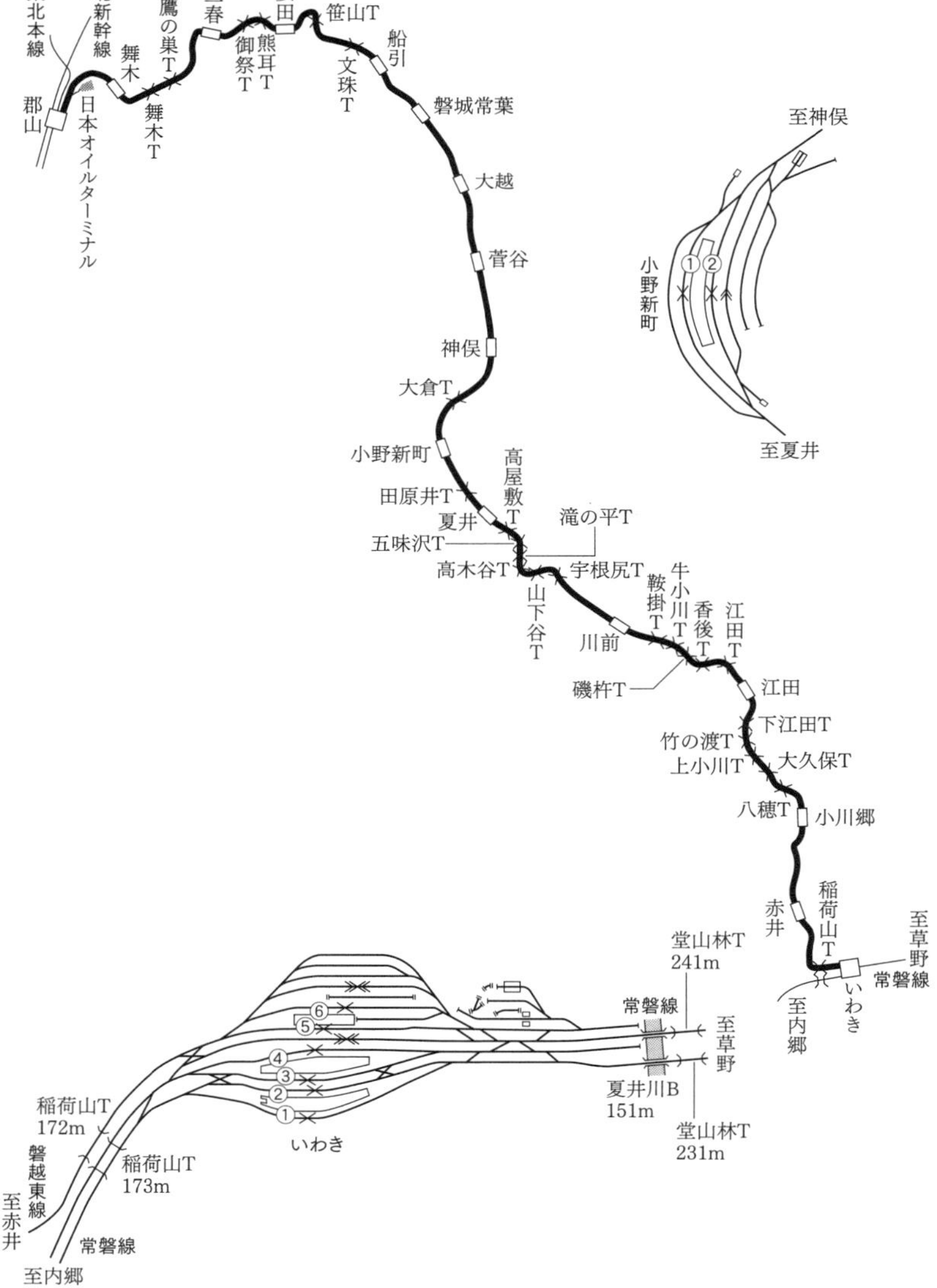
東北本線
東北新幹線
郡山
日本オイルターミナル
舞木
舞木T
鷹の巣T
三春
御祭T
熊耳T
要田
笹山T
文珠T
船引
磐城常葉
大越
菅谷
神俣
大倉T
小野新町
田原井T
高屋敷T
夏井
滝の平T
五味沢T
高木谷T
宇根尻T
山下谷T
川前
鞍掛T
牛小川T
香後T
江田T
磯杵T
江田
下江田T
竹の渡T
上小川T
大久保T
八穂T
小川郷
赤井
稲荷山T
いわき
至草野
常磐線
至内郷
至神俣
小野新町
至夏井
①
②
堂山林T
241m
常磐線
至草野
夏井川B
151m
堂山林T
231m
⑥
⑤
④
③
②
①
いわき
稲荷山T
172m
稲荷山T
173m
磐越東線
至赤井
常磐線
至内郷

梁以外は付近の地名を冠した橋梁名にし、トンネルのほうは坑口にいわき寄りから番号が振られている。

まずは八穂①、大久保②、上小川③、竹の渡④の四つのトンネル（丸囲み数字はトンネル番号）を抜けて下江田夏井川橋梁を渡る。そして下江田トンネル⑤をくぐり、再び夏井川を江田夏井川橋梁で渡る。そして左側に片面ホームがある江田駅となる。以前は行き違い用の信号場だったのを駅に昇格した。その後、行き違い線を撤去して棒線駅になった。

ホームの左手は谷になっており、右手は山が迫っている。20‰の勾配を上りながら江田⑥、香後《こうご》⑦、磯杵⑧、牛小川⑨、鞍掛⑩の五つのトンネルを抜け、続いて夏井川を大滝夏井川、山前夏井川、竹島夏井川の三つの橋梁で渡ると川前駅となる。

比較的幅が広い島式ホームで両外側に元貨物側線を流用した横取線がある。いわき寄りの分岐ポイントのそばに電話ボックスを流用した詰め所がある。上り線の安全側線は長くなっていて引上線として機能していたが、現在は途中に簡易な車止めが置かれている。

川前駅を出ても最急20‰の勾配で山を上る。川前夏井川橋梁を渡り、宇根尻トンネル⑪を抜ける。その先はトンネルも橋梁もないが、20‰の勾配がずっと続く。しばらくして山下谷⑫、高木谷⑬、滝ノ平⑭、五味沢⑮、高屋敷⑯の五つのトンネルを抜ける。その先にサミットがある。その標高は約425mとなっている。

ここから20‰の勾配で少し下ると夏井駅である。元島式ホームの下り線を残して棒線化した駅である。

再び上り勾配基調で進む。田原井夏井川橋梁を渡り、田原井トンネル⑰を抜け、さらに谷津作《やつざく》夏井川橋梁を渡って小野新町駅となる。

夕方以降4両編成1本と2両編成3本で到着した列車を4両編成2本と2両編成1本の計3本に組み直して上下本線と上1線に夜間滞泊し、これらは朝の郡山行になる。このため、上り本線から郡山行下り列車が出発することもある。

●小野新町―郡山間　小野新町駅の標高は431m、いわき駅が11mだから420m上ってきたことになる。島式ホームで、その両側に下1線と上1線、そして上1線の向こうに保線用側線がある。西側は盛土に

小野新町駅に入線するいわき行

なっていて、その下に駅本屋があり、ホームとは地下通路でつながっている。1番線の下り本線、2番線の上り本線はいわきと郡山の両方向に発車が可能で、上1線は副本線として郡山方面に出発できる。

駅の手前で半径1000m、ホームの先で1600mで右にカーブしている。さらにその先でも半径1200mの右カーブがある。平均勾配14‰で上り、352mの大倉トンネル⑱に入る。トンネルのいわき寄りは16・7‰の上り勾配だが、すぐに16・7‰の下り勾配になる、いわゆる拝み勾配である。

16・7‰の勾配を降りると一旦レベルになってから緩い上り勾配に変わり、レベルになると神俣《かんまた》駅がある。島式ホーム1面2線で、下り線側に貨物側線を流用した横取線がある。構内に空地が広がっているのは住友セメント（現住友大阪セメント）への専用線が分岐していたからである。同駅のいわき寄りのポイントのそばにも電話ボックスを流用した詰め所がある。

さらに緩い上り勾配で進んで菅谷《すがや》駅となる。片面ホームだが、元は島式ホームだった。その元下り線を残して棒線化された。上り線側は柵がしてある。駅は4

62・1mの標高にあり、駅を出ても少しのあいだ0・8‰の上り勾配が続く。その先は10‰の下り勾配に変わる。この先は下り勾配基調で進む。

右手に盛土が並行すると大越駅となる。この盛土は住友大阪セメント田村工場への専用線跡である。2000年に工場が閉鎖されたために専用線も廃止された。駅自体は島式ホームで下り線側に横取線として使用する貨物側線が残っており、上り線側には専用線のヤードが本線と切り離されて残っている。貨物列車が走っていたために行き違い線路は結構長く、ホームの先、半径300mで右にカーブしてから上下線は合流する。

なだらかな地形を緩い下り勾配で進み、相対式ホームの磐城常葉《いわきときわ》駅となる。やはり行き違い線は長く、郡山寄りにある半径550mの左カーブを過ぎてから合流する。また、下りホームがいわき寄りにずれ、両端のポイントはスプリング式になっている。

次の船引駅までもなだらかな地形を走る。船引駅は半径1000mの左カーブ上にある島式ホームの駅で、1番線の下り本線、2番線の上り本線ともいわきと郡山の両方向に出発できる。いわき寄りホームの端に階段があって下り線を横断する構内踏切を渡った先に改札口がある。その構内踏切を渡る手前のいわき寄りに田村市船引町芦沢の屋形、朴橋《ほおのきばし》地内と堀越地区の3か所に祭られている魔よけの「お人形様」がある。

船引駅を出てしばらくすると130mの文珠《もんじゅ》トンネル⑲があり、その先で20‰の連続下り勾配になる。途中に493mの笹山トンネル⑳がある。前後の区間は半径300mの半ループ線にして勾配を20‰に維持して下っている。勾配が7・6‰に緩むと島式ホームの要田《かなめた》駅となる。半径250〜390mの右カーブ上にあり、前後のポイントはスプリング式でホームの幅は狭い。

再び20‰の連続下り勾配になって熊耳《くまがみ》㉑、御祭《おまつり》㉒の二つのトンネルを抜ける。レベルになると島式ホームの三春駅となる。ホームの幅は広く、下り線側に貨物側線を流用した横取線がある。両端のポイントはスプリング式である。

三春駅の先では勾配は最急で12・5‰に緩むが、最小曲線半径300mで右に左にカーブする。途中に鷹

船引駅を発車した小野新町行。左側のホームに「お人形様」（⬇）が置いてある

三春駅を発車した郡山行

の巣㉓、舞木《もうぎ》㉔の二つのトンネルがある。舞木トンネルが磐越東線の最後のトンネルで、1番の八穂トンネルから数えて24本目になる。

その先に舞木駅がある。下り本線側のホームがいわき寄りにある相対式ホームの駅で、下り線は郡山方向にしか出発できないが、1番線の上り本線は両方向に出発できる。貨物列車がなくなって上下列車同士の行き違いはなくなった。旅客列車の行き違いはなく、上下旅客列車は駅本屋がある1番線で発着する。

レベルになって371mの阿武隈川橋梁を渡る。半径600mで左にカーブし、その先は直線になる。左側に日本オイルターミナル専用線が並行するようになる。機回線と2線のタンク車への石油積み込みピットがある。1線になった専用線と並行して進み、新幹線が近づくと専用線は磐越東線に合流する。

そして東北本線と並行し、59mの逢瀬川《おうせがわ》橋梁を渡ると郡山駅である。郡山駅の6番線で磐越東線の列車は発着する。

【車両】　郡山車両センター所属のキハ110系100番台のキハ110形3両、キハ111形8両、キハ112形8両の計19両が使用されている。いずれの形式も2扉セミクロスシート車である。ドアは外側に開くプラグ式になっていて車体に戸袋はない。

キハ110形は両運転台付きで単行運転が可能であり、定員は119人、うち座席52人、キハ111形とキハ112形は片運転台で、キハ111形はトイレ付きで定員131人、うち座席58人、キハ112形は定員136人、うち座席62人である。

420PSのエンジンを1基搭載し、2軸駆動となっている。最高速度は100㌔、25‰での均衡速度は60㌔以上で、この車両の投入によって磐越東線はスピードアップした。

【ダイヤ】　郡山の通勤・通学圏として小野新町—郡山間の区間運転が多数設定され、全線通しで走るのは1日5往復しかない。いわき側の区間列車は小川郷—いわき間があるが、朝夕各1往復の運転である。

このほかに小野新町—いわき間の区間運転が夕方に1往復ある。これは小野新町駅で郡山—小野新町間の区間列車と接続している。郡山側区間列車は4両編成、いわき側区間列車は2両編成となっている。通し運転で小野新町駅で2両を増解結すると、そのための要員の配置が必要だが、接続するだけなら、その必要がないからである。

4両編成は夕方にもう1本あり、朝の小野新町始発で郡山行の2本（小野新町発6時30分と6時58分）がある。夕方の郡山発18時45分の小野新町行4両編成は同駅で滞泊し、また郡山発20時49分以降の2両編成3本も小野新町駅で滞泊し、翌日の朝に同駅発の4両編成2本と2両編成1本として郡山駅に向かう。

【将来】 現状のままで推移していくと思われるが、快速「いわき」を3往復以上の設定で復活させ、磐越東線がいわき—郡山間の都市間連絡路線として活用されることを期待したい。

停車駅は小野新町、神俣、大越、船引、三春、所要時間は1時間20分程度になる。

さらには420PSのエンジンを2基搭載した高出力車を快速用に投入して、いわき—郡山間を1時間0分台で結ぶことができれば磐越自動車道利用よりも速くて便利になるので、利用者が増えるものと思われる。

郡山駅近くのオイルターミナルへ推進運転で磐越東線を走るタンク貨物列車。奥でオイルターミナル専用線が分かれる。左下には新幹線と東北本線の線路が見える

福島交通飯坂線

福島都市圏の郊外路線としてよく利用されている

POINT! 福島交通は福島都市圏の郊外路線としてずっとフリークェント運転をしていて、よく利用されている。平成29年に東急から譲受した車両が走りはじめた。当初は制御器のチューニングがうまくなされておらず、あまり走らせていなかったが、現在は安定して走ることができるようになった。

【概要】 福島交通飯坂《いいざか》線は福島―飯坂温泉間9・2㌔の単線直流電化路線で、福島駅で阿武隈《あぶくま》急行とJR東北本線と接続し、東北新幹線と連絡する。

阿武隈急行と東北本線と接続するといっても、この2線は交流50Hz20kV、福島交通は直流1500Vのため電車の行き来は交直両用電車でないとできない。交直両用電車がない現在は飯坂線と阿武隈急行線のあいだにレールがつながっているだけである。この連絡線には架線は張られていない。自力走行できない甲種回送電車が入換機などによって飯坂線に搬入あるいは搬出されるときに使われる連絡線で、最近では新車の1000系がここを通って搬入された。

大正9年（1920）8月に福島―飯坂間の飯坂軌道として軌間762mmで動力は蒸気とする軌道の特許を取得した。軌道とは路面電車のことで、特許とは路面電車の敷設権のことである。しかし、10年10月には動力を電気に変更して着工し、11年3月には軌間も1067mmの当時の日本標準軌に変更し、13年4月に福島―花水橋間が開通した。5月に100mほど延伸して花水橋電停を移転し、飯坂電停に改称した。

なお、会社名は動力を電気に変更した時点で福島飯坂電気軌道に変更し、13年10月には飯坂電車に再度変更した。昭和２年（１９２７）３月に飯坂温泉駅まで延伸し、それまでの飯坂駅は花水坂駅に改称した。

一方、飯坂電車の東側には福島電気鉄道（開業時は信達軌道）が福島駅前―長岡分岐点―保原《ほばら》―梁川《やながわ》間、保原―掛田間、長岡分岐点―湯野町（飯坂）間、車庫前（後の聖光学園前）―長岡駅前（後の伊達駅前）間の路線を持っていて、飯坂電車とライバル関係にあった。その福島電気鉄道が昭和２年10月に飯坂電車を吸収合併した。

昭和17年３月には併用軌道区間（路面電車区間）だった福島―森合《もりあい》（現美術館図書館前）間を国鉄東北本線に並行するルートに変更して専用軌道化し、福島駅を電鉄福島駅に改称、12月には国鉄福島駅構内に乗り入れを開始した。昭和20年３月には飯坂線として軌道から地方鉄道に変更して、名実ともに軌道から脱却した。

福島電気鉄道はバス事業も行なっており、昭和36年７月に福島県南交通と合併して、社名を福島交通に変更したものの、元信達軌道だった軌道線は46年４月に全廃され、56年には飯坂線の貨物運輸を廃止し、57年には飯坂温泉駅を福島寄りに１００ｍ後退させて駅前広場を整備した。

さらに昭和62年９月には阿武隈急行の福島乗り入れによって福島駅を共同使用駅にした。平成３年（１９９１）６月には架線電圧を７５０Ｖから１５００Ｖに昇圧し、東急電鉄から譲受した７０００系オールステンレスカーが走るようになった。

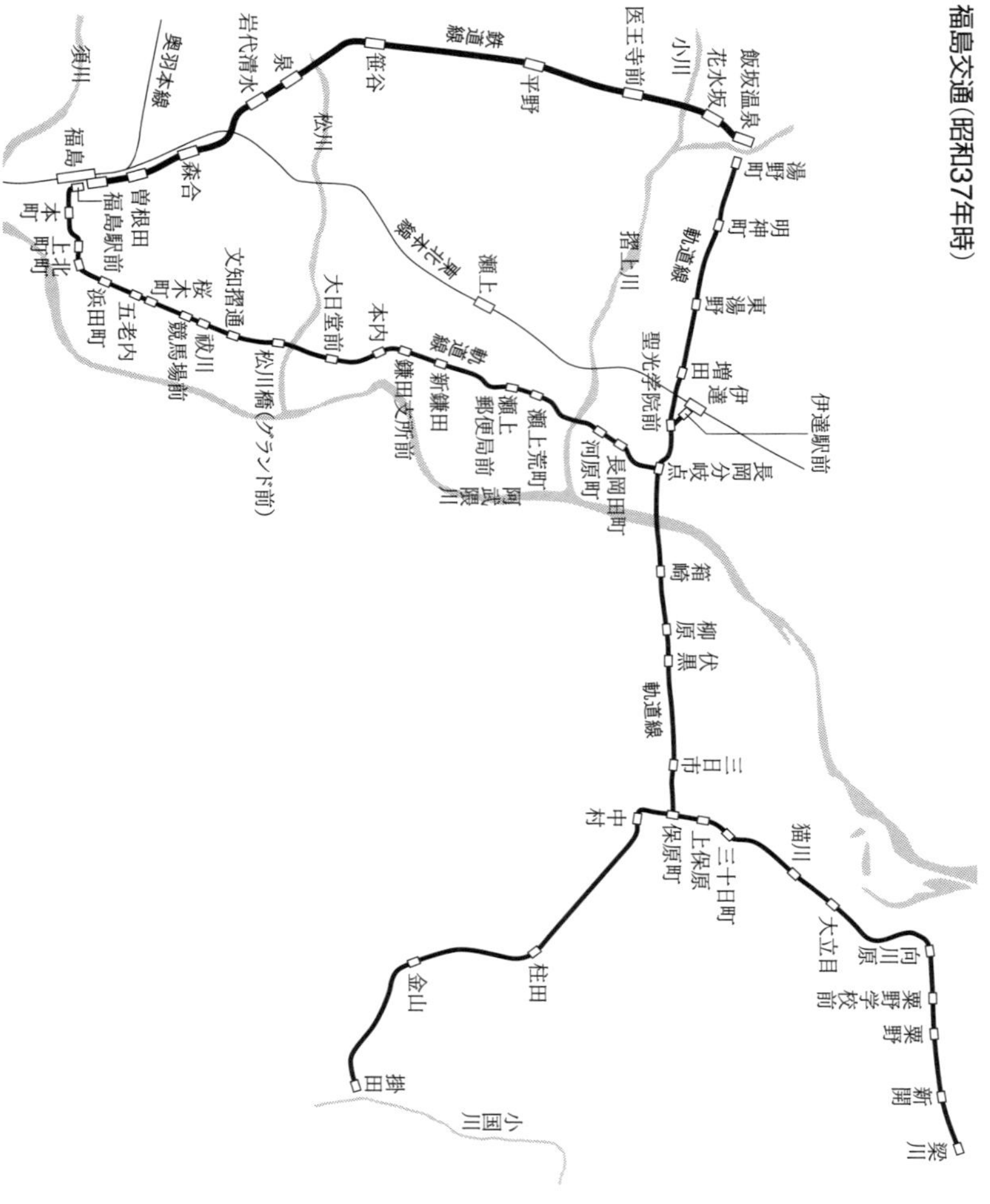
福島交通(昭和37年時)
飯坂温泉
花水坂
医王寺前
平野
笹谷
泉
岩代清水
森合
曽根田
福島
福島駅前
本町
上町
北町
浜田町
五老内
桜木町
競馬場前
祓川
文知摺通
松川橋(グランド前)
大日堂前
本内
鎌田支所前
新鎌田
瀬上郵便局前
瀬上荒町
河原町
長岡田町
長岡分岐点
聖光学院前
増田
伊達
伊達駅前
東湯野
明神町
湯野町
箱崎
柳原
伏黒
三日市
中村
保原町
上保原
三十日町
猫川
大立目
向川原
粟野学校前
粟野
新開
梁川
柱田
金山
掛田
鉄道線
軌道線
軌道線
軌道線
東北本線
奥羽本線
瀬上
須川
松川
摺上川
小川
阿武隈川
小国川

福島県全域に多くのバス路線をかかえる福島交通だが、一層のクルマ社会となり、さらに少子化と都市部を除いた地域での過疎化によって飯坂線の輸送密度は平成8年度で6020人だったのが、28年度は4040人に落ちこんだ。路線バスはもっと減ってしまっている。飯坂線は黒字だが、バス路線は赤字で、それまでは鉄道線の収益でバスの赤字をカバーしていたが、飯坂線の収益は減ってしまった。

さらに平成20年前後に多数の退職者が出て、その退職金の支払いで経営が悪化し、4月に会社更生法の適用を東京地方裁判所に申請した。このとき株式会社経営共創基盤の100％子会社の株式会社みちのりホールディングス（本社東京）の傘下に入って経営の立て直しを行なっている。

なお、みちのりホールディングスの傘下に入っている鉄道およびバス会社は湘南モノレール、岩手県北交通、会津バス、関東自動車、東野交通、茨城交通の各グループ会社がある。

平成29年4月には東急1000系を譲受して運転を開始した。今後、順次増備して30年度末までにすべての7000系を置き換える予定である。これによって全車両が冷房付きになる。

輸送密度は4040人、平均輸送キロは5・0キロ、平均運賃は32・68円、輸送密度での定期比率は通勤が36・8％、通学が20・3％となっている。福島通勤圏として通勤によく利用されていると言える。

1日平均の輸送人員は7432人、1日平均の運輸収入は129万8167円である。営業収支率は減価償却前が75・5％、償却後は83・0％と大都市圏の私鉄に匹敵する収益を上げている。1日平均の黒字額は24万8330円、営業キロ1キロあたりで2万5390円である。

【沿線風景】 JR福島駅の1番線の東側に隣接し、阿武隈急行と共用している頭端島式ホーム1面のうちの東側で福島交通の電車が発着する。阿武隈急行と共用の改札口が東側にあるとともにＪＲの1番ホームとのあいだには連絡改札もある。もともとは現在、阿武隈急行の電車が発着している線路を福島交通が使用していたが、阿武隈急行が福島―丸森間を開通させたときに、福島交通用として東側に新たな発着線を設置したのである。

　福島駅を出ると阿武隈急行との短絡線が合流する。

福島交通飯坂線

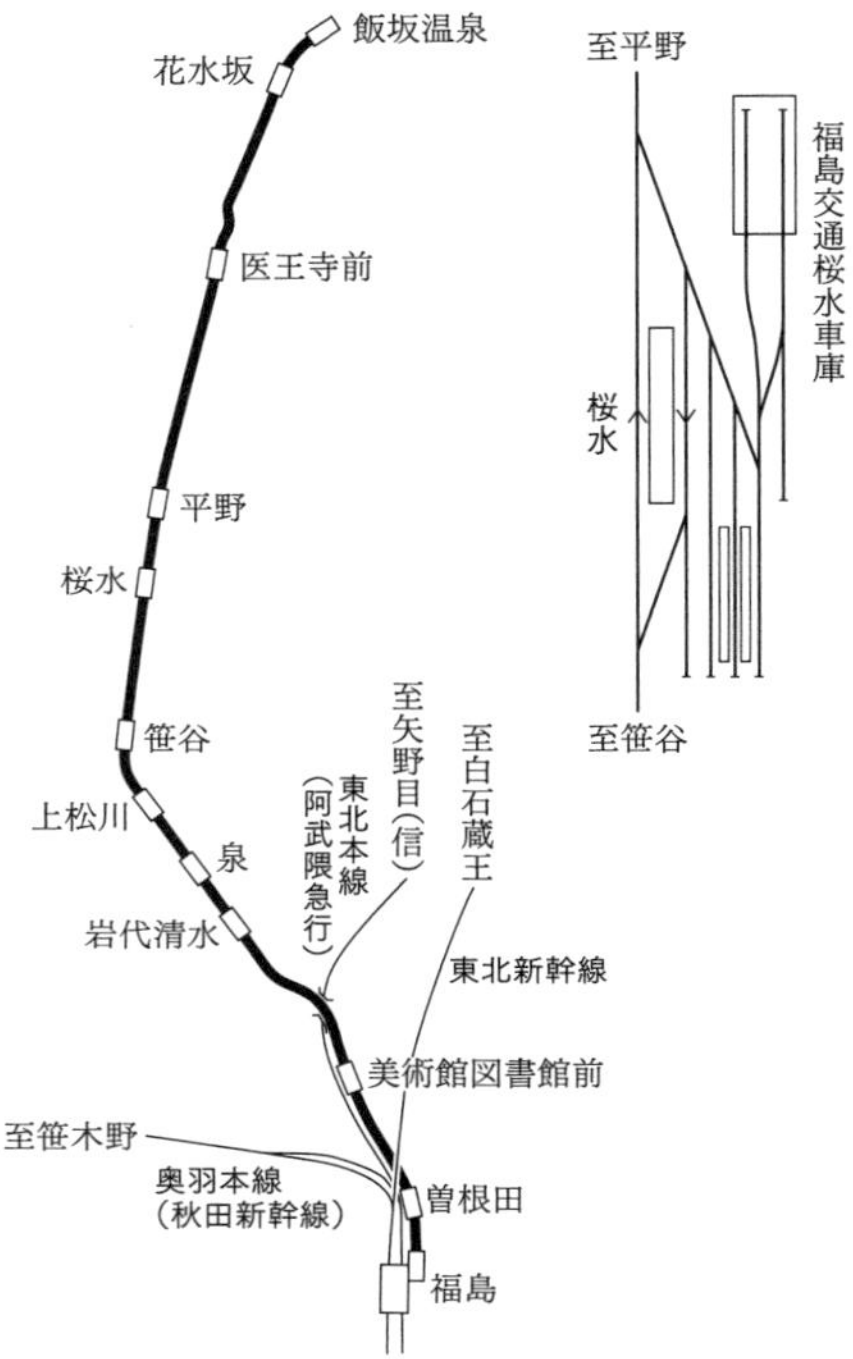

阿武隈急行の本線は東北本線と接続する。矢野目信号場まで阿武隈急行は東北本線と共用している。結果、福島交通はＪＲの線路とつながっていることになる。

　東北本線と並行して進む。最初の踏切を渡った先の半径４００ｍの左カーブ上に曽根田駅がある。昭和50年まで車庫が併設され、島式ホームの行き違い駅だったが、車庫は廃止された。旧上り線の線路は残っているが、本線とは接続していない。ホームに面した旧上り線側にはフェンスも張っていない。長らく電鉄福島と名乗っていたために風格ある駅舎が建っている。

　駅を出ると東北本線とともに直線になって新幹線をくぐる。さらに直線が続いて美術館図書館前駅となる。島式ホームの行き違い駅で、福島寄りで下り線が直線のスプリング式片開きポイントになっている。下り線はホームの中央付近で半径４００ｍで右に少しカ

福島駅に停車中の飯坂線電車（左）と阿武隈急行の富野行（右）。頭端部は阿武隈急行のほうが奥まであるために、先頭位置がずれている

飯坂線と阿武隈急行は線路がつながっている

ーブしてから直線になる。ホームがなくなると半径160mで右に急カーブする。上り線も少し先で半径160mで右にカーブする。先に下り線が直線になるために上下線は合流して単線になる。やはりスプリング式ポイントになっている。近くに県立美術館と図書館があるためにこの駅名が付いたが、以前の駅名は森合である。

東北本線と離れて直進する。その先で福島交通は左にカーブするとともに30‰の上り勾配で盛土になる。東北本線は福島交通と分かれた先で半径600mで右に大きくカーブするので盛土になった福島交通の下をくぐる。

福島交通は東北本線を乗り越すと、今度は30‰の下り勾配になって地上に降りる。主要地方道3号線とやや離れて並行する。少し進むと左側に片面ホームがある岩代清水《いわしろしみず》駅となり、その先で半径200mで少し左にカーブする。国道13号をくぐり、左に振っていた線路を戻すと島式ホームの泉駅となる。上り線が直線、下り線が片側分岐で左に広がっている。

泉駅を出ると左に少しカーブし、主要地方道3号線に近寄り、右にややカーブして主要地方道と並行し、28・8‰の勾配で松川の築堤に向かって上り、上松川《かみまつかわ》橋梁で松川を渡る。平成元年の台風で橋脚が流されたために123mの新橋梁に架け替えられた。旧橋梁は前後の陸上部も含めて主要地方道に並行してほぼ直線だったが、新橋梁は強靭なコンクリート橋梁のため、陸上部で半径500mの曲線で東側に振って松川を渡る。

築堤を下りながら振り戻すと右側に片面ホームがある上松川駅となる。同駅の先で県道とともに右にカーブして直線になると島式ホームの笹谷《ささや》駅がある。同駅は下り線が直線、上り線が分岐側になっている。

少し進むと右側にも一般道が並行しはじめる。両側を道路に挟まれて進むのは、もともと蒸気機関車によ

泉—上松川間にある上松川橋梁を渡って福島に向かう7000系

る軌道線、つまり路面線だった名残である。

その先に島式ホームの桜水駅がある。同駅も下り線が直線、上り線が分岐側となっており、上り線の向こうに桜水車庫がある。最急６‰の緩い下り勾配になり、八反田《はったんだ》川《がわ》を渡って東北自動車道をくぐると今度は９・５‰の上り勾配になって右側に片面ホームがある平野駅となる。同駅の福島寄りは４‰、飯坂温泉寄りは８・８‰の上り勾配上にあり、また、ほぼホームの中央から飯坂温泉寄りは半径９００ｍで右にカーブしている。

この先は最急８・３‰の緩い上り勾配で進む。次の医王寺《いおうじ》前《まえ》駅は上り線が右に大きく、下り線が左に少しだけ振った島式ホームになっている。上下線が合流してすぐに半径１６０ｍで右にカーブして主要地方道と少し離れる。当初、23・2‰、続いて40・1‰、そして45・3‰という急勾配で下って主要地方道と再び並行する。そのまま主要地方道と並行して下るともっときつい勾配になるのを避けるためにカーブさせて勾配を緩めているが、それでも45・3‰のきつい勾配になっている。この先も25・1‰の下り勾配で進んで小川橋梁を渡る。

29‰の勾配でアップするが、少し進むと再び28・3‰でダウンし、９・２‰の下り勾配を半径１６０ｍで右にカーブすると花水坂駅となる。左側に片面ホームがあり、ホームの福島寄りは半径１６０ｍのカーブ上にかかっている。

主要地方道から離れ、さらに右にカーブしてまっすぐ進むと終点の飯坂温泉駅となる。櫛形ホーム２面１線で右手東側が降車用、左側が乗車用になっており、東側には摺上川《すりかみがわ》が流れているが、電車からはあまり見えない。

以前は左にカーブして１００ｍほど先に２線の発着線と３面のホームがあった。道路よりも１段下にあった旧駅の上を道路と同一面の人工地盤にして駅前広場とコンビニ等が入った駅舎を設置した。

【車両】　７０００系３両編成１本、２両編成２本、１０００系３両編成と２両編成が各１本ある。７０００系３両編成は非冷房車、１０００系３両編成は冷房付きで、平日朝ラッシュ時に使用される。

７０００系は東急７０００系を譲受したものだが、

美術館図書館前駅に停車中の飯坂温泉行

桜水車庫に留置されている1000系

飯坂温泉駅は頭端櫛形ホーム1面2線

東急時代の車番を踏襲していない。また、東急時代は中間車だったものに運転室を設置したため正面形状はフラットになっている。

1000系は東急の日比谷線直通用の車両で、これまた中間車に運転室を設置している。

車椅子スペースがあり、車内放送は日本語と英語の対応で、液晶による車内案内表示器がある。制御方式はより省エネのVVVFインバータとなっているが、単線での回生ブレーキは架線電圧が高くなる傾向にあり、これらの調整が難航して、譲受後、しばらくは営業走行ができなかった。

【ダイヤ】　福島―飯坂温泉間の所要時間は23分である。朝ラッシュ時は15分毎の運転で、美術館図書館前と笹谷、医王寺前の3駅で行き違いをする。運用本数は3両編成1本または2本、2両編成2本または3本である。出庫電車はすべて桜水発飯坂温泉行となっている。

昼間時は25分毎になる。福島と飯坂温泉での折り返し時間はそれぞれ2分と短くして、運用本数2本とした最低限の車両運用を行なっている。つまり所要時間23分に折り返し時間2分を足して25分毎にしている。

朝ラッシュ時のダイヤから昼間時のダイヤに移行するときに、入庫する2本の電車のために福島発桜水行の区間電車が設定されている。

そして桜水発福島行と同飯坂温泉行が夕ラッシュ前に出庫して再び15分毎の運転になる。そして夜間はまた25分または30分毎になり、飯坂温泉行の最終電車は福島発22時50分である。最終の1本前とともに飯坂温泉駅で折り返して桜水行になる。飯坂温泉発の最終電車は福島行が22時20分、桜水行は23時15分である。

なお、福島発平日の9時30分から13時50分までと休日の9時32分から15時5分まで、飯坂温泉発休日、平日ともに10時55分から15時5分までの電車は自転車で乗車できるサイクルトレインとなっている。

全電車に車掌が乗務するが、扉の開閉等は運転士が行い、車掌は切符の発行と回収を行う。なお、1日フリーきっぷは800円で小学生1人と幼児2人の計3人まで同伴乗車できる。

【将来】　1000系への置き換えは平成30年秋に終了する。それ以外に大きな計画はない。

阿武隈急行

高速運転ができるのだから快速の設定が望まれる

POINT! 国鉄丸森線槻木《つきのき》―丸森間を引き継いだ第3セクター鉄道で、鉄道建設公団の手によって残りの丸森―福島間が開通して、この区間も運行するようになった。

国鉄時代に比べて頻繁運転をし、沿線の人々が利用しやすいように新駅も多数造って、それなりに利用されている。

【概要】阿武隈《あぶくま》急行阿武隈急行線は福島―槻木間54・9キロの単線電化路線である。電化方式は交流50Hz 20kVである。福島―矢野目信号場間4・7キロは東北本線と共同使用している。東北本線の福島―槻木間の営業キロは54・9キロと阿武隈急行線と同じである。

当初は日本鉄道が阿武隈川沿いと奥州街道沿いのいずれかのルートで青森を目指して工事を進めていた。阿武隈川沿いでは水運が発達していたので結局は奥州街道沿いが選定されてしまった。

そこで福島県信夫《しのぶ》郡《ぐん》と伊達《だて》郡《ぐん》と福島を結ぶ蒸気動力で762mm軌間による信達軌道が福島から梁川《やながわ》まで明治43年（1910）に全通した。しかし、軽便鉄道の路面電車版の蒸気鉄道では遅くて輸送力もなかった。大正11年（1922）4月公布の改正鉄道敷設法で国が建設すべき路線を予定線として別表で掲げており、その27番目に「福島県福島ヨリ宮城県丸森ヲ経テ福島県中村ニ至ル鉄道及丸森ヨリ分岐シテ白石ニ至ル鉄道」が掲げられた。このうち中村は現在の相馬市のことである。ともあれ福島と丸森を結ぶことで、鉄道から見放された地域に恩恵を持たせることにした。しかし、工事線には一向に昇格しなかった。

国鉄としては東北本線の迂回線として福島から阿武隈川沿いを経て槻木までの路線は東北本線の輸送力増強に役立つとして、昭和28年（1953）に別表21ノ2として「宮城県槻木附近ヨリ丸森ニ至ル鉄道」を追加した。

そして32年に福島—丸森—槻木間を調査線に昇格し、34年に工事線となり、39年に鉄道建設公団によって着工され、43年に丸森—槻木間が国鉄丸森線として開通した。

工事は電化と高速運転を前提にして甲線規格の最急勾配10‰、最小曲線半径600mとして建設されたが、開通時は電化されておらず、遅い気動車しか走っていなかった。そのため昭和44年度の営業係数は3183円という当時、日本一の赤字ローカル線となってしまった。

昭和49年までに残る福島—丸森間もほぼ竣工していたが、国鉄はこの路線を引き継ぐ気はないだけでなく、既開通区間の丸森線を国鉄再建法に基づく第1次特定地方交通線に選定した。

そこで昭和59年4月に第3セクター鉄道の阿武隈急行を設立し、61年7月に丸森線の運営を引き継ぎ、63年7月に福島—丸森間の開業と全線の電化を行なった。

現在の主な株主の構成は福島県が28・0%、宮城県が25・6%、福島交通が20・0%、福島市が6・1%、伊達市が5・2%になっている。

輸送密度は1833人、平均輸送キロは14・20キロ、平均運賃は18・70円、輸送密度での定期比率は通勤が20・2%、通学が32・4%となっている。1日平均の輸送人員は7109人、1日平均の運輸収入は1

89万4824円である。営業収支率は減価償却前が108・5%、償却後は113・4%の赤字で、1日平均の赤字額は26万1818円、営業キロ1キロあたりでは4769円である。

赤字がずっと続いているが、国鉄丸森線時代に比べると赤字額は大きく減り、営業収支率も好転している。

折角、高速運転ができるように造られているのだから、快速の設定が望まれるところである。

【沿線風景】 福島駅は福島交通と共用の頭端島式ホームのJR寄りの線路が阿武隈急行の発着線である。福島駅を出るとすぐに東北本線と合流する。ここから矢野目信号場までは東北本線と共用する。

矢野目信号場で東北新幹線と分かれて少し進むと右側に片面ホームがある卸町《おろしまち》駅となる。阿武隈急行は駅名のほかに各駅にキャッチフレーズを付けている。卸町駅は中央卸売市場と卸商団地があるため「とんやの街」である。

直線になって進む。途中で盛土になり、その先に左側に片面ホームがある福島学院前駅となる。ホームは3階分の高さのところにあり、陸橋的な通路でホームからやや離れた建屋と結ばれている。建屋内には階段があり、これを降りると小さな駅前ロータリーに出ることができる。平成12年の開業である。キャッチフレーズは「教育文化のまち」となっている。

25‰で下ってすぐに瀬上《せのうえ》駅となる。上り線が片開きポイントで右に分岐する行き違い駅で相対式ホームになっている。キャッチフレーズは「りんごの里」である。

国鉄丸森線として計画されたとき、1線スルー線にして優等列車の高速運転を考えていた。しかし、結局は優等列車が走ることはなく、左側通行による行き違い駅になっている。他の行き違い駅も同様である。

この先で353mの第1阿武隈川橋梁を渡る。渡ってすぐに右側に片面ホームのある向瀬上《むかいせのうえ》駅となる。ホームは盛土上にあって緩く右にカーブしている。キャッチフレーズは「ももの里」となっている。

阿武隈急行

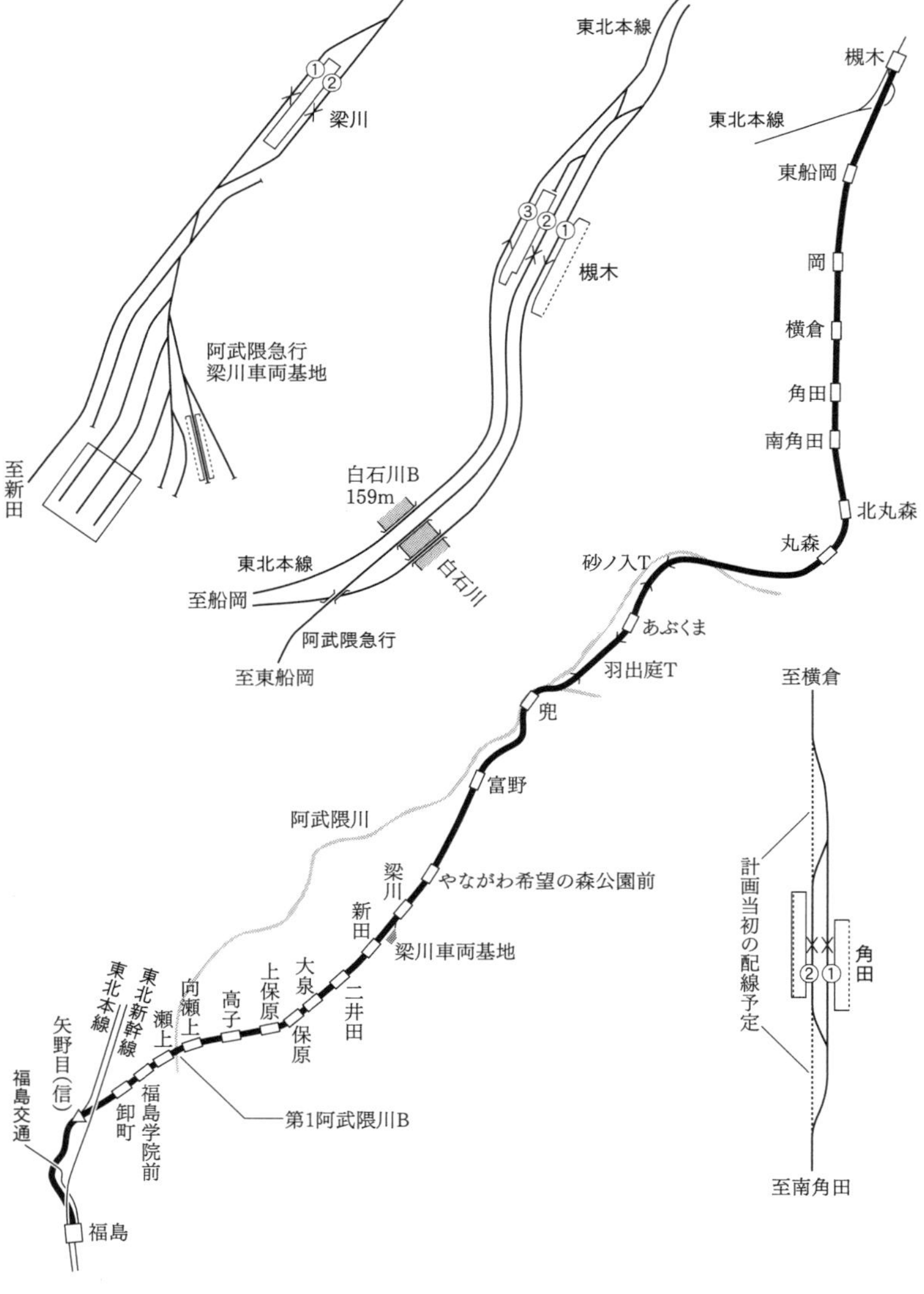
至やながわ希望の森公園前
梁川
阿武隈急行
梁川車両基地
至新田
至岩沼
東北本線
槻木
白石川B
159m
白石川
東北本線
至船岡
阿武隈急行
至東船岡
槻木
東北本線
東船岡
岡
横倉
角田
南角田
北丸森
丸森
砂ノ入T
あぶくま
羽出庭T
兜
富野
阿武隈川
やながわ希望の森公園前
梁川
新田
梁川車両基地
二井田
大泉
上保原
保原
高子
向瀬上
瀬上
東北新幹線
東北本線
矢野目(信)
福島学院前
卸町
福島交通
福島
第1阿武隈川B
至横倉
計画当初の配線予定
角田
至南角田

短いトンネルを二つ抜けた先の盛土上に高子《たかこ》駅がある。下り線が左に分岐し、行き違いができる相対式ホームの駅で、下り線は福島方向にも出発できる。現在は同駅での折り返し電車はないが、福島発の電車が折り返せるようにしている。キャッチフレーズは「伊達氏発祥の地」となっている。

少し直線で進んで左に緩くカーブしたところに片面ホームの上保原《かみほばら》駅がある。ホームは進行方向左手にあり、キャッチフレーズは「疏水《そすい》光る桃源郷」となっている。

次の保原駅は上り線が右に分岐する島式ホームになっている。駅への出入りは地下道を通る。福島寄りに乗り上げポイントによる横取線がある。キャッチフレーズは「果物の里、ファッションニットの町」である。

少し進んで大泉駅となる。左手に片面ホームがある。キャッチフレーズは「さわやか田園都市」。続いて上り線が右側に分岐する相対式ホームの二井田《にいだ》駅がある。キャッチフレーズは「いちごとくだものの里」となっている。

次の新田《にった》駅は左側に片面ホームがあり、キャッチフレーズは「静戸《しずりべ》の郷《さと》」となっている。静戸とは倭文部とも書き、日本固有の織物のことである。

住宅街がなくなり、農地が広がって県道122号線が頭上を横切ると右手に梁川車両基地があって、それを過ぎると島式ホームの梁川駅となる。梁川車両基地は単独の留置線1線と検車庫につながっている留置線3線があり、さらに保守基地がある。車両基地に隣接して阿武隈急行の本社社屋も置かれている。

梁川駅は福島寄りで上り線が分岐側、槻木寄りで下り線が分岐側になっていて、上下線とも福島と槻木の両方向に出発できる。キャッチフレーズは「伊達氏のふるさと」である。

左手に梁川の街並みを見て進む。広瀬川を渡ると掘割になり、その先で62mの梁川トンネルを抜ける。梁川トンネル付近には梁川高校のグラウンドがある。そして左手に片面ホームがある、やながわ希望の森公園前駅となる。駅名としては全国で5番目に長い。長すぎるので駅接近標は「公園前」とだけ記されている。キャッチフレーズは「桜の園」となっている。

直線で進んで右側分岐の相対式ホームの富野《とみの》駅となる。分岐側の上り線に下り電車が福島側から進入できるが、そのまま槻木に向かって出発はできない。進入するのは同駅折り返し電車だけである。キャッチフレーズは「絹の里」である。

この先から阿武隈川に沿って進むようになるのでカーブやトンネルが多くなる。左にカーブしているトンネルを抜けると右側に片面ホームがある兜《かぶと》駅となる。ホームは右カーブ上にあり、キャッチフレーズは「民話の里」である。

短い第1、第2の二つの兜トンネルを抜け、続いて阿武隈急行で一番長い2281mの羽出庭《はでにわ》トンネルを抜けると左側に片面ホームがある、あぶくま駅となる。ホームは左カーブ上にあり、福島寄り端部に階段があって産業伝承館が隣接している。近くには阿武隈ライン舟下りの船着場がある。キャッチフレーズは「川とのふれあいの郷」となっている。

あぶくま駅を出ると右手に横取線が置かれ、その先はやや長い砂ノ入トンネルをはじめ、トンネルの連続となる。途中で第2阿武隈川橋梁を渡り、短い二つのトンネルを抜けると丸森駅となる。

上り線が分岐側の島式ホームで、国鉄時代に開設されたために行き違い線は長く、用地もたっぷりとっている。福島寄りに横取線がある。上下線とも福島と槻木の両方向に出発できる。長らく終点だったために槻木側からの上り電車は下り線にも進入できる。キャッチフレーズは「水と緑の輝くまち」となっている。

半径1600mで左に大きくカーブする。その途中に右側に片面ホームのある北丸森駅がある。駅構外へは階段を上る。国鉄から阿武隈急行になったときに開設された。キャッチフレーズは「古墳と歴史の町」である。

直線になって73mのすずき沼橋梁を渡り、田ノ入、野田、第2角田《かくだ》の三つの短いトンネルを抜け、半径2000mの右カーブ上の右側に片面ホームがある南角田駅となる。キャッチフレーズは西側にある斗蔵山《とくらさん》からとった「斗蔵の森」となっている。

第1角田トンネルを抜け、直線になって進むと相対式ホームの角田駅がある。もともと片面ホームと島式ホームによる国鉄形配線（JR形配線）にする予定だ

角田駅は一度右にシフトしてから下り線が左に分岐する

った。しかも長大編成の列車が停車できるように前後に長い駅にするつもりだった。それを短編成列車用の行き違い駅にしたために福島寄り手前は線路を右に振ってから、ホーム近くで下り線が左に分岐している。

上り線側が片面ホームに面した1番線、下り線はもともとの島式ホームの内側に面した2番線となっており、島式にするはずのホームの外側は柵になっている。ホームを出るとすぐに下り線が上り線に合流し、その先で線路は左に振っている。

上下線とも両方向に出発あるいは進入できるようになっているが、行き違いをしないときは跨線橋を通らなくてすむ1番線で上下電車とも発着し、行き違いをするときだけ下り電車が2番線で発着する。キャッチフレーズは「梅花の里」となっている。

直線で進み、207mの左関沼橋梁を渡ってしばらくすると右手に片面ホームがある横倉駅となる。キャッチフレーズは「古代文化の香り」である。

さらに直線でしばらく進むと右側に片面ホームがある岡駅となる。行き違い駅にする予定だったので、線路は上り線側に振っている。また、槻木寄りに本線か

岡駅を発車する槻木行。ホームの右側、背面に横取線がなぜか斜めに延びている

槻木駅の中線が阿武隈急行の発着線となっている

ら斜めに延びた横取線がある。キャッチフレーズは近くに宇宙航空研究開発機構の角田宇宙センターがあることから「明日の宇宙を拓《ひら》くまち」となっている。

さらにまっすぐ進む。短い高野トンネルと釜の川トンネルを抜けると半径２０００ｍで右にカーブし、その先に東船岡《ひがしふなおか》駅がある。上り線が右に分岐する相対式ホームの行き違い駅で、キャッチフレーズは「桜と菊の名所」となっている。

この先で半径１０００ｍの右カーブがあり、続いて半径８００ｍで左にカーブしながら東北本線の上り線を斜めに乗り越し、東北本線の下り線と並行する。乗り越した東北本線の上り線もやや離れて並行するようになる。

東北本線の下り線とともに１９９ｍの白石川橋梁を渡る。阿武隈急行の線路はもともと東北本線の上り線だった。その東北本線の上り線を河川改修工事を伴って新たに東側に設置して転用したものである。半径６００ｍで右にカーブしながら東北本線の上り線も接近し、３線で進んで槻木駅となる。

同駅はもともと国鉄（ＪＲ）形配線だった。その中線を阿武隈急行専用の発着線にしたもので、仙台寄りで東北本線の上下線と接続するが、福島寄りには接続ポイントがない。

【車両】 2扉セミクロスシート車の８１００系2両編成9本が電化開業以来、使用されている。電動制御車と制御車の2両で1ユニットとなっており、2両編成か4両編成で使用される。車両番号は８１０１から８１１８番まで通しになっていて、奇数車が電動制御車、偶数車が制御車でトイレ付きである。

定員は電動制御車が１１４人で、うち座席68人、制御車が１１０人で、うち座席64人となっている。

2両編成のうち1本は「正宗ブルーライナー」と称して正宗ゆかりの車体にラッピングしており、車内天井にも福島ガイナックス㈱が制作したアニメの伊達正宗等のキャラクターや伊達市の霊山《りょうぜん》などイラストや写真が描かれている。

2両編成9本のうち1日8本が使用され、1本は予備である。

【ダイヤ】 全線通しのほかに福島—富野間と丸森—槻

木間などの区間運転がある。朝には福島—梁川間、梁川—槻木間などの区間運転もある。また、朝夕各1往復が東北本線の仙台駅に乗り入れている。

4両編成は仙台直通電車のほかに槻木駅発6時33分が梁川駅に到着すると2両増結されて4両編成になる。そして折り返しの槻木行になるが、今度は梁川駅に到着すると2両切り離して梁川以北は2両編成で走る。仙台直通は梁川始終発の出庫電車で当初から4両編成になっている。

多くは車庫がある梁川駅から出庫する。富野始発や富野終着も回送で梁川—富野間を走る。丸森始発もそうである。ただし角田駅だけは夜間に2両編成1本が滞泊する。

朝上りは梁川発、続いて富野発、角田発、富野発があって、その次に槻木発が設定されている。朝ラッシュ時は概ね30分毎になっている。

朝下りは梁川発、丸森発、梁川発（仙台行）があってから福島発となる。槻木着で6時41分から7時44分まで概ね20分毎になっているが、7時44分の次は8時34分と50分ほど間隔が開く。仙台への通勤通学ラッシュは離れているので朝早くから始まるからである。

昼間時は全線通しが1時間～1時間30分間隔で運転され、そのあいだに福島—富野間の区間運転が走る。丸森—槻木間の区間運転は1本だけとなっている。

夕ラッシュ時は16時ころから始まり、全線通しが39分～1時間15分間隔で走り、その間に福島—富野または梁川間の区間電車が走り、槻木寄りは丸森—槻木間または梁川—仙台間の区間電車が各1本走る。

仙台直通電車は4両編成で走る。夕方の仙台発直通電車は梁川行である。梁川駅で2両編成の福島行に連絡する。

【将来】　このまま推移していくものと思われるが、「概要」で述べたとおり快速の運転が望まれるところである。

その場合の停車駅は梁川、富野、あぶくま、丸森とし、所要時間は55分程度にする。丸森駅のほかにあぶくま駅に停車するのは阿武隈ライン下りへの行楽客の利用に対して利便性を高めるためである。

ということで仙台駅まで直通運転し、乗って楽しい行楽用の新しい電車を投入するのである。

仙台空港鉄道仙台空港線

仙山線への乗り入れを考えてもいい

POINT! 仙台空港鉄道仙台空港線は、仙台空港と仙台駅を結ぶことを目的とする路線なのでＪＲ東北本線と相互直通している。頻繁運転され、一部に快速が設定されて、かなり利用されている。さらに途中の杜《もり》せきのした駅に隣接してイオンショッピングモールがあり、休日にはイオンが開店する時間帯を走る電車は超満員状態になっている。仙台都市圏の近郊輸送も担っているのである。

【概要】 仙台空港鉄道仙台空港線は名取―仙台空港間7・4キロで、交流50Hz20kVの単線電化路線である。名取駅でＪＲ東北本線と接続して仙台空港―仙台間でＪＲと相互直通運転をしている。

仙台空港は平成9年（１９９７）7月に新ターミナルが完成し、10年3月には３０００ｍのＢ滑走路が完成して大型機の離着陸が可能になるなど、東北地方一の空港である。しかし、空港への公共アクセスはリムジンバスとタクシーしかなかったので渋滞に巻きこまれて定時性の確保が難しくなっていた。

そこで軌道系公共交通機関の建設が必要になり、「仙台空港軌道系アクセス整備検討委員会」が組織され、どのようにするかを検討した。

そのなかには仙台地下鉄南北線の延伸やモノレールの新設などもあったが、最終的に地下鉄延長案とＪＲ東北本線分岐案に絞られた。その結果、東北本線からの分岐案が費用対効果がもっとも大きいと結論づけた。

東北本線分岐案といっても南仙台駅分岐（2ルート）、名取駅分岐（2ルート）、館腰《たてこし》駅分岐の5案があった。検討の結果、名取分岐案に決定し、平成8年に「仙台臨空都市整備計画」に組み入れられた。平成9年に自治省の財政支援が決まり、12年4月に第3セクター鉄道の仙台空港鉄道株式会社が設立され、6月に第1種鉄道事業の許可を得て平成14年3月に着工した。大部分は鉄道・運輸機構が施工したが、名取分岐部は同機構がJR東日本に工事を委託し、空港敷地内の路盤工事は国の整備事業によった。

そして平成19年3月18日に開通した。

主な株主と株主構成は宮城県が52・87％、仙台市が19・99％、名取市が6・05％、JR東日本が5・04％、財団法人宮城県市町村振興協会が4・21％、岩沼市が3・02％である。

輸送密度は6466人、平均輸送キロは4・6キロ、平均運賃は41・98円、輸送密度での定期比率は通勤が23・6％、通学が2・0％となっている。

通勤定期利用者の多くは空港関係者である。通学定期利用者が少ないのは空港の手前の2駅周辺の住宅がまださほど多くないためである。大半が空港利用の定期外客だが、手前の杜せきのした駅に隣接するイオンモールへの買い物客の利用も多い。

1日平均の輸送人員は1万65人、1日平均の運賃収入は243万6871円である。営業収支率は減価償却前が74・0％と黒字だが、償却後は115・4％と赤字である。1日平均の赤字額は38万1150円、営業キロ1キロあたりで5万3683円となっている。

第1種鉄道事業として減価償却費が多大なために赤字額も大きい。そこで平成23年10月にインフラ部分を宮城県が買い取って仙台空港鉄道に貸し出す上下分離を行い、震災前の22年度の1日平均の赤字額が１９４万２６３８円にもなっていたのが、平成25年度では38万１１５０円に減ったのである。そして乗客は年々増加している。

運賃は初乗りが１７０円、名取―仙台空港間で４１０円と高い。ＪＲの仙台―名取間の運賃は２４０円だから、合算すると６５０円になる。

かつてのリムジンバスは所要時間40分で運賃が８１０円だった。空港線は快速で17分、普通で24分だが、立つことも多い。リムジンバスは必ず座れるので快適であった。空港線の運賃が高いか安いかは議論が分かれるところである。


【沿線風景】　名取駅を出ると33‰の上り勾配で高架になり、半径３００ｍで左に大きくカーブして東北本線の上り線を乗り越し、続いて第1、第2の増田川可動橋で増田川を2度渡る。第2増田川可動橋は長さ58ｍのコンクリートによる箱桁で国道4号（仙台バイパス）も乗り越す。

この先は直線だが、少し進むと右に大きくカーブする。そこに杜せきのした駅がある。島式ホームだが、本来下り線になる線路だけが敷設され、現状は棒線駅である。駅の西側にイオンモールがあって乗降客は多い。

駅を出ると仙台東部道路を42ｍの第1下増田可動橋で乗り越し、しばらくすると美田園《みたぞの》駅となる。上り線側が片開き分岐、下り線が直線の島式ホームで、上下線とも仙台空港と名取の両方向に発車できる。左側通行で行き違うが、行き違いがないときは上下電車とも直線の下り線で発着する。

美田園駅を出ると半径１０００ｍで右に大きくカーブして１５９ｍの第3増田川橋梁を渡り、35‰で下って６００ｍの空港トンネル、続いて短い南原トンネルを抜ける。空港トンネルの途中からの軌道の土木構造物は国土交通省が建設し、国が保有している。

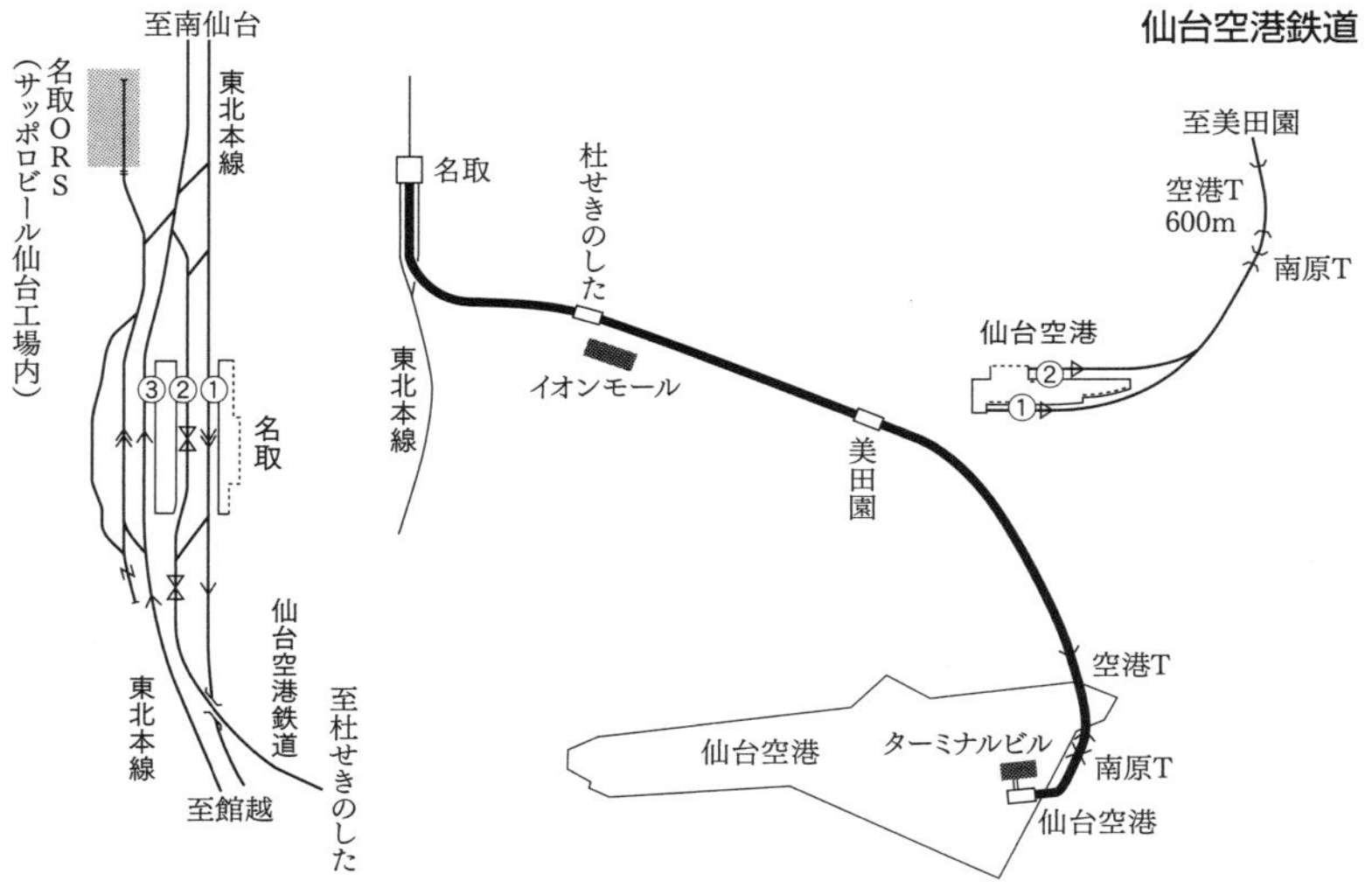

半径３００ｍで右にカーブしながら35‰で上って少し直線になった先で再び半径３００ｍで右にカーブしながら5‰の勾配を上ると、仙台空港駅となる。

頭端島式ホーム1面2線で改札口が頭端寄りを見て右側にあるので、1番線は奥まで延びているが、2番線はその手前で止まっていて改札口への通路を確保している。改札口の向こうは空港ロビーへの横断歩道橋が延びている。

【車両】 ＪＲ東日本のＥ７２１系５００番台と同仕様のＳＡＴ７２１系2両編成3本の計6両が仙台空港鉄道の所有車両である。これに加えてＪＲ東日本の仙台空港鉄道直通用のＥ７２１系５００番台の2両編成４本が直通してくる。

Ｅ７２１系０番台と異なるのは電動車のクモハＥ７２１形の連結面側の座席の片方2人分を大きな荷物を持つ空港利用客のために2段構造の荷物置き場にしていることである。

多くは4両編成で走るが、2両編成になっているものもある。特に土休日の仙台発9時台に走る2両編成はイオンモールがある杜せきのした駅まで満員にな

高架から降りて名取駅に進入する仙台行

美田園駅に進入する仙台行

名取寄りから見た仙台空港駅

仙台空港駅を発車した仙台行

る。4両編成にする必要がある。

【ダイヤ】 JR東日本の東北本線と相互直通する仙台—仙台空港間の運転で、普通のほかに快速がある。快速の停車駅は名取一駅だけで所要時間は17分である。普通の所要時間は最短25分となっている。快速は昼間時に3往復が設定されている。

朝の空港行は仙台空港の出発便に合わせて23〜27分間隔、9、10時台の空港発は到着便に合わせて22分の間隔になるとともに仙台空港発9時40分に快速が走る。

9時台からは仙台空港行が到着すると、その反対側の発着線に停車している電車が発車するという段落としにしているので、仙台空港駅には必ず電車が停まっている。これは1本見送れば次の電車に座れるようにしたものである。とはいえ30分前後座って待つことになる。

以後、概ね15分または30分毎の間隔になる。

到着便は21時0分が最終だが、仙台空港線の最終は仙台空港発23時23分までである。空港関連に働く人々の帰宅用である。また、仙台空港駅に4両編成1本が滞泊して、翌朝一番の仙台空港発になる。

【将来】 午前の仙台行のなかには4両編成で満員になる電車がある。また、大きな荷物を抱えているので座って乗りたい人も多いが、段落として発車するので次の電車を待つ人もいる。だが、間隔が30分前後なので、急ぐ人は結局立つことになる。また、2両編成も満員のことが多い。

グリーン車を連結した5両固定編成にすれば増収にもなる。その場合のグリーン料金は500円程度がいいだろう。また、一部は仙石東北ラインの列車を直通させ、東北線内は快速で走らせてもいいと言える。これによって乗り換えなしで松島観光や石巻、さらには女川へのアクセスがよくなるというものである。

仙山線の快速の仙台空港線乗り入れも山形から仙台空港に行くのに便利になるので考えてもいい。仙山線の快速の山形—仙台間の所要時間は最速で65分、これに仙台—仙台空港間の快速の所要時間17分と仙台駅停車時間2分を足すと84分である。一方、山交バスの山形—仙台空港間の所要時間は80分で大差ないが、仙山線の山寺駅や北仙台駅からの利用が便利になる。

仙台市地下鉄南北線

架線式の大型車両を使う通勤路線

POINT! 仙台市電に代わって仙台市を南北に貫通する路線で、朝夕の通勤ラッシュ時は結構混んでいる。相互直通をしていない地下鉄なのに架線式の大型車両を使っている。計画時には仙石線と何らかの形で相互直通することが考えられたからと言われている。

【概要】仙台市地下鉄南北線は泉中央—富沢《とみざわ》間14・8キロの架線方式の直流電化複線路線で、北仙台駅で仙山線、仙台駅で地下鉄東西線と東北本線、東北新幹線、仙石線、仙山線、長町駅で東北本線と連絡する。

仙台市には路面電車があった。仙台駅前から中央三丁目、一番町郵便局前、片平一丁目検察庁前、大学病院前、県庁市役所前、花京院《かきょういん》を経て仙台駅前に戻る6・0キロの循環線、中央三丁目—長町駅前間4・2キロの長町線、花京院から東北本線を越えて原の町（仙石線陸前原ノ町駅近く）まで3・0キロの原町《はらのまち》線、北四番丁—北仙台駅前間1・2キロの北仙台線、大学病院前—八幡《はちまん》神社前間1・6キロの八幡町線、南町—芭蕉ノ辻間0・3キロの芭蕉ノ辻線があった。

しかし、郊外の住宅開発によるドーナツ化現象で、都心部にしか路線網がない市電では役に立たないことや赤字経営もあって、昭和44年（1969）7月に仙台交通計画委員会が設置され、47年2月に東西方向と南北方向に高速電車、つまり地下鉄を建設すること、まずは南北方向の地下鉄の建設が急務で

仙台市電(昭和50年時)

あると答申した。

昭和50年8月に高速鉄道南北線の建設を答申し、9月には交通局が市電の全廃を発表した。そして市電は51年3月に廃止され、バスに転換した。

昭和55年5月には南北線八乙女《やおとめ》—富沢間の免許を取得し、56年5月に着工して62年7月に開業した。翌63年7月に八乙女—泉中央間の免許を取得し、平成元年11月に着工して4年7月に延長開通した。

輸送密度は5万6040人、平均輸送キロは5・4キロ、平均運賃は33・15円、輸送密度での定期比率は通勤が40・1%、通学が12・3%となっている。

1日平均の輸送人員は15万4813人、1日平均の運輸収入は2813万3778円である。営業収支率は減価償却前が57・5%、償却後は93・5%である。償却後が高いのは、現在でも建設費の償却を行なっていることを示している。1日平均の黒字額は13万2729円、営業キロ1キロあたりで8968円である。

最混雑区間は北仙台→北四番丁間で混雑時間帯は8時0分から1時間、この間、1両あたり平均定員144人の4両編成が16本、計64両が走り、輸送力は9216人、輸送量は1万3682人で混雑率は148%である。

【沿線風景】 泉中央駅は終端側に留置線がある島式ホームになっている。留置線には渡り線はなく、富沢寄りにシーサスポイントがある。右側の2番線は直線、左側の1番線は外側に膨らんでおり、ホームがなくなって通常の複線の幅になったところにシーサスポイントを置いていて、上り線から1番線に転線するポイントは直線にして電車が極力揺れないようにしている。

また、1番線の外側に保守用側線があって乗り上げポイントで1番線側の本線につながっている。ホームは地下にあるが、ポイント群は明かり区間（地下線やトンネルでない区間）にある。南北線の各駅はすべてホームドア付きの島式ホームになっている。

泉中央駅を出ると高架で南下し、七北《ななき》田川《たがわ》を渡り、左にカーブして、しばらく進むと八乙女駅となる。泉中央駅まで延伸する前は同駅が起点駅だった。そのため富沢駅寄りにシーサスポイントがあったが、泉中央駅延伸後に撤去された。隣接してバスプール（バスターミナル）がある。

八乙女駅の先で丘をNATM《ナトム》工法による山岳トンネルで抜け、大きく右にカーブする。以下すべての山岳トンネルはNATM工法で造られている。直線になって真美沢《まみさわ》公園内にある池を横切り、黒松駅となる。掘

仙台市地下鉄南北線

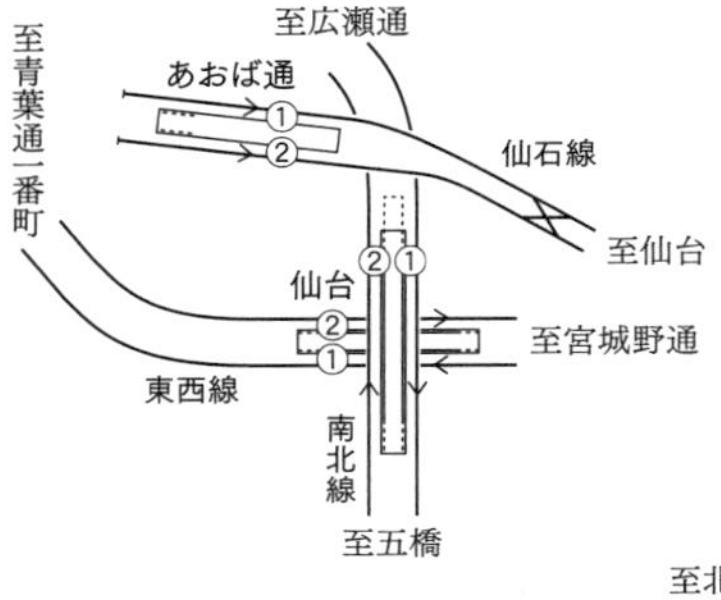
至青葉通一番町
至広瀬通
あおば通
①
②
仙石線
至仙台
仙台
②
①
②
①
至宮城野通
東西線
南北線
至五橋

泉中央
八乙女
黒松
旭ヶ丘
台原
至北山
北仙台
東照宮
仙山線
北四番丁
至東仙台
東北本線
至古川
勾当台公園
広瀬通
東北新幹線
あおば通
仙台
仙石線
東西線
五橋
愛宕橋
河原町
長町一丁目
広瀬川
長町
長町南
仙台市電保存館
富沢
太子堂
富沢車両基地

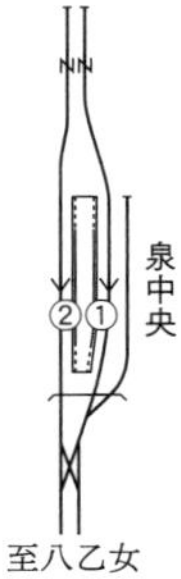
泉中央
②
①
至八乙女

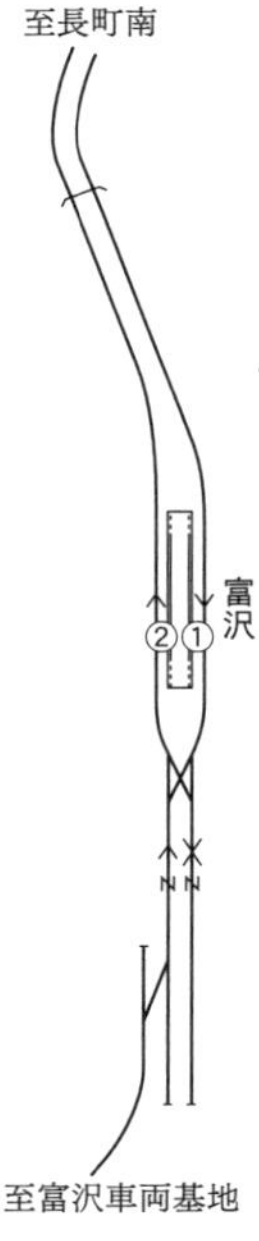
至長町南
富沢
②
①
至富沢車両基地

八乙女—黒松間を走る富沢行

割のなかにあるが、泉中央寄りの駅の上部に駅舎があるため、一見、地下駅のように見える。

黒松駅を出るとすぐに単線並列の山岳トンネルに入る。抜けると旭ヶ丘駅となる。ホームの富沢寄りの西側には明かりとりフェンスがあり、その向こうにある台原《だいのはら》森林公園を見渡すことができる。

複線山岳トンネルで進み、それが開削トンネルになると台原駅がある。泉中央駅寄りに非常渡り線がある。この先は単線並列の山岳トンネルになる。以下、駅部は開削トンネルになっている。

次の北仙台駅は前後が単線並列の山岳トンネルのためにホームは直線になっている。ＪＲ仙山線と連絡しており、仙山線の北仙台駅へは富沢駅寄りの南1出入口を通る。

北仙台—北四番丁間も単線並列の山岳トンネルになっている。山岳トンネル区間では道路の下を通っていない区間も多い。北仙台駅から少しの区間も民有地の地下を通っているが、途中から主要地方道22号線の下を通るようになる。しかし道幅が比較的狭くて単線並列の山岳トンネルで進む。

勾当台公園駅に停車中の泉中央行

北四番丁駅は主要地方道22号線が国道48号（大通）と合流する交差点下にある。同駅から先の駅間は単線並列シールドトンネルになり、基本的に道路の下を通っている。北四番丁駅から先は勾当台通《こうとうだいどおり》の下を進む。

次の勾当台公園駅は大通の下にあり、駅名のもとになった勾当台公園では各種のイベントが開催される。冬季に開催されるＳＥＮＤＡＩ光のページェントの会場となる定禅寺通にも近い。

国道48号の下を通って南下するが、途中で大きく左にカーブして西に向かい、広瀬通の下を通るようになると広瀬通駅がある。駅を出ると今度は右に大きくカーブして愛宕《あたご》上杉通《かみすぎどおり》の下に移って南下し、仙台駅となる。

南北線仙台駅はＪＲの仙台駅前広場に面したロフトや七十七銀行などが入ったブロックのさらに西側にある。南側では仙台駅のペデストリアンデッキが愛宕上杉通まで延びており、バスターミナルも隣接している。このため富沢寄りの出口階段を上るとペデストリアンデッキやバスターミナルに辿り着ける。

東西線と十字交差しており、また仙石線のあおば通駅がホームから外れた泉中央寄りでL字交差している。仙石線のホームは地下2階、南北線のホームは地下3階にあり、南北線のホームの泉中央寄り端に仙石線への連絡口がある。ただし連絡改札口はなく、南北線の改札を一度出てから仙石線の改札口に入る。東西線のホームは地下4階にある。

愛宕上杉通の下をさらに単線並列シールドトンネルで進むと国道286号と合流する。その直前に五橋《いつつばし》駅がある。単線並列シールドトンネルは上下線の単線トンネルが離れて並行しており、そのままの上下線間の幅で開削工法で造られたホームに滑りこむが、五橋駅の泉中央寄りには非常渡り線が置かれている。この渡り線は開削トンネル部分にあるものの、上下線は広がったままなので、長い渡り線になっている。

国道286号の下を通るが、すぐに左にカーブして昭和市電通（旧奥州街道）の下を通るようになると愛宕橋駅がある。愛宕橋駅から先は広瀬川がかつてよく起こした氾濫による湿地帯を埋めたところなので地盤が悪くシールド工法でのトンネル掘削はリスキーな面が多く、このため開削工法で掘削された。

次の河原町《かわらまち》駅から先は道路下を離れ、広瀬川の下を斜めに通り抜ける。川では開削工法はまずとれないために、堅固なセグメントで覆う単線並列シールドトンネルにした。

広瀬川をくぐると旧奥州街道の下を通る。長町《ながまち》一丁目駅を過ぎると、やはり軟弱地盤のために開削トンネルで進む。そして長町駅となる。JR長町駅と連絡しており、富沢寄りの出口がJRの駅に近く、泉中央寄りの出口は長町商店街が近い。

長町駅の先は単線並列シールドトンネルになる。次の長町南駅は太白《たいはく》区区役所の最寄り駅である。長町南駅からは開削トンネルとなっている。駅を出ると上下線は通常の間隔になり、そこに非常渡り線が設置されている。その先で左にカーブする。カーブ部分は道路下ではなく公園の下を通っていく。

そして35‰の急勾配で地下から高架に上がって富沢駅となる。駅の手前は急勾配になっているだけでなく右にカーブしているためにシーサスポイントは設置できず、駅の先に引上線2線を設置して、そこにシーサスポイントが置かれている。到着後、電車は引上線ま

富沢駅の終端部の向こう側には2線の引上線があり、乗降分離がなされている。
電車が停まっている引上線からは奥で富沢車庫の入出庫線が分岐している

で進んで折り返している。このため左側1番線は降車専用、右側2番線は乗車専用になっている。引上線は富沢車両基地への単線の入出庫線と渡り線でつながっている。

【車両】　1000系4両編成21本84両がある。4扉ロングシートのアルミ車体で、塗装が施されている。特徴的なのは右側運転台になっていることと先頭車の車体長を21・750m、中間車を20m丁度にして先頭車も中間車も客室の面積を同じにしていることである。

国土交通省の定員算出基準によって定員を計算すると144・95人になる。発表数字は小数点以下を切り捨てているが、0・95人は1人としてもいい数字である。145人にすれば最混雑時間帯の輸送力は9216人から9425人に上がり、混雑率は145%と3ポイント下がる。

右側運転台になっているのは、すべての駅が島式ホームなので、ワンマン運転のために扉閉め時にホームの状態が確認できるからである。

登場時は省エネの電機子チョッパ制御だったが、より省エネのVVVFインバータ制御に改造されている。

【ダイヤ】 泉中央—富沢間の所要時間は28分30秒、運転間隔は朝ラッシュ時が4分30秒、昼間時が7分30秒、夕ラッシュ時が5分30秒、夜間は10、12分になっている。

始発は泉中央駅も富沢駅も5時35分、終発は泉中央駅が23時55分、富沢駅が23時59分である。

【将来】 泉中央駅から富谷市《とみや》（平成27年までは富谷町）への延伸は泉中央までの延伸時から構想されていた。

しかし、仙台市は平成11年に都心回帰のコンパクトシティ化を目指すことに変更して、郊外への延伸に積極的ではなくなった。このため富谷町では泉中央から軽快路面電車（LRT）を走らせる構想を打ち出した町長が当選し、その実現を図るようになった。

今後、どうなるかは未定だが、LRTを採用するときは泉中央駅での乗り換えがスムーズに行えるようにする必要がある。

富沢駅から西進して県立宮城大学までの延長構想もあるが、話はまったく進んでいない。

泉中央駅に進入する南北線電車

仙台市地下鉄東西線

開通して間もないリニア駆動のミニ地下鉄

POINT! 当初は仙石線と相互直通することが考えられていたが、架線式大型車両では建設費が高く、東側では仙石線と離れた南部地区を東西に貫通する単独の地下鉄としたために、トンネル断面積が小さくなるリニア駆動のミニ地下鉄となった。

【概要】 仙台市地下鉄東西線は八木山《やぎやま》動物公園―荒井間13・9キロのリニアモーター駆動のミニ地下鉄線である。車体を小型にし、リニアモーター駆動によって台車を小さくすることでトンネル断面積を小さくし、トンネル掘削費用を軽減するものである。合わせて最小曲線半径も105m、最急勾配は57‰ときつくなっている。

仙台駅で南北線と東北本線、東北新幹線、仙山線、仙石線と連絡する。

仙台市を東西に貫通する路線の建設構想は昭和45年ころに始まった。まずは仙石線を地下化して西公園まで延伸するのがベターだということになった。しかし、国鉄はこの構想に難色を示したので、西公園―仙台間は市営地下鉄として仙石線と相互直通する方向で調整が進められてきた。

平成3年（1991）2月に仙台市は「新たな東西交通軸構想」として地下化した仙石線のあおば通駅から2駅西へ延伸し、その先は南西方向にモノレールを建設する構想を発表した。しかし、採算性に問題があるとして具体的に計画するところまでに至らなかった。

平成11年4月に東北地方交通審議会が仙石線とは別にミニ地下鉄として東西線の建設を答申し、12年3月に仙台市はミニ地下鉄による東西線のルートを決定し、15年9月に八木山動物公園—荒井間の第1種鉄道事業の許可を得た。

平成19年5月に着工し、23年3月11日の東日本大震災があったが、海岸に近い荒井駅や荒井車庫は海岸寄りにある仙台東部道路の盛土で津波が阻止され、農業用水から流入した津波でわずかに水を被った程度ですんだ。他の区間でもコンクリートの表面が少し剥離したり罅割《ひびわ》れたりする程度ですんだが、工事再開は9月になってからであった。

その後は工事が順調に進み、平成27年12月に開業した。

最混雑区間は連坊《れんぼう》→宮城野通間で、混雑時間帯は8時から1時間、4両編成が11本、計44両走り、平均定員97人で輸送力は4268人、輸送量は2532人で混雑率は59％となっている。開通して間もないので混んでいないのである。今後は増加していくものと思われる。

【沿線風景】 すべての駅は島式ホームで、八木山動物公園駅を除いて開削工法で造られている。八木山動物公園駅は大断面NATM《ナトム》工法で掘削された。荒井駅寄りにシーサスポイント、ホームの終端の先に2線の留置線がある。南側の1番線から延びる留置線はホームからまっすぐ延びているが、北側の留置線はホームがなくなると左にカーブしてから直線になって止まっている。小型車5両編成が1本留置する長さがあればいいので左カーブの先で右カーブして反対側の留置線と平行にしなくてもいいのである。

地下2階がホーム、地下1階がコンコースで、出入口は4か所ある。東1出入口は八木山ベニーランドや東北工大八木山キャンパス、中央1出入口は八木山動物公園西門に行けるように、さらに階段やエスカレー

仙台市地下鉄東西線

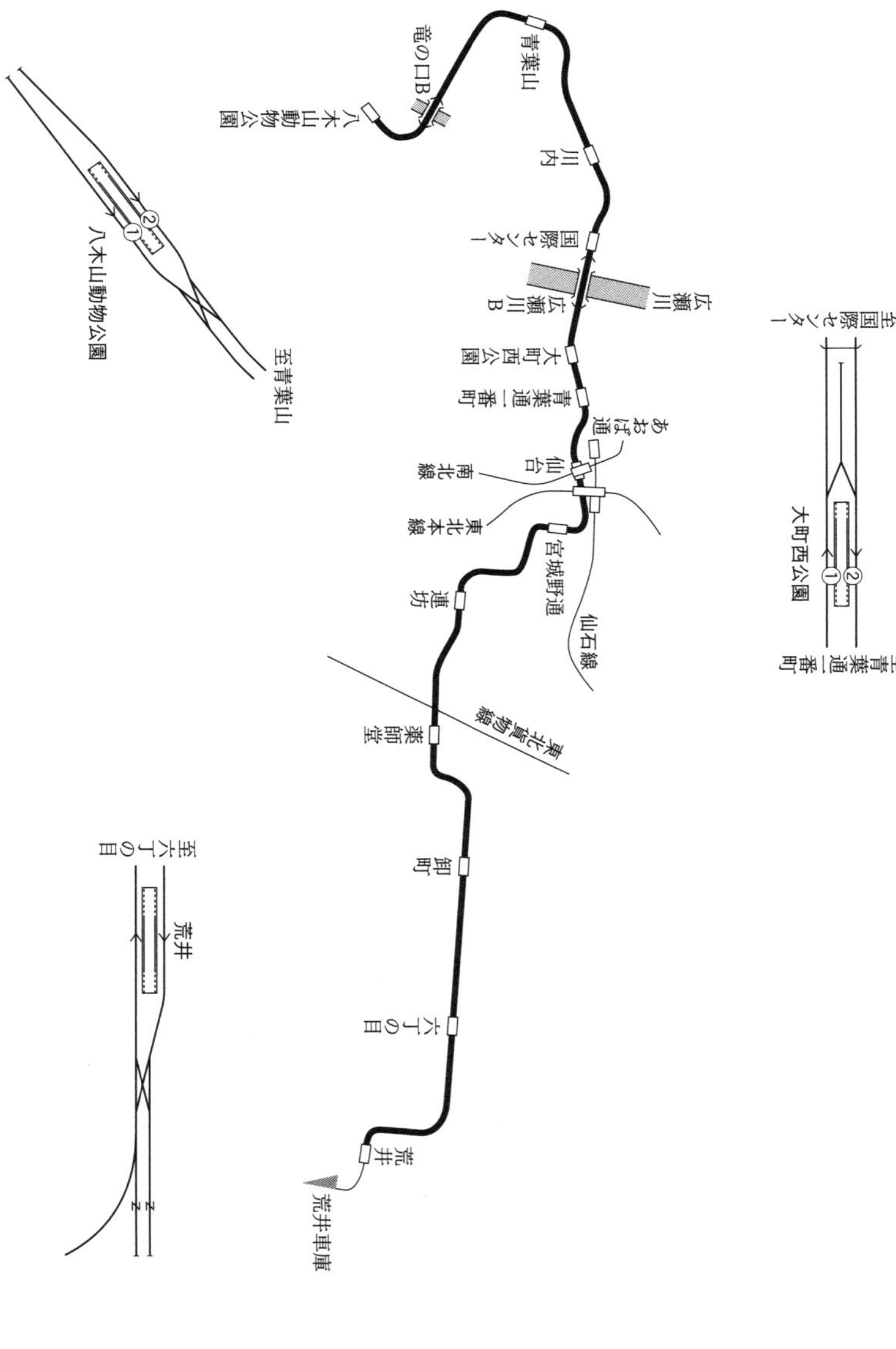

青葉山
竜の口B
八木山動物公園
川内
国際センター
広瀬川
広瀬川B
大町西公園
青葉通一番町
あおば通
仙台
南北線
東北本線
宮城野通
仙石線
連坊
東北貨物線
薬師堂
卸町
六丁の目
荒井
荒井車庫
至国際センター
大町西公園
至青葉通一番町
至青葉山
八木山動物公園
至六丁の目
荒井

ターで上り降りする。西１出入口はコンコースからやや離れており、八木山市民センターや仙台赤十字病院方面に行ける。

さらに東２出入口があり、バス、タクシー乗り場のほかに駐輪駐車場のビルと結ばれている。仙台市交通局のＩＣカードであるＩＣＳＣＡ《イクスカ》を使って駐車場にクルマを置き、行きはそのまま改札口を通り、帰りは下車したあとＩＣＳＣＡによって駐車場精算をすると24時間まで最大料金１００円で駐車できる。これによってパーク・アンド・ライドを奨励している。

八木山動物公園駅を含むすべての駅にはホームドアが付いている。

八木山動物公園を出るとＮＡＴＭ工法による複線山岳トンネルの八木山トンネル（出口付近は開削トンネル）に入って進む。左に大きくカーブし、竜《たつ》の口《くち》渓谷を上部に道路（未供用）がある鉄道・道路併用橋１２４ｍの竜の口橋梁で渡り、やはりＮＡＴＭ工法による山岳トンネルの青葉山トンネルに入る。

そして青葉山駅となる。ホームの位置は地下30ｍにある。その先でも山岳トンネルの亀岡トンネルに入る。同トンネルを連続57‰の最急勾配で下っていく。下りきると川内《かわうち》駅となる。この先は開削トンネルの扇坂トンネルを走り、国際センター駅となる。仙台国際センターや中ノ瀬運動広場が隣接している。

同駅は広瀬川の段丘の下にあり、そのまま水平に進んで１７２ｍの広瀬川橋梁で広瀬川を渡る。渡った向こうは河川敷になっているので、西公園高架橋で抜けていく。西公園高架橋で右にカーブしながら上下線のあいだが広がり、そのまま反対側の段丘を西公園トンネルで抜ける。

西公園トンネルは3線分の開削トンネルになっている。中央の線路はＹ形引上線である。そして大町西公園駅となる。この先は青葉通の下を青葉通トンネルで抜けるが、地下水の水脈が通っていることから、防水の鉄筋コンクリートによる単線並列のＮＡＴＭトンネルになっている。

次の青葉通一番町駅の先から荒井駅までの駅間はすべて単線並列のシールドトンネルになっている。青葉通一番町駅の先はクランク状に曲がって青葉通から国道２８６号を経て南町通の下を通る東二番町トンネル

川内—国際センター間の複線シールドトンネルを走る荒井行

大町西公園—国際センター間にある広瀬川橋梁を渡る八木山動物公園行

となる。

次の仙台駅は地下4階にあり、その上を南北線が十字クロスしている。

それにしても仙台駅西口の地下通路は複雑になってきた。以前は南北線の仙台駅からJR仙台駅の西口地下連絡通路があっただけだったのに、仙石線が地下化されて、あおば通駅ができ、そして東西線の仙台駅ができて、地上への出口はそこらじゅうにあるようになってしまった。慣れた人でも一歩、出口を間違うと遠回りをさせられる。わかりやすい出口案内図を整備してほしいところである。

仙台駅のホームの長さは98mと他の駅の83mよりも15m長い。上下電車の停止位置をずらして混乱しないようにしている。

この先でJR仙台駅を貫通してから、地下線の仙石線とやや並行する。そして右に大きくカーブしながら南下して宮城野通駅に達する仙台駅トンネルを通る。宮城野通駅は仙台駅東口に近く、荒井方面からJR仙台駅東口に行くには同駅で降りたほうがいい。

宮城野通駅も地下30mと深く、コンコースは通常の建物での地下2階くらい、ホームは地下5階くらいのところにある。地上に出るには何段もの階段を上る。もっともエスカレーターやエレベーターがあるが、JR仙台駅に近い北1出口とコンコースとのあいだは上りエスカレーターしかないだけでなく、通路も長くなっている。

宮城野通駅を出ると新寺《しんてら》トンネルで左に半径105mでほぼ直角にカーブし、新寺通の下を通るが、すぐに半径105mで右にほぼ直角にカーブして連坊駅となる。こうしたルートをとることによって仙石線から離れて競合を避けているのである。

連坊駅からは木ノ下トンネルで東に進み、地上を走る東北貨物線と交差する。その先に薬師堂駅がある。

薬師堂駅の先は南北に走る宮城の萩大通を越えてから東西に走る県道137号線の下を通る大和町トンネルで進んで卸町《おろしまち》駅となる。その先は六丁の目トンネルで東進し、六丁の目駅を経て右に直角にカーブして南下する。そして今度は左に直角にカーブして荒井駅に至る荒井トンネルを通る。

荒井駅は道路の下にはなく、道路と並行した南側に

仙台駅を発車して単線シールドトンネルに入る荒井行

宮城野通駅に進入する荒井行

ある。しかもホームは地下1階にあり、コンコースは地上1階に置かれている。ホームの終端側にシーサスポイントがあって、その先に引上線が延びている。また、シーサスポイントと引上線のあいだから荒井車庫への入出庫線が分岐している。引上線で転線するため八木山動物公園方面から到着する左側の線路は降車用、右側の線路は乗車用になっている。

【車両】 2000系4両編成15本60両がある。南北線の1000系と同様に運転席は右側にある。全長16・5mの3扉で、車幅は2・496mと小型である。定員は先頭車が92人、うち座席28人、中間車が102人、うち座席36人となっている。

国土交通省の定員算出基準によって定員を計算すると先頭車は89人と少ないが、中間車は102人と同じである。ちなみにこの定員で混雑率を計算すると60%と1ポイント上がる。

車両の台車に3相誘導リニアモーターを搭載、軌道にリアクションプレートを置いて駆動する通常のミニ地下鉄方式で、急曲線でもスムーズに曲がれるように大阪市交通局のミニ地下鉄車両と同じリンク式操舵台車を採用している。

リアクションプレートとリニアモーターとのあいだの空隙は12㎜で、リアクションプレートに異物が載ると問題なので台車に大型の排障器を設置している。これによって明かり区間で積雪があっても排除できる。

加速度4・5㎞/h/s、減速度4・0㎞/h/s、運転最高速度70㌔となっている。

【ダイヤ】 所要時間は下り基調の東行が25分50秒、西行が26分で、運転間隔は朝ラッシュ時が5～6分、昼間時が7分30秒、夕ラッシュ時が6分となっている。

始発は八木山動物公園駅も荒井駅も5時35分、終発は八木山動物公園駅が23時59分、荒井駅が23時57分である。

【将来】 仙台駅を除いてホームは5両編成が停車できるように長さ83mになっている。乗客が増えると5両編成になるが、まだ先のことである。

荒井駅から仙台東部道路に並行して仙台港近くの三井アウトレットパーク仙台港への延伸と八木山動物公園から宮城大学付近への延伸が考えられるが、今のところ具体化していない。

JR仙石線

あおば通―松島海岸間を走る快速の復活を

POINT! 仙石線は元は宮城電鉄という私鉄だった。このとき国鉄仙台駅を東西に貫通して西側（西口駅）に宮城電鉄のターミナル駅を置いた。日本初の地下鉄である。そして国鉄に買収されて仙石線になり、やがて国鉄仙台駅の東側に駅を設置した。その後、元の西口駅を仙台駅とし、地下化前の仙台駅を仙台東駅として連続立体交差事業によって地下化されたが、このとき仙台駅をあおば通駅、仙台東駅を仙台駅として開通した。あおば通駅―仙台駅間があたかも新線として開通したかのようにみえる。

東日本大震災後に松島駅付近で仙石線・東北本線接続線ができ、仙石東北ラインが走り始めて高城《たかぎ》町《まち》―石巻《いしのまき》間は便利になったが、仙石線の快速は廃止され、あおば通―松島海岸間は普通のみの運転となって不便になった。高城町で仙石線仙台行の普通との接続をよくするか、あおば通―松島海岸間を走る快速の復活を望みたいところである。

【概要】 仙石線はあおば通―石巻間50・2キロの電化路線で、あおば通―東塩釜間が複線、以遠が単線となっている。

あおば通と仙台の両駅で東北本線、仙山線、地下鉄南北線と東西線に連絡し、石巻駅で石巻線と接続するほかに松島海岸―高城町間で仙石線・東北本線接続線が分岐する。この接続線の東北本線側は塩釜

─松島間で分岐している。

この接続線を通る列車を仙石東北ラインという。仙石線も東北本線も電化しているが、東北本線は交流50Hz20kV、仙石線は直流1500Vと異なるためにハイブリッド気動車のHB-E210系が使われる。仙石東北ラインができたために仙石線の高城町以南で快速電車がなくなり、各駅停車だけになった。

幹線の運賃で計算され、また仙台近郊区間に含まれている。仙石線・東北本線接続線ができて高城町─松島間は一度、塩釜駅に行って折り返して行き来できるようになった。

その場合の同区間の営業キロは0・3キロとしている。品井沼《しないぬま》方面の松島以遠と高城町を経由して松島海岸または手樽《てたる》方面に行く場合も塩釜─松島間の営業キロを含まないで松島─高城町間の営業キロ0・3キロを入れて計算する。

仙石線も仙石東北ラインも仙台近郊区間なので、たとえば仙台から石巻に行く場合は仙石東北ライン経由で運賃を計算するが、どちらのルートを通ってもいいようになっている。

仙石線は元は宮城電気鉄道という私鉄だった。大正時代に栗原地区の亜鉛の精錬のために整備した江合《えあい》水電という電力会社が宮城県にあったが、亜鉛そのものの需要が減ったために、余剰電力を消化するべく仙台─松島間に電気鉄道を敷設することになり、宮城電気鉄道の名で免許を申請し、大正10年（1921）12月に取得し、11年9月に会社を設立した。続いて12年3月に松島─石巻間、13年3月に石巻─築港間の免許を取得した。

当初、宮城電気鉄道の仙台駅は東北本線の東側に置き、そこから東進して松島に向かうことが考えられていたが、東側では当時、国鉄仙台駅の東口はなく、仙台の中心に行くのに不便だということで、東北本線の下を地下線で抜け、駅前広場の地下に宮城電鉄のターミナルを設置することにした。さらに将来は仙台の中心地がある西方面に延伸することも考えられた。

しかし、東北本線は堅い岩盤の上にあるために、地下線の工事は難航し、東北本線の下を貫通することはできたが、大きな地下ターミナルの建設費を出す余裕はなくなってしまった。

そこで複線で掘った地下トンネルの片方の線路を片面ホームにして1線で行き来することにし、大正14年6月に仙台―西塩釜間が開通した。仙台駅は日本で最初の地下駅であり、東北本線をくぐる区間は当然、日本初の地下路線である。現在の東京メトロ銀座線の浅草―上野間の開通よりも2年早いのである。駅前広場の北側に宮城電気鉄道の駅舎が置かれ、そこの地下に駅があった。

大正15年4月に西塩釜駅から本塩釜駅まで、昭和2年（1927）4月に松島公園（現松島海岸）駅まで、昭和3年4月に陸前小野駅まで、11月に石巻駅まで延長して全通した。

昭和14年に石巻駅手前の宮電山下（現陸前山下）駅から釜（現石巻港）駅までの支線が開通した。同支線は11月にまず貨物運輸を開始し、12月に旅客運輸を開始した。今の石巻港線である。

宮電仙台駅が単線の発着線しかないためになかなか増発がしにくい。そこで昭和17年3月に東北本線を通り越して地上に出たところに東七番丁駅（すぐに仙台東口駅に改称）を設置し、ここからも折り返す電車を設定して増発した。12月には仙台東口―陸前原ノ町間が複線化された。

沿線には軍の施設が少なからずあった。苦竹《にがたけ》駅に陸軍造兵廠仙台製造所、多賀城駅に海軍工廠、矢本《やもと》駅に海軍飛行場などがあり、専用線が仙石線から分岐していた。このために昭和19年5月に国に戦時買収され、東北線の所属線の仙石線となった。

　戦後になって昭和28年に第７回国民体育大会が宮城県で行われることになり、仙石線沿線にも各種競技の会場があるために東北本線の仙台駅から仙石線の仙台駅西口ホームを結ぶ通路が狭いことや西口と東口に分かれて発着する煩雑さを解消するために地下線を休止し、東口を東北本線のホームにより近づけた。休止した地下線は東口へ抜ける連絡通路として使用された。

　新東口ホームは西口ホームから１５０ｍほど離れていたが、営業キロは是正されなかった。仙台―榴《つつじ》ケ岡《おか》間は休止前は１・３３０キロだった。休止後は１・１７７キロになるはずなのに１・３キロのままにしたのである。

　昭和43年２月に福田《ふくだ》町《まち》―多賀城間、３月に陸前原ノ町―福田町間、44年９月に多賀城―西塩釜間が複線化され、10月のダイヤ改正で快速の運転を開始した。昭和56年11月に西塩釜―東塩釜間が高架化され、同時に複線となった。

　その後、連続立体交差事業による仙台―陸前原ノ町間の地下化が決定された。このとき仙台駅は東北本線を貫通して仙台（西）駅と仙台東駅に分けることにし、当初は仙台地下鉄東西線と相互直通運転をすることになっていた。しかし、相互直通運転はついに実現しなかった。

　連続立体交差事業は既存の設備をそのまま地下化するか高架化するものである。仙台駅はかつての宮電仙台駅、仙台東駅は仙台東口駅に当てはまるとし、両駅間は単線だったが、複線トンネルで造られていたために、それをそのまま新地下線化するということで連続立体交差事業として建設を開始した。

　平成12年（２０００）３月に完成したが、完成時に仙台駅をあおば通駅とし、仙台東駅を仙台駅としたために、あたかもあおば通—仙台間0・5キロが延伸したように見えるが、正式には新線ではない。仙台—苦竹間の地下化前の営業キロは3・8キロ、地下化後は4・0キロと0・2キロ増えただけである。

東日本大震災直前の快速（A快速）の停車駅は仙台、多賀城、本塩釜、東塩釜、松島海岸、高城町、野蒜《のびる》、陸前小野、矢本以遠各駅が基本で一部にあおば通—多賀城間の各駅に停車する快速（B快速）もあった。最速の快速の所要時間はあおば通—石巻間で1時間5分だった。

震災時の大津波で陸前大塚、東名《とうな》駅と野蒜駅が崩壊し、陸前富山《りくぜんとみやま》—野蒜間では軌道が流されたりした。東塩釜—松島海岸間や野蒜—石巻間の多くの駅も水につかったが、さほどの被害はなかった。特に松島海岸駅は半盛土上にあり、松島湾内だったので大きな被害は受けなかった。

3月28日にはあおば通—小鶴新田《こづるしんでん》間が運転再開をしたものの4月7日の余震で再び不通となった。それでも4月15日に再再開をし、次に東塩釜まで、そして高城町までと次々に運転を再開した。矢本—石巻間はキハ110系気動車によって再開し、平成24年3月に陸前小野—矢本間の運転を再開し、残るは高城町—陸前小野間だけになった。

同区間のうち陸前大塚—陸前小野間はルートを高台へ変更するという大規模な工事を行い、移設した東名と野蒜の両駅周辺は復興住宅地として開発することにした。

さらに松島海岸—高城町間で東北本線と並行するところに仙石線・東北本線接続線を建設することになった。

その間の平成23年10月に新しい信号保安装置のATACS《アタックス》の実用化1号として、あおば通—東塩釜間に導入した。

そして平成27年5月に高城町―陸前小野間が復旧するとともに、仙石線・東北本線接続線が完成し、同線を通る仙石東北ラインの運転も開始した。仙石東北ラインの列車は高城町以遠で快速運転をする。これによってあおば通発着の快速は廃止された。

しかし、仙台から松島海岸駅に行くのはあまり便利でないし、多賀城駅や本塩釜駅に行くのも不便になった。仙台―松島海岸間に快速の復活を望みたいところである。

仙石線の最混雑区間は榴ヶ岡→仙台間で混雑時間帯は7時30分から1時間で、この間に4両編成が9本、計36両が通過し、輸送力は5004人、輸送量は5510人で混雑率は110%である。

輸送密度は1万8879人、全線復旧していない平成24年度は1万6211人、震災前の21年度は2万1450人、昭和62年度は2万1879人である。

仙台寄りは増えていると思われるが、震災によって被害に遭った地区はまだ人口が戻ってきていないので、輸送密度も震災前の水準に戻っていないのである。

【沿線風景】 ●あおば通―東塩釜間　この区間には信号機がない。JR東日本が開発した最新の信号保安装置であるATACSを使用している。

あおば通駅は島式ホームで、頭端側はホームがなくなっても少し先まで延びて止まっている。地下2階にホームがあり、やや頭端寄りに地下1階のコンコースへの階段、エスカレーター、エレベーターがあり、石巻寄りホーム端部にも改札口がある。この改札口を出て左折すると仙台地下鉄の改札口がある。その改札口を通ると地下鉄のコンコースに出る。

あおば通駅を出ると、やや右にカーブする。その真下で仙台地下鉄南北線が交差している。直線になるとシーサスポイントがあるが、その先ですぐに今度は左にカーブする。次の仙台駅まで500m（両駅の中心

仙石線（あおば通―高城町）

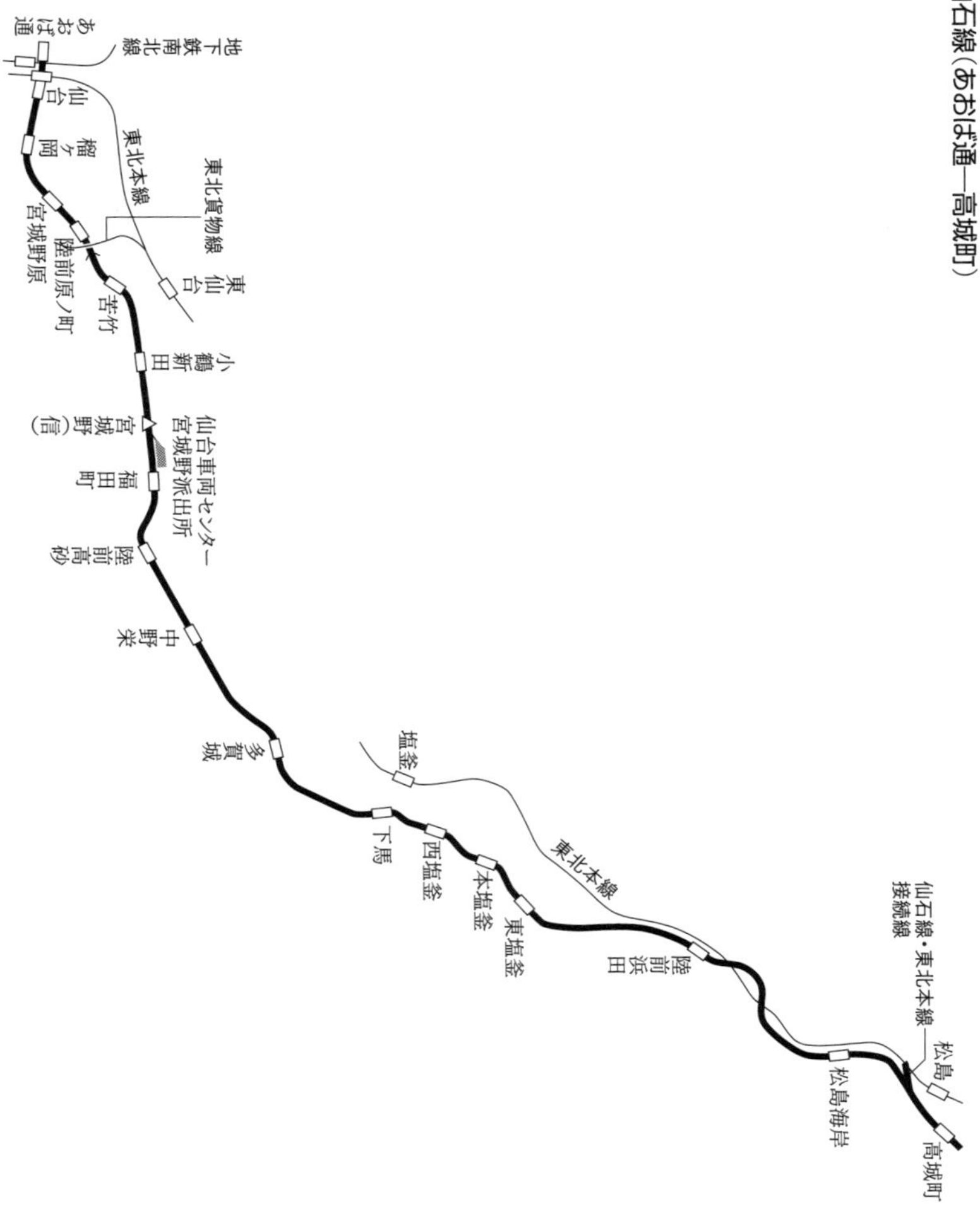

地下鉄南北線
あおば通
仙台
榴ヶ岡
東北本線
東北貨物線
宮城野原
陸前原ノ町
東仙台
苦竹
小鶴新田
宮城野（信）
仙台車両センター宮城野派出所
福田町
陸前高砂
中野栄
多賀城
塩釜
下馬
西塩釜
本塩釜
東北本線
東塩釜
陸前浜田
仙石線・東北本線接続線
松島海岸
松島
高城町

あおば通駅に停車中の高城町行

間で505m）ほどしか離れておらず、緩い3・5‰の下り勾配になっている。高架の東北新幹線、次に地平の東北本線をくぐるが、位置としては新幹線・在来線の北寄りでくぐっている。そして上下線が広がった先に仙石線の島式ホームがある。

仙石線のホームは地下2階にあり、コンコースは地下1階にある。下り線が10番線、上り線が9番線になっており、コンコースから東北本線の跨線橋まで長い階段とエスカレーターで連絡している。

仙台駅を出ると左に緩くカーブして都市計画道仙台宮城野原線（宮城野通）の下を通るようになる。地面が緩く下がっているので仙石線も2・5‰の下り勾配で進む。そして島式ホームの榴ヶ岡駅となる。

榴ヶ岡駅を出ると17・0‰の連続下り勾配になるとともに左に大きくカーブして仙台宮城野原線から離れて東北方向に進むようになる。都市計画道と離れた左カーブ個所の地上は線路に沿った形の遊歩道になっている。直線になると宮城野原運動場の西側に島式ホームの宮城野原駅がある。ホームのあおば通寄りはまだ左カーブ上にある。

宮城野原駅を出ると少し左にカーブしてから右に大きくカーブして地上時代の仙石線の下を通るようになる。右にカーブしている区間は16・5%の勾配で上っている。

次の陸前原ノ町駅は地上時代の場所と同じところにある。地下1階に相対式ホームがあり、コンコースは地上にある。ホームは1・4‰の緩い上り勾配上にある。駅の北側にはロータリーがある。

陸前原ノ町駅を出た少し先で地下線は終わる。あおば通駅からこの坑口までは3・4キロあり、仙台トンネルと称している。坑口からは10・4‰の上り勾配で地上に出て、さらに25・0‰の上り勾配で高架になる。坑口を出てすぐに東北貨物線が横切っている。

高架になると相対式ホームの苦竹駅となる。ホームは半径300mの左カーブ上にあり、石巻寄りのホームの下を国道45号仙塩街道が横切っている。苦竹駅の先で25‰の下り勾配で地上に降りる。右にカーブしてから直線になると相対式ホームの小鶴新田駅がある。同駅は平成15年に開設された比較的新しい駅である。

直線で進み、しばらくすると宮城野信号場がある。仙石線の車庫である仙台車両センター宮城野派出所への分岐のための信号場である。宮城野派出所は7線の留置線と1線の洗浄線、2線の検修線がある。留置線のうち仙石線寄りの留置1番線は4両編成2列車を直列に留置できる。留置2〜4番線は1列車だけだが、奥に空地があり、線路を延伸すれば2列車の留置が可能になる。

並行する宮城野派出所がなくなると半径300mで右にカーブする。そのカーブ上に島式ホームの福田町駅がある。石巻寄りに橋上駅舎がある。

直線になって進み、85mの七北田川《ななきたがわ》橋梁を渡り、半径300mで左にカーブする。カーブが終了すると相対式ホームの陸前高砂《りくぜんたかさご》駅、そして半径2000mの緩いS字カーブがあって相対式ホームの中野栄《なかのさかえ》駅と続く。

この先で三陸自動車道、続いて仙台臨海鉄道をくぐり、最小曲線半径400mの左カーブの連続があってから直線になり、48mの市川橋梁を渡る。市川橋梁は単線並列橋梁のために上下線の間隔が開く。

その先で高架になりながら右にカーブして多賀城駅

となる。多賀城駅付近の高架化は平成26年に連続立体交差事業によって行われたものである。下り線が片面ホームに面し、上り本線が島式ホームの外側を通っているＪＲ形配線で、島式ホームに面したところで上り本線はあおば通寄りから見て半径５００ｍの左カーブとなっている。

高架から地平に降りて進む。相対式ホームの下馬《げば》駅、西塩釜駅と進む。両駅のあいだで主要地方道58号線を越えるが、単線時代は現在の上り線が使われ、鋼桁橋で乗り越している。線増線の下り線はコンクリート橋にしたため、このあたりでは上下線がやや離れている。

高架になって進み、相対式ホームの本塩釜駅となる。駅は半径１５００ｍの緩い右カーブ上にあるが、その前後は左カーブになっている。高架化は昭和56年である。

今度は右にカーブしてなおも高架で進むが、国道45号を乗り越すと盛土に変わって東塩釜駅となる。上り本線が片面ホームに面し、下り本線（2番線）が島式ホームの内側にあるＪＲ形配線で、島式ホームの外側の上1線の向こうに3線（4～6番）の留置線がある。

ホームのあおば通寄りは半径３００ｍの右カーブ、石巻寄りは半径４００ｍの左カーブになっている。上1線はダブルスリップポイントで上下渡り線とつながっている。上下本線と上1線はすべてあおば通方向に出発できるが、石巻方向に出発できるのは下り本線の2番線だけである。

同駅までは信号機がない最新のＡＴＡＣＳで列車や踏切の制御をしているが、この先は通常の軌道回路による閉塞信号方式になるので、石巻方向への出発のための出発信号機が2番線に設置されている。

●東塩釜―石巻間　東塩釜駅の石巻寄りにシーサスポイントがあり、その先で引上線と単線の本線とが並行して半径５００ｍで左にカーブする。しかし、本線は25‰の勾配で下り、引上線はレベルのままなので高低差が付く。

25‰の勾配区間は掘割だが、その向こうは市街地のためにレベルの高架になっている。しかし、高架は少しの区間だけで、その先は掘割、続いて１４８ｍの裏《うら》杉《すぎ》ノ入《いり》トンネルを抜ける。仙石線に乗っているとわか

石巻寄りから見た東塩釜駅

陸前浜田駅付近を走るあおば通行

らないが、トンネルの上は市街地である。

　その先では海岸近くを走り、左手から東北本線が近づいてくる。半径３００ｍで右にカーブしながら56ｍの越《こし》の浦《うら》トンネルをくぐると、左の1段高いところに東北本線が、右手に国道45号が並行する。国道の向こうは松島湾である。

　国道と海岸線は右にカーブして離れるが、東北本線と仙石線は16・7‰の上り勾配となって山のなかに入る。東北本線は５０９ｍ、仙石線は１３０ｍの、ともに同じ名称の第2浜田トンネルをくぐる。右にカーブして東北本線と離れ、続いて左にカーブする。ここに右側で片面ホームに面している陸前浜田駅がある。

　その先で東北本線の築堤を斜めにくぐる。次に２４７ｍの第1浜田トンネルに入る。抜けると東北本線の桜岡トンネルの仙台寄り坑口の上を斜めに乗り越していく。右手には東北本線の第1浜田トンネルの坑口が見える。

　そして仙石線は60ｍの第2桜岡、続いて１３１ｍの第1桜岡、１６４ｍの判官山トンネルを抜け、さらに42ｍの霞ケ浦トンネルを抜けると島式ホームの松島海岸駅となる。同駅は山裾にあり、右手に松島湾を見下ろせる。

　すぐに１４５ｍの松島トンネルに入り、その先で東北本線との連絡線である0・3キロの仙石線・東北本線接続線が合流してくる。仙台―石巻・女川《おながわ》間の列車が設定されて、ここを通るようになった。これが仙石東北ラインの列車である。この接続線の仙石線側のポイントは高城町駅の構内、東北本線側のポイントは松島駅の構内扱いにしており、独立した信号場とはしていない。

　東北本線と分かれて松島の市街地を盛土で抜ける。94ｍの高城川橋梁を渡って半径３００ｍで大きく左にカーブしながら地上に降りる。その先に島式ホームの高城町駅がある。上下線とも仙台、石巻の両方向に出発できる。

　標高は1・5ｍと低いが、平成23年3月に起こった東日本大震災の津波による大きな被害はなく、5月には運転を再開した。この先の手樽《てたる》駅も被害に遭ってはいなかったが、このあたりで折り返しができるのは高城町と陸前小野の2駅だったので、仙台―高城町間と

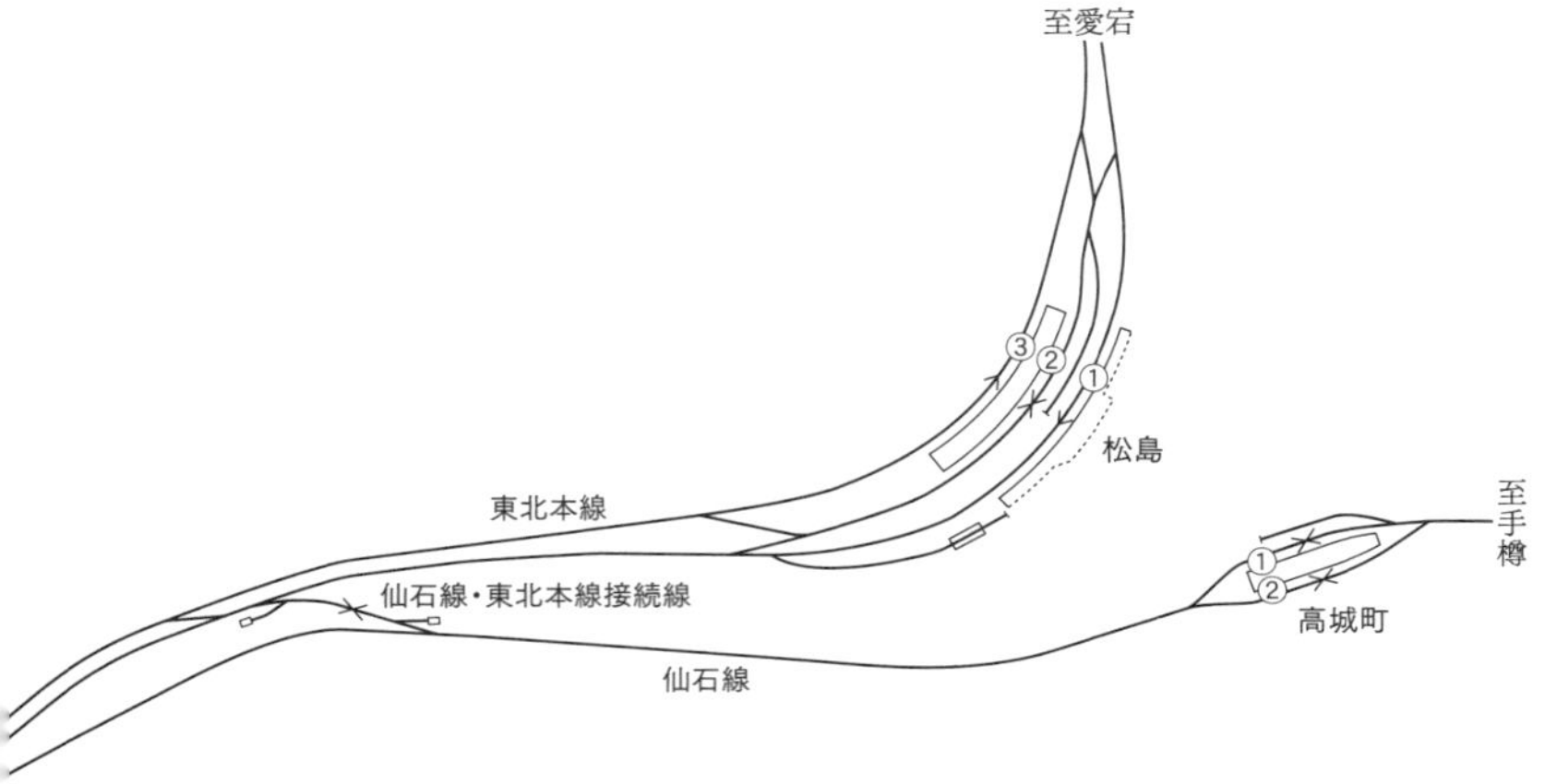

仙石線・東北本線接続線を走り、東北本線に転線中の仙石東北ライン仙台行

陸前小野―石巻間を早期に運転再開したのである。

高城町駅を出て115mの高城トンネルをくぐり、田園地帯を抜けると右側に片面ホームがある手樽駅となる。標高は3・4mで松島湾から離れているので津波による被害はなかった。

この先は丘になっていて91mの茨崎トンネルで右にカーブして海が見えると左側に片面ホームがある陸前《りくぜん》富山《とみやま》駅となる。標高は1・8mと低く、津波に呑みこまれた。ホームを改修し、ホームにあった待合室も建て直した。護岸の堤防も新しくしたが、松島湾内なのでさほど高くはない。

この先はずっと松島湾に沿って進む。堤防は高くしたが、陸前高田付近に比べるとさほど高くはない。途

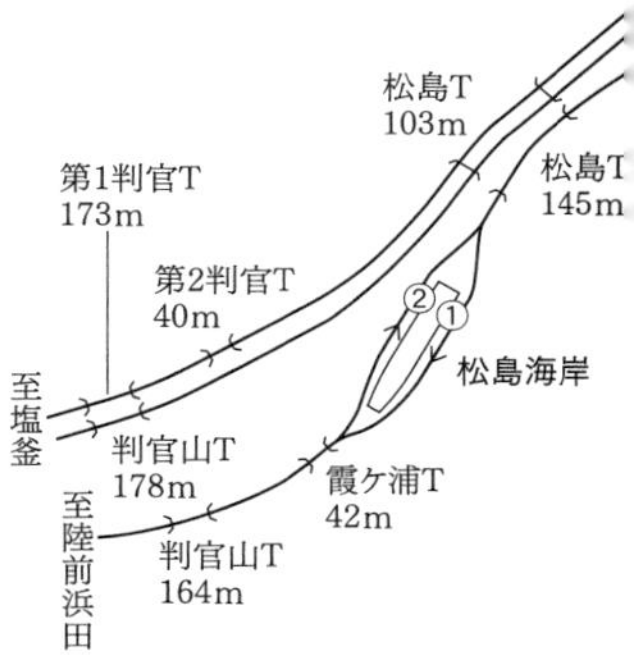

中に保守基地が新設され、二つの小さい半島の付け根を抜けると島式ホームの陸前大塚駅となる。標高は1・6mで、まともに津波を被《かぶ》った。震災前から同駅は山側が直線の1線スルー駅で、復旧後もそうなっているが、少し高くするためにホームと線路は新しくしている。

震災前は海岸に沿って右カーブしてからやや内陸に入って標高2mで右手に片面ホームがある東名駅、次に島式ホームの野蒜駅となるが、このあたりは津波によって壊滅的被害を受けた。このため陸前大塚駅を出るとほぼまっすぐに進んで、24・4‰の連続上り勾配の高架橋で山を上っていく。当初は松島湾が見下ろせるが、途中から切り通しに変わって見えなくなる。そこに新しい東名駅がある。

東名駅は標高22mほどのところにあり、左手に片面ホームがある。山を切り崩して左手には東松島市の復興住宅地を設置した。右手は切り通しになっていて、元の山が残っている。このため東名駅から海はまった

仙石線(高城町—石巻)

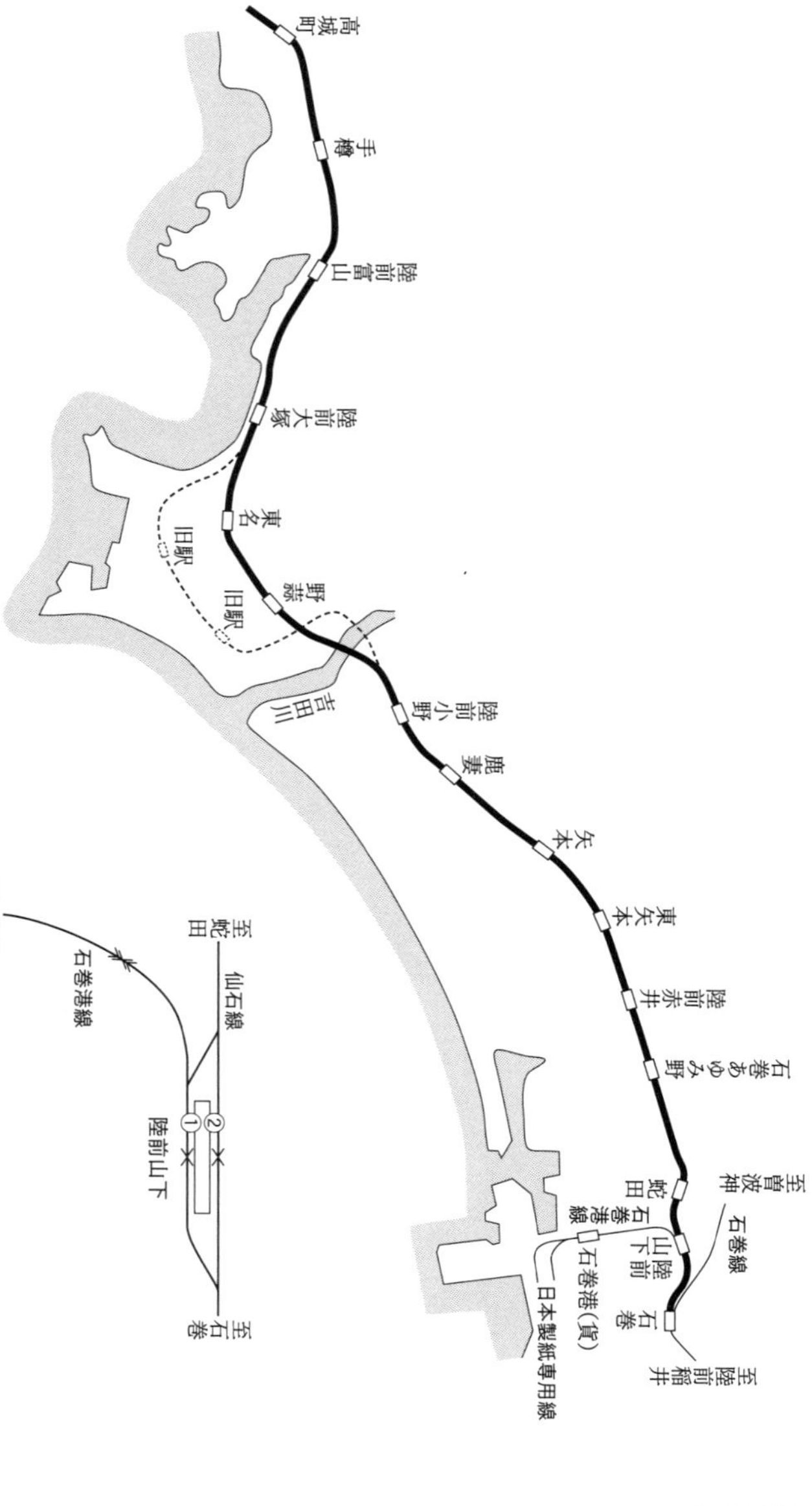

高城町
手樽
陸前富山
陸前大塚
東名
旧駅
野蒜
旧駅
吉田川
陸前小野
鹿妻
矢本
東矢本
陸前赤井
石巻あゆみ野
蛇田
至曽波神
石巻線
陸前山下
石巻港線
石巻港(貨)
日本製紙専用線
石巻
至陸前稲井
至石巻港
石巻港線
至蛇田
仙石線
2
1
陸前山下
至石巻

高城町駅に停車中のあおば通行

く見えない。

次の野蒜駅も移設された。移設前は標高2・6mで山側の2番線が直線の1線スルーの島式ホームだったが、移設後は海側が直線の1線スルー駅になった。山側に駅本屋があるために山側が1番線、海側が2番線に変更され、スルー線は移設前と同じ2番線である。

野蒜駅のホーム付近には切り通しがなく海と旧野蒜駅が見渡せる。その旧野蒜駅は保存され、駅舎は改修して震災復興伝承館となっている。

左にカーブして再び高架橋で山を下り、吉田川と鳴瀬川を渡る。この二つの川の橋梁もコンクリート橋に架け替えられた。その先で従来線に取り付き、右にカーブして陸前小野駅となる。

陸前小野駅は島式ホームで、海側がスルー線の1線スルー駅だが、完全な直線にはなっていない。両端は両開きポイントだが、海側の線路のカーブを緩めて通過速度を高めた形での1線スルー駅になっている。

次の鹿妻《かづま》駅は右手に片面ホームがあり、その奥の市営駐車場近くには航空自衛隊のブルーインパルス塗装のT2練習機が飾られている。鹿妻駅を出ると右手に

陸前大塚駅に進入する石巻行

東名駅に停車する石巻行

移転した野蒜駅に進入する仙石線電車

新駅の石巻あゆみ野駅を通過する仙石東北ラインの仙台行

石巻駅に停車中のあおば通行（左）と仙石東北ラインの仙台行（右）

航空自衛隊の松島基地が見える。

直線で進んで市街地に入ると島式ホームの矢本駅となる。同駅も山側がスルー線の1線スルー駅だが、スルー線は直線ではなく緩いカーブになっている。

矢本駅の先で半径600mで右にカーブして右側に片面ホームがある東矢本駅となる。国鉄が分割民営化によって解体される1日前に開設された駅である。

この先で下路《かろ》トラス橋に架け替えられた定川《じょうがわ》橋梁を渡り、浜側がスルー線の1線スルー駅の陸前赤井駅、続いて平成28年3月に開設され、左手に片面ホームがある石巻あゆみ野駅、そしてやはり左手に片面ホームがある蛇田《へびた》駅と進む。

次の陸前山下駅は島式ホームで1線スルー構造になっている。海側の待避線側から貨物線の石巻港線が分岐している。

盛土になって右にカーブし、左手から石巻線が合流してしばらく進むと石巻駅となる。仙石線用のホームは頭端島式ホーム1面2線となっている。石巻線はJR形配線に貨物着発線と機回線がある。陸前山下・曽《そ》波神《ばのかみ》寄りに石巻線と仙石線をつなぐ貨物列車用の渡り線がある。

【車両】　4両編成17本、計68両の205系が仙台車両センター宮城野派出所に配置されている。

国鉄時代に設計された界磁添加励磁制御の4扉ロングシート車で、山手線に使用されていた205系の0番台を仙石線用に改造した3100番台を使用している。

山手線では11両編成だったが、仙石線では4両編成なので中間サハに運転台を設置する先頭車化改造を行なっている。中間車からの改造なので踏切事故のときにダメージを受けにくいように強化フレームを設置したため、車体長は215mm長い19・715mになっている。

さらに石巻寄り先頭車の後方連結寄りにトイレを設置し、暖房器を強化し、扉を半自動としている。

4両編成17本のうち5本の石巻寄り先頭車の扉間の座席は2WAYシートというクロスシートにもロングシートにもできる座席になっている。近年の東武のTJライナーや西武のS-TRAINなどの座席保証電車のシートと同じ構造である。通常のロングシートは扉間7人掛けだが、2WAYシートは6人掛けになっている。

定員は石巻寄り先頭車の一般車が142人、うち座席42人に対して2WAYシート車はクロスシート時118人、ロングシート時126人で、座席定員はいずれも36人である。あおば通寄り先頭車は145人、うち座席45人、中間車は157人、うち座席47人となっている。

東日本大震災で2本が廃車になった。1本は津波によって高台に流されて使い物にならなくなって廃車、もう1本は水没しただけだったために横浜にある総合車両所（元東急車両）で改装して修理しようとしたが、結局廃車にしてしまった。

仙石東北ラインの運転開始で205系は2本程度減っても運用に差し支えなくなったからである。

この仙石東北ラインの運転開始で仙石線あおば通発着の快速はなくなり、2WAYシートは常時ロングシートで使用するようになった。

国土交通省の定員算出基準で各車の定員を計算してみると、石巻寄り先頭車は126人、あおば通寄り先頭車は130人、中間車は143人で、1編成の定員は542人となる。公表の輸送力を9編成で割ると556人になる。算出基準で計算したほうが14人少ない。つまり輸送力は4878人なので混雑率は119％と9ポイント上がる。

なお、2WAYシート車のクロスシート使用時の算出基準の定員は110人となるが、もうずっとロングシート仕様なので他のロングシートと変わらない。

仙石東北ライン用はハイブリッド気動車のHB-E210系2両編成8本がある。仙石線は直流1・5kV、東北本線は交流50Hz20kVなので交直両用電車でもいいが、切り替えをする必要がないハイブリッド車のほうが扱いやすいことと、非電化の石巻線の石巻―女川間に乗り入れる列車もあるためである。

出力450PSのエンジンを1基搭載し、これで発電機を回して電気モーターで駆動する。リチウムイオン電池を搭載し、電力を溜《た》めこむとともに回生ブレーキによっても電池とモーターに電気を供給するハイブリッドシステムである。

このため発進時は電車と同じモーターによる走行音

が出て、電池の蓄電量が少なくなるとエンジンが回り始めて充電をする。このときには気動車と同じエンジン音が出る。

最高速度は１００キロ、加速度は2・3キロ／h／sと1・8キロ／h／sの切り替えができる。3扉セミクロスシートのステンレス車体である。石巻寄りがトイレなしのＨＢ-Ｅ２１２形、仙台寄りがトイレ付きのＨＢ-Ｅ２１１形の2両固定編成で、ボックスシートの配置はシンメトリーになっていない。

これは床下から天井へのエンジンの排気口や機械室があるためである。定員はＨＢ-Ｅ２１２形が１３４人、うち座席48人、ＨＢ-Ｅ２１１形が１２８人、うち座席42人となっている。

仙石東北ラインでは1往復を除いて2両固定2本を連結した4両編成で走り、仙台発12時17分と石巻発13時59分の1往復だけが2両編成で走る。

【ダイヤ】　仙石東北ラインの運転開始で、あおば通―高城町間では快速の運転はなくなった。仙石東北ラインには快速と特快がある。仙台―石巻間の停車駅は快速が塩釜、高城町、野蒜、陸前小野、矢本、陸前赤井、蛇田以遠各駅だが、朝の仙台発7時24分と石巻発8時12分の快速は石巻あゆみ野駅にも停車する。特快の停車駅は塩釜、高城町、矢本である。

仙台―石巻間の所要時間は特快が52分、快速は下りが最速で56分、上りが最速で55分である。

運転間隔は1時間が基本だが、2時間のときもある。1日の運転本数は快速が13往復、特快が1往復である。特快は仙台発9時24分、石巻発20時58分である。

夜の下り最終快速は女川行で、到着後、石巻駅まで回送され、同駅で滞泊する。翌朝、再び回送で女川駅まで行き、朝1番の上り快速仙台行になる。

松島観光の最寄り駅である松島海岸駅へは高城町駅で乗り換えることになる。しかし、高城町ですぐに乗り換えができるような快速はそれほどない。

仙台発7時24分は高城町で同駅始発のあおば通行に3分で接続しており、松島海岸に7時54分に到着する。仙台―松島海岸間の所要時間は30分でしかない。

このほか下りですぐに接続しているのは仙台発10時15分の快速が6分、16時14分の快速が3分、17時11分の快速が6分で接続している。しかし、ほかは高城町で20分以上待たなくてはならない。上りにいたっては最短で16分である。

快速とあおば通発着の電車とは高城町で必ず行き違いをするようにすれば仙台—松島海岸間の行き来は非常に便利になる。ダイヤ上難しいとすれば、あおば通—松島海岸間で快速を復活することである。

仙石東北ラインの運転開始前の同区間の快速の所要時間は26分だった。松島海岸駅や本塩釜駅と仙台駅との行き来は仙石東北ラインが走る前のほうが便利だったのである。

普通しか走っていない仙石線であおば通駅から松島海岸駅に行くには40分ほどかかっている。松島海岸駅に行くのは不便になったと言える。

朝ラッシュ時には東塩釜→あおば通間で6〜7分毎になっている。東塩釜以遠の間隔は高城町駅まで最短18分、石巻まで最短は18分でも、そのほかは40分以上とぐっと間隔が開いている。ただし高城町以遠では仙石東北ラインの快速が走るから、快速停車駅では間隔が縮まる。

昼間時はあおば通—石巻間、高城町、東塩釜、多賀城の3駅折り返しが1時間に各1本、あおば通—多賀城間で15分毎、多賀城—東塩釜間で15または30分毎、東塩釜—高城町間で30分毎、以遠でほぼ1時間毎にしたパターンダイヤになっている。

夕ラッシュ時下りはあおば通→東塩釜間で8、9分毎、東塩釜→高城町間で約30分毎、以遠で約1時間毎の運転になっている。高城町—石巻間ではこれに仙石東北ラインの快速が加わる。

最終は石巻行があおば通発22時50分、東塩釜行が0時1分と遅い。仙石東北ラインの快速の最終は仙台発20時46分で、前述したように女川行である。

【将来】　仙石東北ラインの運転開始で高城町以遠に行くのは便利になった。今後は終日1時間毎の運転を望みたいところである。

そして松島観光や本塩釜や多賀城への利便性をよくするため、昼間時にはかつてのように1時間毎の快速の運転を復活してほしいものである。あるいは高城町で仙石東北ラインと仙石線の電車とが行き違いできるようにするかである。

JR石巻線

女川まで乗り入れる仙石東北ラインの列車の増発が望まれる

POINT! 石巻《いしのまき》線は東北線の部に所属している。さほど重要な路線でないために、ずっと以前から優等列車はほとんど運転されず、普通の運転本数も少ない。しかし、臨港工業地帯の石巻港駅には現在でも製紙の貨物輸送がなされている。ローカル線を走る貨物列車はほとんどなくなってしまったが、石巻線、それと仙石線の石巻—陸前山下間では貨物列車の走っている姿が見られる。

東日本大震災で甚大な被害に遭った女川《おながわ》駅は内陸への移転と嵩上げを行なって、駅の港方向にはシーパルシア女川という27店舗が集まる商業施設ができ、震災前よりも賑わいを見せている。

【概要】石巻線は小牛田《こごた》—女川間44・7キロの単線非電化路線で、東北線の部に所属している。小牛田駅で東北本線と陸羽東線、前谷地《まえやち》駅で気仙沼《けせんぬま》線、石巻駅で仙石線と接続する。仙台近郊区間だが、地方交通線の運賃で計算される。

小牛田—前谷地間に気仙沼線の列車が乗り入れており、女川駅には仙石東北ラインの列車が乗り入れている。

東日本大震災の津波によって女川駅が崩壊し、同駅に停車していた気動車は山の中腹まで押し上げられた。そのため女川駅を内陸方向に２００ｍほど後退させ、９ｍほど嵩上げした。このため営業キロは復旧前よりも０・２キロ短くなった。

明治44年（１９１１）８月に仙北軽便鉄道が小牛田―石巻間の免許を取得し、大正元年（１９１２）10月に開業した。軌間７６２㎜の蒸気鉄道である。

大正８年４月に国有化されて仙北軽便線となり、９年５月に１０６７㎜に改軌し、10年１月に石巻軽便線に改称して陸羽線の部の所属になった。

大正11年４月の改正鉄道敷設法の別表18で「宮城県松島ヨリ石巻ヲ経テ女川ニ至ル鉄道」を取り上げた。東北本線の山線（利府から北上する旧線）にあった旧松島駅から分岐して石巻駅を経て女川駅に至る路線だが、とりあえずは石巻軽便線の石巻駅から女川駅まで開通させればいいということで話は進んだ。軽便鉄道法の廃止によって11年９月に石巻軽便線は軽便の文字を取った石巻線に改称した。

昭和３年（１９２８）10月に仙石線の前身である宮城電気鉄道が石巻に乗り入れてきたが、国鉄石巻駅とは別の駅前広場の西側に頭端式ホームを設置した。７年１月に宮城電気鉄道の石巻駅は宮電石巻駅に改称し、宮電石巻駅を電車駅、石巻線の石巻駅を汽車駅と呼ぶようになった。

国有化されて仙石線になっても仙石線の仙台寄りと石巻線の小牛田寄りに連絡線が設置されただけで改札口も別々のまま、その後も電車駅と汽車駅と呼ばれていた。

昭和14年（１９３９）10月に石巻―女川間が開業した。

戦後の昭和31年10月に旅客列車についてはすべて気動車化され、33年８月に女川―女川港（貨物）間が開通した。貨物列車についてはＣ11形蒸機の牽引だった。蒸機牽引は49年まで続く。

昭和52年12月には柳津《やないづ》線前谷地―柳津間とともに陸羽線の部に所属していたのを東北線の部に編入し、55年10月に女川―女川港間の貨物支線を廃止した。59年１月から貨物列車は仙石線の貨物支線である石巻港線への紙と飼料の二つの物資別直行貨物列車しか走らなくなった。ヤード仕訳方式では貨物列車の分解、仕立てに手間がかかるが、直行方式ではそのまま貨物駅間を走らせるだけなので経費がさほどかからない。現在も仙台貨物ターミナル・小牛田―石巻港間で紙の輸送をコンテナ貨物列車が行なっている。そして仙台貨物ターミナル・小牛田駅では他のコンテナ貨物列車と連結解放を行い、岩沼駅または新座《にいざ》貨物ターミナルまで走る。

平成2年（1990）7月に石巻線の貨物ホーム等のところに仙石線の頭端島式ホームを移設して、ようやく仙石線の石巻駅、いわゆる電車駅を石巻線の汽車駅に移設統合した。

平成23年3月11日に起こった東日本大震災の津波によって石巻駅は水没したが、ホームや駅本屋などの被害は大きくなかった。しかし、信号設備は水没して使えなくなってしまった。

被害がさらに大きかったのは女川駅である。大津波によって駅舎は倒壊し、停車していたキハ48形気動車2両のうち1両は山の中腹の墓場まで押し流され、もう1両はその下まで流された。

被害が小さかった小牛田―前谷地間は4月17日に復旧し、石巻駅の信号設備が使えなくなったので鹿《かの》又《また》―石巻間をスタフ閉塞にして5月19日に前谷地―石巻間が復旧した。12月からは仙石線の復旧が長期にわたるので平日朝の石巻発6時32分、仙台着7時35分の小牛田経由のノンストップの直通快速の運転を開始した。24年1月には仙台発17時58分、石巻着19時1分の直通快速も運転するようになった。

3月には石巻―渡波《わたのは》間が復旧し、平成25年3月に渡波―浦宿《うらしゅく》間が復旧した。そして平成27年3月に浦宿―女川間がようやく復旧した。5月には仙石線の全線復旧によって直通快速を廃止した。

さらに平成28年8月に石巻―女川間に仙石東北ラインの列車が早朝女川発、深夜女川着で乗り入れるようになった。

輸送密度は１２６７人、震災後の平成24年度は１１９９人、震災前の21年度は１５９６人、昭和62年度は３２４７人である。

分割民営化時と比べると現在は４割程度になっている。震災で女川地区の人口が減ってしまったが、復興が一段落して輸送密度は増えつつある。今後も増加していくことになろう。


【沿線風景】　小牛田駅の４番線が石巻線列車の発着線である。小牛田駅を出ると半径３００ｍで右に大きくカーブして田園地帯を東北東方向に進む。しばらく直線で進み、出来川《できがわ》橋梁を渡って半径４００ｍで右にカーブして東に向かう。さらに右にカーブして国道１０８号石巻別街道と並行すると左手に片面ホームがある上涌谷《かみわくや》駅となる。

石巻別街道から分岐した涌谷バイパスが石巻線を左手から右手に斜めに乗り越していく。石巻線は半径８００ｍで右にカーブして石巻別街道と分かれる。その先に相対式ホームの涌谷駅がある。上り線が分岐する片側分岐になっているが、直線になっている下り線は小牛田方向へも出発できる１線スルー駅となっている。

涌谷駅を出た先で半径８００ｍで少し左にカーブし、その先で涌谷バイパスが上を乗り越していく。涌谷バイパスと合流した石巻別街道が再び左側で少し並行する。その石巻別街道が少し離れると39ｍの第２出来川橋梁を渡る。

離れていた石巻別街道が左手からほぼ直角に石巻線を乗り越し、その先で石巻線は１３４ｍの鳥谷坂《とやさか》トンネルをくぐり、直線で進んで気仙沼線が分岐する前谷地駅となる。

前谷地駅は上り本線の１番線が片面ホーム、島式ホームの内側の２番線が下り本線、外側が下１線の３番線になっている。３番線は小牛田と女川の両方向に出

石巻線

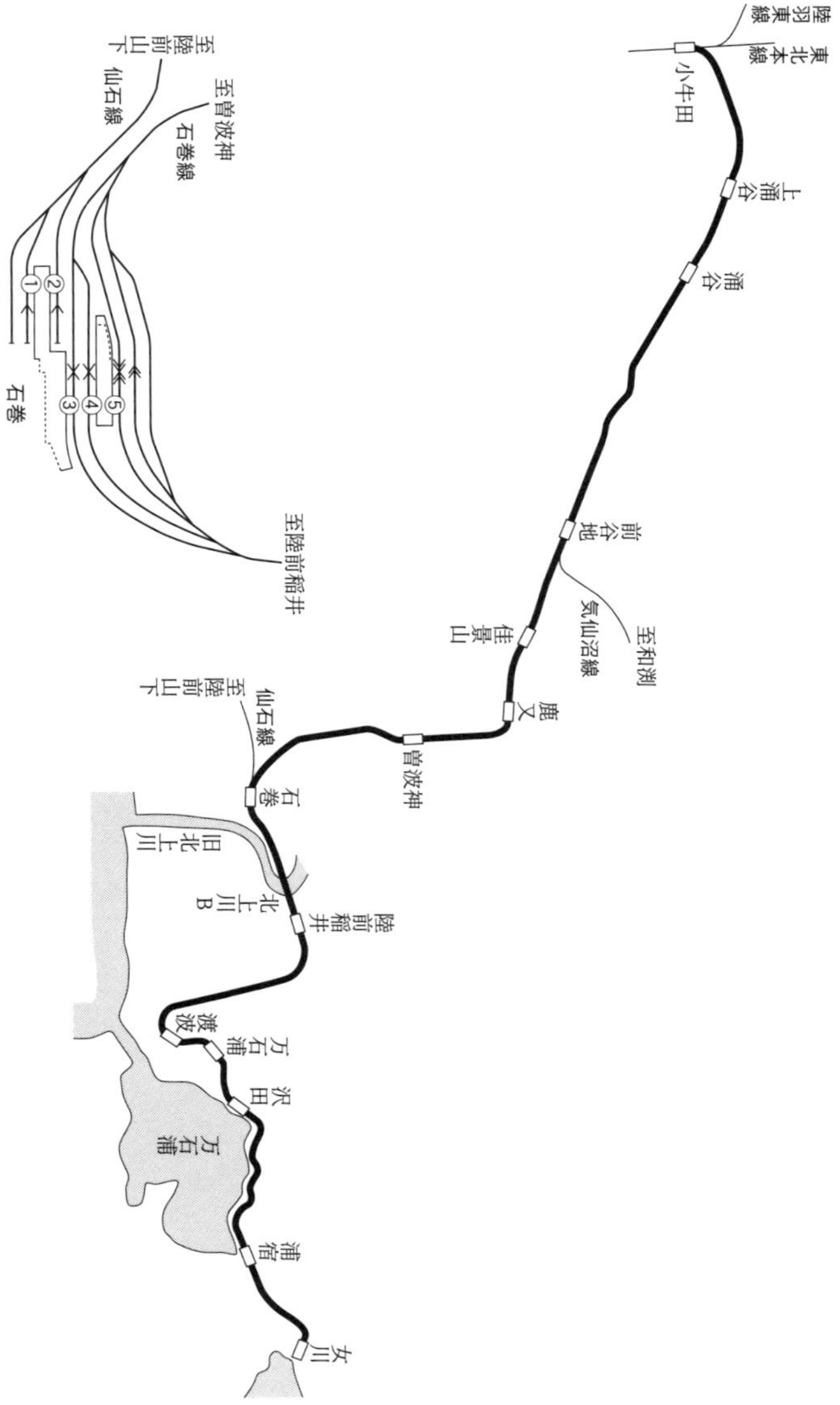
陸羽東線
東北本線
小牛田
上涌谷
涌谷
前谷地
至和渕
気仙沼線
佳景山
鹿又
曽波神
石巻
仙石線
至陸前山下
旧北上川
北上川B
陸前稲井
渡波
万石浦
沢田
万石浦
浦宿
女川
至陸前山下
仙石線
至曽波神
石巻線
至陸前稲井
石巻
1
2
3
4
5

発でき、石巻線に直通しない気仙沼線の列車が発着する。

上下本線が合流した先で下1線と上下線間にシーサスポイントが設置されている。気仙沼線の前谷地―柳津間はBRT（バス・ラピッド・トランジット）化されておらず、通常の列車が走っているが、柳津駅での BRTと通常列車との乗り換えが面倒なためにBRT がノンストップで前谷地駅まで一般道経由で直通するようになった。このため右側にある駅前広場の石巻寄りにBRT乗り場が設けられている。

少しのあいだ気仙沼線と並行し、気仙沼線が左にカーブして分かれる。田園地帯をしばらく走り、市街地に入ると左側に片面ホームがある佳景山《かけやま》駅となる。右手にはこんもりした糠塚がある。

線路からは見えないが、左手には旧北上川が並行している。

次の鹿又駅は小牛田寄りでは上り線が分岐側になっている相対式ホームで、小牛田寄りの下り線から分岐する横取線、それに保守車車庫があり、女川寄りにも上り線から分岐する横取線がある。

ホームがなくなると半径200mで右にカーブする。上り線のカーブは短く、すぐに直線になって下り線が合流する。合流した先では半径300mで右に大きくカーブして南向きになる。

三陸自動車道が斜めに交差すると左手に片面ホームがある曽波神《そばのかみ》駅となる。その先では愛宕山《あたごさん》が立ちはだかるので右にカーブして迂回する。左手に旧北上川が近寄ってくるが、堤防だけしか見えない。半径300mで左に大きくカーブし、30mの北上運河橋梁を渡る。右手から仙石線が盛土から地平に降りながら近づいて並行し、ともに左にカーブし、東向きになって石巻駅に滑りこむ。

石巻駅では北側の3～5番線で発着する。3番線が上り本線、4番線が下り本線、5番線が下1線となっているが、すべての線路は女川と小牛田の両方向に出発でき、上下列車が行き違いをしないときは改札口に面している3番線で下り列車が発着する。5番線は石巻港貨物駅で発着する貨物列車も停車する。小牛田から来た貨物列車は石巻駅で進行方向を変えて仙石線に入る。仙石線から来た貨物列車も同様である。貨物列車が方向転換するので、下1線は機関車を付け換える機回線として使用されている。

　石巻駅を出ると半径３００ｍで左に大きくカーブし、その先で半径６００ｍでやや右にカーブしてから直線で進む。やがて２４７ｍの北上川橋梁を渡る。橋梁の前後は20‰の上下勾配になっている。

　勾配を降りると右側に片面ホームがある陸前稲井《りくぜんいない》駅となり、その先で半径３００ｍで右にカーブして20‰の上り勾配で南下する。６２３ｍの大和田トンネルを抜け、今度は20‰の勾配で降りていく。地平になって半径４００ｍ、続いて６００ｍの左カーブでU字を描いて進む。その半径６００ｍのカーブ上に相対式ホームの渡波駅がある。

　山裾に取りついて右にカーブすると左手に片面ホームがある万石浦《まんごくうら》駅となり、その先でさらに右にカーブして海岸に近づくと左に片面ホームがある沢田駅となる。沢田駅は東日本大震災で地盤沈下し、満潮のときは水没するようになったために路盤を嵩上げして復旧した。

　その先では海岸に沿って進む。東日本大震災で津波によって浸水したが、万石浦というほぼ閉じた湾に沿って線路が敷かれているので深刻な被害にはならなかった。そこに浦宿駅がある。復旧後にホームと線路を少し嵩上げし、線路とホームを守る堤防を設置した。駅に面した堤防の外側は陸地になっている。駅を出た女川寄りは徐々に盛土になっていくので津波が線路に浸入しなかった。もちろん石巻寄りの海岸とのあいだは堤防を新設している。ホームと線路を嵩上げしたものの女川寄りには嵩上げ前のホームが少し残っている。

　海岸線から離れると20‰の勾配を上って６４０ｍの女川トンネルに入る。トンネル内は18‰の下り勾配になっている。抜けると右に大きくカーブして片面ホームの女川駅となる。震災前は海岸近くに頭端島式ホーム1面2線と西側の2番線側に機回線があったが、津波が襲来して駅は壊滅した。ホームに停車していた気動車が北側の丘の上まで押し上げられるほどの大津波が押し寄せてきたのである。

　復旧後は海岸線から２００ｍ後退し、９ｍ嵩上げしたところに片面ホームの駅を設置した。駅を出ると新

小牛田寄りから見た石巻駅

石巻寄りから見た渡波駅

移設した女川駅を小牛田寄りから見る

設の女川商店街の遊歩道が延びている。この商店街なども嵩上げされている。

【車両】　平成27年5月まではキハ40系が使われていたが、仙石線の陸前小野―石巻間で臨時に使われていたキハ110系が同線の全線復旧で元の205系電車と仙石東北ライン用のHB-E211系に取って代わったために、キハ110系を石巻線用に転用した。

小牛田運輸区配置のキハ110系が使用される。石巻線用は気仙沼線と供用で、一部は陸羽東線にも走る100番台と150番台が使用される。キハ110形が9両、キハ111形が2両（うち1両が150番台)、キハ112形が2両（うち1両が150番台）の計13両が使われている。

【ダイヤ】　小牛田―前谷地間に気仙沼線の列車が小牛田運輸区との入出庫を兼ねて乗り入れている。また仙石東北ラインの列車が石巻―女川間で各駅に停車して乗り入れている。最終の仙石東北ラインの列車が女川まで直通し、女川で滞泊せずに石巻駅まで回送される。そして翌日に石巻駅から回送されて女川発一番で仙台に向かう。

このため小牛田駅からの最終は石巻で仙石東北ラインの列車と接続し、女川発の1番の仙石東北ラインの列車は石巻駅で小牛田行と接続する。

小牛田―女川間通し運転は1日に下り9本、上り8本があり、多くは石巻駅で長時間停車している。小牛田―石巻間の区間運転が下り3本、上り5本走る。上りのうち女川発7時33分は石巻で仙石東北ラインの列車に接続する。石巻発6時51分は小牛田から陸羽東線の古川駅まで直通する。古川駅で東北新幹線の「はやて」112号と「やまびこ」41号に接続する。

石巻―女川間の区間運転は下り1本（仙石東北ラインの直通列車を除く）があり、小牛田―石巻間の区間列車に接続している。上りは2本（同）あり、うち1本は小牛田―石巻間の区間列車に接続する。さらに小牛田―前谷地間の区間運転が朝に1往復設定されている。これに加えて入出庫を兼ねて気仙沼線の列車が小牛田―前谷地間を4往復する。

【将来】　震災復旧が終わったところなので、このまま推移していくものと思われるが、仙石東北ラインの列車の増発が望まれるところである。

JR気仙沼線

BRT化で遅くなったが、本数増で利用しやすい

POINT! 気仙沼《けせんぬま》線は東北線の部に所属している。国鉄の乙線として開通し、鉄道建設公団が造ったために線形はよい。仙台から小牛田経由で気仙沼まで駆け抜ける快速「南三陸」などが走っていた。

しかし、東日本大震災で陸前戸倉《りくぜんとぐら》―志津川《しづがわ》間など海岸や河川に面した区間は大津波によって崩壊してしまった。柳津《やないづ》―気仙沼間は鉄道としての復活は諦め、一部区間の線路をバス専用道としてBRT（バス・ラピッド・トランジット）によって運行を始めた。所要時間はかかるようになったが、運転本数は増えている。しかし、柳津―陸前戸倉手前間は無傷なのに専用道化あるいは鉄道線として使用しておらず国道をBRTが走っている。他の区間でも無傷なところはあり、専用道化区間を増やしてほしいものである。

【概要】気仙沼線は前谷地《まえやち》―気仙沼間85・6キロの単線非電化の路線だが、柳津―気仙沼間は東日本大震災で多大な被害に遭ったためにBRTで運行されるようになった。

軌道が使えるところは舗装してBRT専用道にし、BRT用のバスを走らせ、崩壊したところは一般道を走らせるものである。このため一般道を走る区間は鉄道時代の走行距離よりも長くなりがちだが、営業キロは鉄道線時代をそのまま受け継いでいる。ただし鉄道線時代になかったベイサイドアリーナ駅

の営業キロは志津川駅から2・4㌔、清水浜《しずはま》駅から2・1㌔とした。

前谷地―気仙沼間の所要時間は普通の最速で1時間45分、快速「南三陸」で1時間10分だった。BRT化後は1時間52分となり、さほど変わっていないが、快速の設定はない。しかし、昼間時は完全に1時間毎の運転で、運転本数は増えている。

また、バスの接近を駅で待つ乗客に知らせるバスロケーションシステムは設置されたものの、専用道では鉄道のように完全な正面衝突防止の信号保安装置はなく、補助的な信号があるだけなので、ほぼ目視で運転される。そのためスピードは遅い。

気仙沼線は大正11年4月の改正鉄道敷設法の別表17の「宮城県気仙沼ヨリ津谷《つや》、志津川ヲ経テ前谷地ニ至ル鉄道及津谷ヨリ分岐シテ佐沼ヲ経テ田尻に至ル鉄道」として当初からの予定線に取り上げられた。津谷は現在の本吉《もとよし》駅付近、田尻は東北本線の駅である。

しかし、なかなか建設開始にはならなかった。戦後になってようやく気仙沼―本吉間が工事線になった。大船渡《おおふなと》線の貨物支線である気仙沼―気仙沼港間が昭和31年（1956）に開通し、その貨物線の気仙沼駅から4・5㌔の地点に南気仙沼駅を設置した。ここから本吉に向けて着工し、32年2月に気仙沼線として気仙沼―本吉間が開通した。このとき貨物支線も気仙沼線に組み入れられた。

一方、本吉以南は昭和32年4月にようやく調査線に格上げされ、34年11月に工事線に昇格して、まずは柳津―前谷地間が着工された。

昭和39年3月に鉄道建設公団が発足し、建設は国鉄から同公団に引き継がれ、43年10月に柳津―前谷地間が柳津線として開通した。

柳津―志津川間は昭和43年9月、志津川―本吉間は45年12月に着工したものの、国鉄としては赤字になる路線を引き受けることに難色を示したために工事は遅々として進まず、ようやく52年12月に本吉―柳津間が開通して気仙沼線に編入した。

それまでの柳津線は前谷地駅が起点だった。気仙沼線は気仙沼駅が起点だった。全通したときに前谷地駅を起点、気仙沼駅を終点とし、それまで柳津線は石巻線とともに陸羽線の部に所属していたのを東北線の部に編入した。

昭和54年11月に南気仙沼―気仙沼港間の貨物支線を廃止した。

そして東日本大震災で陸前戸倉―気仙沼間の海岸に近い線路は津波によって大きな被害を受けた。被害がほとんどなかった前谷地―柳津間は4月に復旧したが、残る区間の復旧には高台へのルート変更を含んで７００億円もかかり、しかも黒字経営のＪＲ東日本に対しては国の復旧補助はまったく行われないことになった。

ＪＲ東日本の自力復旧では７００億円もかかることと、復旧しても乗客は少なく赤字経営になるということで、先述のＢＲＴで復旧することになった。ＢＲＴであれば専用道区間での維持費はさほどかからない。そしてバスの運行費もさほどかからないというメリットがあり、鉄道線時代よりも運行本数は増えた。

まず、陸前階上《りくぜんはしかみ》―最知《さいち》駅手前間が専用道化され、平成24年8月に柳津―気仙沼間でＢＲＴの運行を開始した。12月には歌津《うたつ》―陸前港間が専用道化された。

平成24年4月に本吉―小金沢《こがねざわ》駅手前間、大谷《おおや》海岸《かいがん》先―陸前階上間、最知手前―松岩駅手前間、不動の

沢駅先—気仙沼間、9月に陸前戸倉—志津川駅手前間、志津川駅先—清水浜間、陸前港—陸前小泉間、26年4月に不動の沢—不動の沢駅先間が専用道化された。

平成27年6月には柳津で鉄道線に乗り換えるのは面倒なことから、一般道経由で前谷地—柳津間にBRT運転区間を延長した。このために前谷地駅にBRTの発着場が設置された。

BRTは前谷地—柳津間を35分かかるのに対して、鉄道線は21分である。BRTは同区間をノンストップで走るが、狭い一般道を通るから遅いのである。無料の三陸自動車道を経由する手はあっても、遠回りでかえって遅くなる。また鉄道線は速いが、柳津駅での接続時間は長くなってBRTで直通するのと同じ時間がかかる。それならばBRTは三陸自動車道経由で石巻駅発着にするほうがいい。

BRTの柳津—気仙沼間の所要時間は1時間52分である。震災前の鉄道線時代は1時間21分だから30分ほど遅くなった。また快速「南三陸」号は53分だった。BRTは1時間も遅い。しかし、運転間隔は1〜4時間と過疎運転だったのに対してBRTは朝は最小15分、昼間時以降は1時間毎の運転である。本吉—気仙沼間では30分毎である。

輸送密度は鉄道区間の前谷地—柳津間で277人、震災後の平成24年度は265人、震災前の21年度は790人、昭和62年度は1311人である。現状ではあまりにも輸送密度が少ない。柳津以遠がBRTで乗り換えが面倒なので敬遠されているのである。柳津駅ではBRTをホームに横付けすれば便利になろう。

BRTで運行されている柳津—気仙沼間は292人、平成24年度は運行していなかった。21年度は鉄道運行で790人、昭和62年度は1425人もあった。BRTになって頻繁運転されるようにはなったが、さほど増加していない。しかし、ＢＲＴ化した平成25年度が２６８人だから増えてはいる。今後も増加していくものと思われるが、ＢＲＴ専用道を増やし、かつ閉塞方式を採用してスピードアップすればもっと増えるものと思われる。

　ＢＲＴ化で所要時間は長くなっても運転間隔が相当に短くなったので利用しやすい。今後は快速の運転やＢＲＴ区間の拡大、柳津駅での接続の改善、三陸自動車道を経由しての石巻駅発着を望みたいところである。


【沿線風景】●鉄道存続区間　前谷地駅を出ると、少しだけ石巻線と並行する。そこには半径８００ｍの左カーブがある。その先で石巻線は直線になるが、気仙沼線は続いて半径４００ｍで左にカーブするので石巻線と分かれる。

　田園地帯をまっすぐに進み、半径６００ｍで左にカーブする。そのカーブ上の右手に片面ホームのある和《わ》渕《ぶち》駅がある。直線になって１５３ｍの和渕トンネルを抜けて、半径５００ｍで少しだけ右にカーブし、すぐに１９１ｍの江合川《えあいがわ》橋梁を渡る。

　田園地帯を直線で進み、半径６００ｍで左に少しカーブし、地面が下がって盛土になると左側に片面ホームがある、のの岳《だけ》駅となる。駅の北西に篦岳山《ののだけやま》があり、この山を駅名にしたが、難読のために平仮名にしたものである。

　盛土で進み、半径５００ｍでやや右にカーブし、旧《きゅう》迫川《はさまがわ》を１１８ｍの迫川橋梁で渡る。この先でさらに半径５００ｍでやや右にカーブして迫川を２２５ｍの新迫川橋梁で渡る。今度は半径１０００ｍで左に大きくカーブする。少し直線で進み、半径５００ｍで右にカーブしながら６‰の勾配で上り、盛土になって元県道61号線だった道路を架道橋で越え、13‰で下る。その途中で震災後に供用された高架道路の県道61号線をくぐる。

気仙沼線（前谷地—志津川）

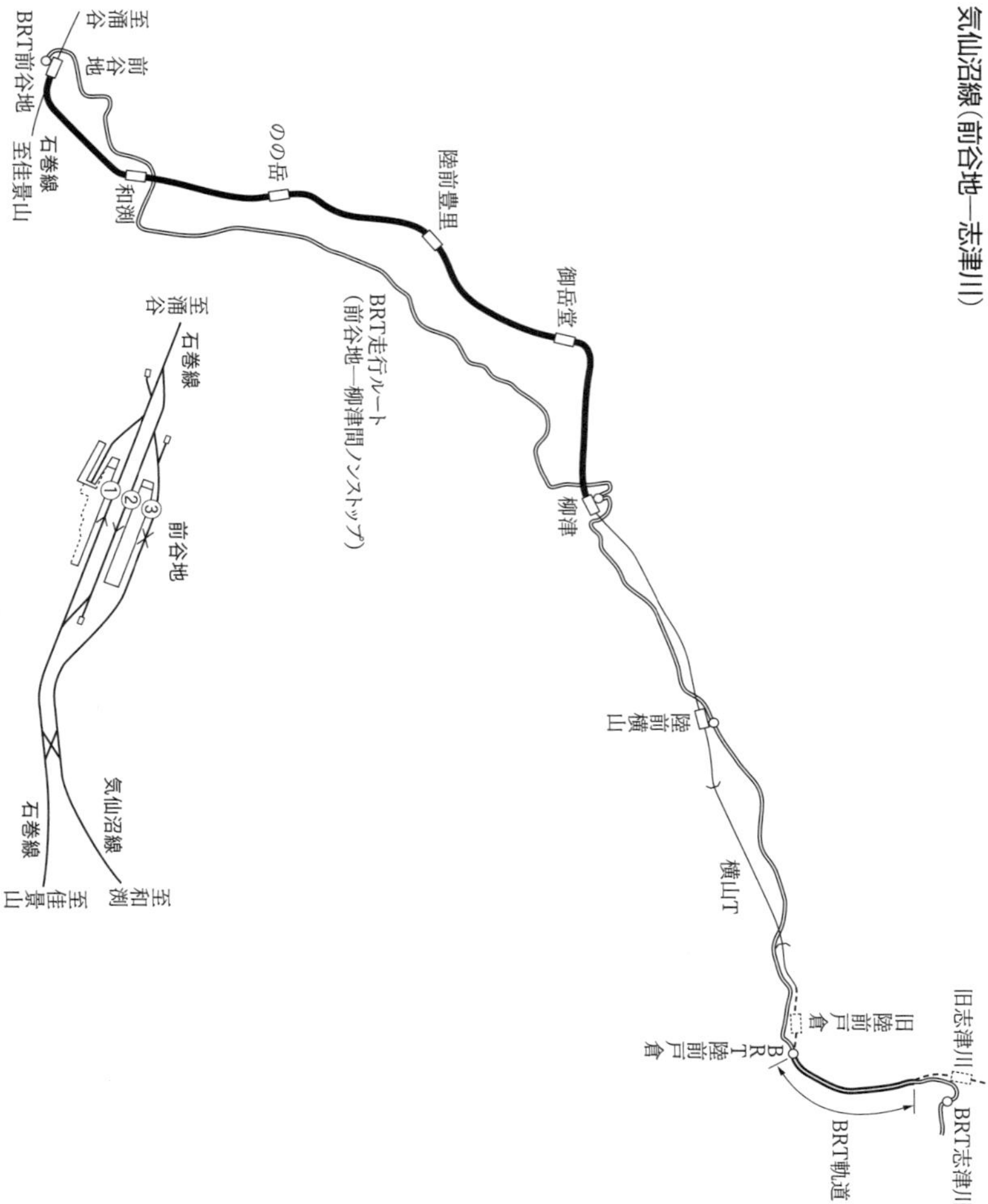

至涌谷
BRT前谷地
前谷地
石巻線
至佳景山
和渕
のの岳
陸前豊里
御岳堂
BRT走行ルート
（前谷地—柳津間ノンストップ）
柳津
陸前横山
横山T
旧陸前戸倉
BRT陸前戸倉
旧志津川
BRT志津川
BRT軌道
至涌谷
石巻線
前谷地
気仙沼線
石巻線
至和渕
至佳景山

そして直線で進むと島式ホームの陸前豊里駅となる。ホームの手前とホームの前谷地寄りは緩く右にカーブしている。

左にカーブしてから直線で進み、県道２５７号線をくぐると右手に片面ホームのある御岳堂《みたけどう》駅がある。その先で１３５ｍの御岳堂トンネルをくぐる。トンネル内とその先は半径５００ｍで大きく右にほぼ直角にカーブして東向きに進むようになる。

猪眠山《いねむりやま》トンネルを抜け、続いて６１９ｍの北上川橋梁を渡り、堤防を降りると島式ホームの柳津駅となる。この先、線路は続いているが、鉄道として営業しているのは同駅までである。震災後の運転再開時には前谷地方向の出発信号機は上り2番線にしかなく、また前谷地方向から進入するための場内信号機は下り１番線進入用にしかなかったために、場内信号機で一旦停車してから手信号によって2番線に進入していた。

その後、１番線に前谷地方向への出発信号機を設置し、1番線で発着するようになった。

ＢＲＴは駅前広場で発着して北側の道路を右折して気仙沼寄りにある跨線橋で気仙沼線を乗り越し、南側で並行している国道45号東浜街道に出て東に進む。前谷地方向は駅前広場から北上して左折し、国道３４２号に出る。その先で主要地方道61号線（これも東浜街道）に出てから柳津大橋で北上川を渡って南西に進む。

柳津駅の先では列車は走っていないが、線路は陸前戸倉駅の手前まで残っている。２８７ｍの天神山トンネルをはじめ短い４本のトンネルを抜け、国道45号東浜街道を越えると左側に片面ホームがある陸前横山駅となる。駅前広場もあるが、ＢＲＴの陸前横山停留所は国道45号に置かれている。

陸前横山駅の先は14‰の連続上り勾配になっている。これが3‰に緩んで３５０８ｍの横山トンネルを抜ける。その先も線路は残っているが、東浜街道が近寄った付近で途絶えている。

この先は津波によって路盤はおろか一部の盛土も流されて、陸前戸倉駅は崩壊してしまった。現在は流されていない盛土はそのまま残されている。そしてＢＲＴの陸前戸倉駅が設置されている。

●BRT区間　陸前戸倉駅は低い盛土上に置かれてい

前谷地駅に進入するラッピング列車の小牛田行

気仙沼寄りから見た柳津駅。BRTは右にある駅前広場から出るが、ほとんど使用していない左の2番線を嵩上げしてBRT軌道にすれば同じホームで乗り換えができる

崩壊した陸前戸倉駅からBRT軌道は始まる

た。この盛土を切り取ってすぐ近くにある国道45号と同じ高さにしてBRT駅を設置した。駅前広場もあって一般車も駐車できる。その奥の切り崩された線路跡は舗装され、駅前広場からはBRTだけが進入できる。そのBRT軌道の両側に低床ホームが設置されている。

その先には踏切にある遮断竿がBRT軌道を塞ぐように降りている。BRTが駅に進入すると遮断竿が上がる。遮断竿の先には上下のBRTがすれ違いできる幅の待避区間があり、上部に感応式信号機が置かれている。前方から上りBRTがやって来なければ、下りBRTを感知して停止現示から進行現示に変わって進むことができる。

上り勾配で進み、盛土になって元の線路と同じ高さに戻る。その先で550mの折立《おりたて》トンネルを抜け、続いて115mの脇野沢《わきのさわ》橋梁を渡る。その先に感応式信号機付きの行き違い区間があってBRTは停止現示で一旦停止し、進行現示になると出発する。BRTはこの先にある562mの黒崎トンネルに入る。

明かり区間であれば目視で対向BRTが来るのはわ

かるが、トンネル内ではわかりにくいだけでなく、同トンネルは左にカーブしていて見通しが悪いために、信号で安全を保っているのである。感知すると進行現示にするだけでなく、トンネルを出た先の待避区間の上りBRT用感応式信号機を停止現示にする。

黒崎トンネルを抜けると待避区間がある。205mの第1林橋梁で東浜街道を乗り越し、続いて119mの林橋梁を渡る。これらの橋梁は地形が谷になっているところをコンクリート橋梁によって列車が走れるようにしたものである。

このため折立トンネルでは13‰の上り勾配、黒崎トンネルでは5‰の上り勾配になっており、橋梁では10‰の下り勾配になっている。

専用道路のために渋滞に巻きこまれず、また、並行する東浜街道はカーブが多いためにBRTのほうが速いことは速いが、一旦停止したり速度もさほど出さないために東浜街道を走るクルマやバスに追い抜かれている。

138mの林トンネルを14‰の勾配で降りる。この先で鉄道線路は東浜街道を乗り越す。その乗越橋は津波の被害に遭わず、その向こうの掘割も残っているが、その先の水尻川橋梁は崩壊し、盛土の志津川駅も盛土の上まで津波が押し寄せたためにJR形配線だったホームは残っていたが、駅舎等はなくなってしまった。

このため乗越橋の手前で右折して東浜街道を走るようになる。と言っても志津川周辺一帯が再び津波被害に遭わないように土地の嵩上げ工事が行われており、東浜街道は震災前とは異なったルートを通っていて、かつての志津川駅も土で埋められている。

BRTは南三陸さんさん商店街の南側の広場に志津川駅を設置している。BRT開業当初は東浜街道の途中で左折して国道398号に出て、元の気仙沼線を乗越橋で越えて、その北側にBRT志津川駅を設置していた。ここに仮設時代のさんさん商店街があったからである。そしてUターンしてBRT軌道に入り、途中で東浜街道に出て、移転した志津川警察のところで右折し、南三陸町役場があるベイサイドアリーナ駅に向かっていた。同駅からは元の道を通ってBRT軌道に戻っていた。

気仙沼線(志津川―気仙沼)

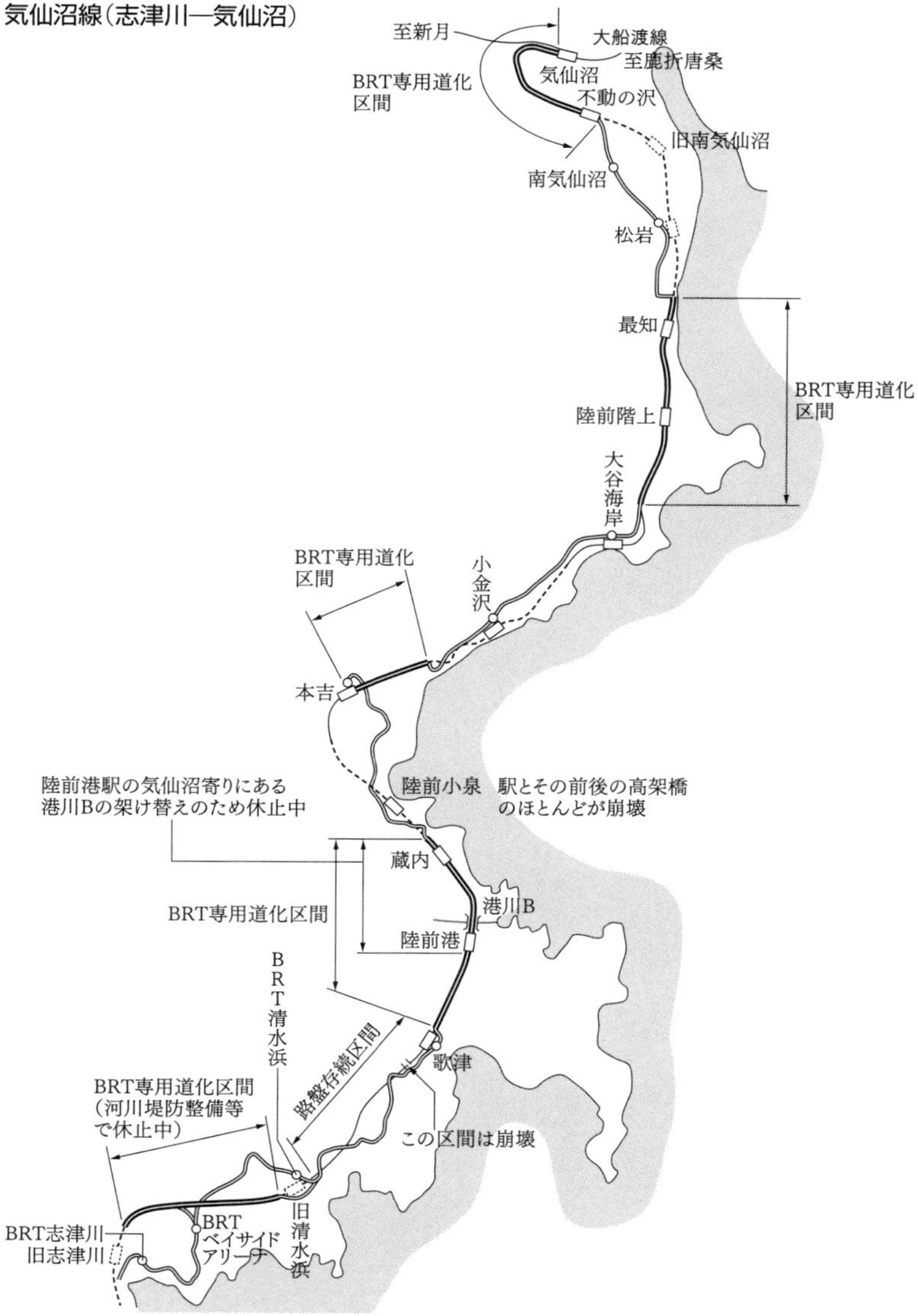
至新月
大船渡線
至鹿折唐桑
気仙沼
BRT専用道化
区間
不動の沢
旧南気仙沼
南気仙沼
松岩
最知
BRT専用道化
区間
陸前階上
大谷海岸
BRT専用道化
区間
小金沢
本吉
陸前港駅の気仙沼寄りにある
港川Bの架け替えのため休止中
陸前小泉 駅とその前後の高架橋
のほとんどが崩壊
蔵内
港川B
BRT専用道化区間
陸前港
BRT清水浜
路盤存続区間
歌津
BRT専用道化区間
(河川堤防整備等
で休止中)
この区間は崩壊
BRT志津川
旧志津川
BRT
ベイサイド
アリーナ
旧清水浜

現在は、移設した志津川駅から南下して県道２２１号線を通り、途中で北上してベイサイドアリーナ駅に向かっている。そして東浜街道に合流している。なお、ベイサイドアリーナ駅は臨時駅となっている。

鉄道線時代、左手に片面ホームがあって、それを下1線としたＪＲ形配線の志津川駅があった。先述したように同駅の気仙沼寄り、国道３９８号をくぐった先から清水浜駅までも平成24年4月にＢＲＴ化している。志津川寄りからＢＲＴ軌道に入ると６２１ｍの城《じょう》場《ば》山《やま》トンネルを抜ける。その先に東浜街道への取付《とりつけ》道路が設置されて出入りできるようになっており、ベイサイドアリーナに行き来できるようにしている。

この出入口の先で75ｍの新井田《にいだ》トンネル、そして東浜街道を乗り越して２１３６ｍの志津川トンネルを抜け、元の清水浜駅の手前で地上に降りるＢＲＴ専用道ができている。

しかし、現在はＢＲＴ専用道と一般道路のあいだを流れている志津川寄りの八幡川、清水浜寄りの桜川の河川改修工事が行われ、出入口を塞がれているので使われていない。なお、片面ホームの清水浜駅は健在だが、その先の東浜街道乗越橋で46ｍの桜川橋梁の一部は流されてしまった。

現在、津波で流されなかった橋梁部の一部を撤去して、新しい橋脚が2脚建てられている。そこに橋桁を設置すれば、この先にある81ｍの清水浜トンネルに路盤がつながるように見える。しかし、この復旧工事を行なっている資料は見当たらない。けれども、どう見ても桜川橋梁を復旧するための橋脚である。

清水浜トンネル、続いて第1、第2細浦トンネルを抜けると細浦橋梁がある。橋梁は流されていないが、気仙沼寄りの橋梁付け根の盛土が津波に少しえぐり取られた。この修復はさほど難しいものではない。この先の盛土区間にはＢＲＴ専用道化したときに行き違いができるように盛土を拡幅したと思える個所がある。

そして１４７４ｍの白山トンネルに入る。抜けると伊里前川とこれに並行する県道２３６号線を渡る高架橋および橋梁があったが流されてしまった。しかし、手前の白山トンネルとこの先の１９８ｍの第1伊里前トンネルのあいだでも明らかに新たな橋脚や盛土を設置する工事が行われている。

清水浜駅手前までBRT軌道となっている。しかし、崩壊した桜川橋梁部分に新しい橋脚が2脚立っており、向こうの清水浜トンネルまで橋桁を設置するように見える。完成すれば志津川駅先から蔵内駅までBRTの専用道ができることになる

旧歌津駅の駅前広場にBRT歌津駅があり、一般道を登ってBRT軌道に入る

そして第1伊里前トンネルを抜けると盛土上にある相対式ホームの歌津駅となる。伊里前トンネル寄りの盛土の一部は流され、ホームが変形しているものの大きな被害は受けていない。しかし、盛土の下の駅前広場にあった駅舎などは崩壊してしまった。

現在、駅前広場にＢＲＴ駅を置き、ＢＲＴは国道45号東浜街道からＢＲＴ駅に入り、そこから坂を上って鉄道線路と同一面の高さになる個所、言いかえれば歌津駅の気仙沼寄りからＢＲＴ軌道に入る。この先の蔵《くら》内《うち》駅先までＢＲＴ軌道となっている。

もし清水浜—歌津間の各橋梁が復旧するとすれば、志津川駅先から蔵内駅先まで約10キロがＢＲＴ化されることになる。さらに志津川駅付近の嵩上げが終了して、再び鉄道線路を敷設すれば柳津—蔵内間が鉄道線として復旧する可能性がなくはないと言える。

ともあれ現在、ＢＲＴは歌津駅まで東浜街道を走っている。

２２３ｍの第2伊里前トンネル、続いて１７４４ｍの歌津トンネルを抜けると一般道と平面交差する。かつては踏切だったところである。踏切のときは遮断竿が線路に平行に置かれていたが、ＢＲＴ化後は軌道に直角に設置されている。

その先の35ｍの港川橋梁は無事だったのでＢＲＴ化のときもそのまま舗装して使われていたが、傷みが激しいので新しい橋梁に架け替えているところである。そのため架け替え工事中は、先述のかつての踏切のところで一般道経由で東浜街道を走っている。このため陸前港駅と蔵内駅は暫定的に一般道上に駅を置いている。

架け替え工事の前は盛土の専用道を通って陸前港に向かっていた。鉄道線時代の同駅は左側に片面ホームがあったが、これを撤去して専用道を挟みこんだ低床の相対式ホームを設置した。ホームの柳津寄りには行き違い区間がある。

５９０ｍの港トンネル、１２３ｍの草木沢トンネル、続いて１２９ｍの第1蔵内、２０２ｍの第2蔵内の二つのトンネルを抜けて蔵内駅となる。鉄道線時代は右手に片面ホームがあった。それを撤去して上り軌道がかつての片面ホームのところを通る行き違い区間に低床の相対式ホームを設置した。

蔵内駅の先から本吉駅の手前までは大津波が津谷川を遡上して完全に崩壊している。しかし、津谷川の本吉寄りの高架橋は健在である。取付道路を設置すればここからBRT軌道ができ、国道45号から本吉駅への迂回ルートが解消される

本吉駅から専用道を走るBRT。奥に本吉駅のホームが見える

蔵内駅の先で366mの歌生《うとう》トンネルを抜ける。その先で右にカーブしてBRT軌道から離れ、取付道路で東浜街道に出る。現在は先述の港川橋梁が架け替え工事中なのでずっと東浜街道を走る。

706mの二十一浜トンネルは健在だが、トンネルを出た先の盛土や高架橋などは津波でズタズタにされた。盛土にあって右側に片面ホームがあった陸前小泉駅はホームがズタズタになってしまい、現在は盛土だけが残っている。そのため現在の陸前小泉駅は東浜街道上にある。

廃墟のようになった高架橋を東浜街道から眺めて進むが、東浜街道は気仙沼線より先に右にカーブして津《つ》谷《や》川《がわ》を渡って丘を上っていく。気仙沼線はもう少し内陸に入って462mの津谷川橋梁で津谷川を斜めに渡っていたが、津波によって破壊されてしまった。

津谷川橋梁の先の高架橋や本吉トンネルなどは無事だが、東浜街道から離れており、取付道路を設置するのも大変なので、とりあえずはそのままにしてある。

BRTは途中で東浜街道から離れて一般道で本吉駅まで向かう。本吉駅の気仙沼寄りで気仙沼線をくぐってから左折し、さらに左折して本吉駅の駅前広場に線路と直角に相対式ホームの本吉駅を設置している。

元の本吉駅本屋はリニューアルされ、駅員も配置されている。トイレや待合室も使用できる。島式ホームは残され、柳津寄りの線路も残っている。

BRTはホームを出ると左折してBRT軌道を走るようになる。しばらく進んで274mの第2津谷トンネル、288mの第1津谷トンネルを抜けてから取付道路を左折し、東浜街道を走るようになる。

次の小金沢駅は東浜街道上にあるが、鉄道線の小金沢駅は海岸に沿った高台の崖っぷちにあり、線路もホームも健在である。しかし、手前の大沢川橋梁、気仙沼寄りの赤牛川橋梁が流され、駅の前後だけBRT化しても遠回りになるし、駅周辺も地盤が弱くなっていて崩れる恐れもある。それを直してでもBRT化するのは面倒なだけなので東浜街道上に設置したのである。

この先も断続的に路盤が流されたりしているが、そのまま残っているところも多い。次の海岸に面した大谷海岸駅もホームと線路は流されておらず、また隣接

鉄道線のホームを削ってBRT階上駅を設置している

して道の駅「大谷海岸」も津波をかぶったが、現在は営業を再開している。ＢＲＴ化するにしても、そのままでは再び津波被害に遭うので、東浜街道を高架にするという考えもあって、現状では東浜街道上に駅を置いている。

東浜街道と気仙沼線は左にカーブして北上するが、沖ノ田川橋梁が流されたためにＢＲＴはこの先まで東浜街道を走る。沖ノ田川橋梁の先でＢＲＴは専用道化した気仙沼線の上を走るようになる。

次の陸前階上駅は鉄道線時代では島式ホームと上り線側に側線があった。ＢＲＴは旧上り線を舗装して使っており、側線跡は行き違い区間にしている。島式ホームは気仙沼寄りの端部以外は残っている。跨線橋も残っているが、立ち入りできない。気仙沼寄りはＢＲＴ線を挟んで低床の相対式ホームが設置され、元の駅舎のトイレも使用できる。

次の最知駅は左側に片面ホームがあったが、撤去され、低床の相対式ホームが設置されている。この先もずっとＢＲＴ軌道を進む。東浜街道は結構混んでいるので、渋滞知らずのＢＲＴは速い。

しかし、この先、松岩駅手前の橋梁が流されているために一般道経由で主要地方道26号線となった東浜街道を走るようになる。東浜街道は気仙沼駅に向かうほど渋滞するから、ＢＲＴもノロノロと走る。松岩駅は東浜街道上にある。

　鉄道線の南気仙沼駅周辺は津波によって破壊され、駅の手前にあった第３大川橋梁も流されてしまった。駅を出ると盛土になって大川を渡る。ここにある第２大川橋梁は健在だが、南気仙沼駅付近の地面を嵩上げ工事中であり、第３大川橋梁も失われたためにＢＲＴ化できない。

　ＢＲＴは気仙沼の市街を通り抜ける東浜街道を走るので時間がかかる。そこに南気仙沼駅が移設されているが、ただのバス停でしかない。市立病院が近いのでカッコ書きで副駅名を付け、駅名は「南気仙沼（市立病院入口）」としている。

　その先で東浜街道は盛土になっている鉄道線の気仙沼線をくぐるが、ＢＲＴはその手前で左折し、元の気仙沼線と並行して進む。気仙沼線が盛土から地平に降りたところを横切る道路を右折し、そして専用道化した気仙沼線に入る。

　入ってすぐに行き違い区間になって低床相対式ホームの不動の沢駅がある。鉄道線時代は左手に片面ホームがあった。

　ようやく軽快に走るようになり、しばらくすると半径３００ｍで大きく右にカーブしながら74ｍの第１大川橋梁を渡る。

　左手から大船渡《おおふなと》線が並行し、しばらくして気仙沼駅となる。気仙沼駅はＪＲ形配線だったが、島式ホームだけ残して南側の片面ホームなどはＢＲＴ専用道になった。島式ホームのほうも内側にあった２番線はＢＲＴ乗降場になったが、ＢＲＴはさほど長いわけではないので、一ノ関・柳津寄りは線路のままとして大船渡線の発着用にした。このため、これを３番線とし、島式ホームの外側の発着線は３番線から４番線に変更した。

　また元の片面ホームは柳津への発車と盛《さかり》からの到着用のＢＲＴ１番線にした。そして盛寄りにＢＲＴの車庫を置いている。

　また、柳津寄りの半径３００ｍのカーブのところに

前谷地・一ノ関寄りから見た気仙沼駅。右の舗装道路がBRT気仙沼線の専用道

気仙沼線気仙沼駅構内の軌道は埋められて、BRTの乗降口と従来のホームは段差を小さくしている。右が大船渡線の発着線

車庫から一度気仙沼駅の1番線を通り抜けて大船渡線BRTとして折り返すためのスペースがある。大船渡線BRTはここで折り返して2番線に滑りこむ。盛寄りで一般道と平面交差する。

【車両】前谷地—柳津間の鉄道線では、朝ラッシュ時にキハ110形の2両編成、以降はキハ110形の単行で走る。いずれもワンマン運転である。

前谷地—気仙沼間のBRTは24両あり、うち1両はバッテリーによって電気モーターで走るe-BRT、5両はボックス席などを設置している観光形BRTである。

【ダイヤ】鉄道線は小牛田駅を5時44分に出て前谷地駅に5時59分に到着する柳津行が1番列車である。後発の小牛田発女川行は6時16分に前谷地駅に到着するが、それを待ってから6時18分に柳津駅に向かって発車する。柳津駅に到着するとすぐに折り返して前谷地駅に7時10分に到着する。同駅で女川発小牛田行と小牛田発女川行に接続して折り返し7時33分発の柳津行になる。以後、1往復半して柳津発9時39分の小牛田行になって入庫する。これが2両編成である。要するに前谷地—柳津間を3往復する。

その後は単行が走るようになる。10時40分に小牛田駅を出て柳津に到着すると柳津—前谷地間を1往復して小牛田駅に戻る。

次に小牛田駅を15時38分に出て柳津に到着し、柳津—前谷地間を2往復して小牛田駅に戻り、再び小牛田—柳津間を1往復して運転を終了する。

前谷地—柳津間は1日に9往復の運転である。

BRT区間では朝は気仙沼に向かって通学生の流れがある。気仙沼へは本吉駅始発が3便続いてから柳津発、次に志津川発、陸前戸倉発、そして志津川発が2便続く。最小運転間隔は5分になっている。昼間時は前谷地—気仙沼間と区間運転の本吉—気仙沼間が1時間に各1本走り、本吉—気仙沼間は完全な30分毎になる。

下りの15、16時台と上りの16時台は区間運転は志津川—気仙沼間になる。18時台から下りは区間運転がなくなる。

下りの最終は柳津発20時52分の気仙沼行で、小牛田発19時58分の柳津行に接続し、気仙沼着は22時43分である。上りは柳津行が18時40分、志津川行が20時6分、本吉行が21時15分である。

震災前の最終は、下りが小牛田発19時28分で、柳津発が20時7分、気仙沼着が21時28分だった。小牛田発の時刻が30分繰り上げになり、気仙沼着は1時間15分ともっと遅くなっている。小牛田—気仙沼間の所要時間はBRTが2時間45分、震災前は2時間と45分も余計に時間がかかるようになった。

BRTの柳津—気仙沼間の所要時間は1時間51分、鉄道線時代の列車の所要時間は1時間21分と30分遅い。小牛田—柳津間は現在は37分、震災前は39分と2分速くなっているが、柳津駅での鉄道とBRTの乗換時間を17分にしていることから、45分の差になっている。

【将来】清水浜—歌津駅手前間のBRT化の工事が行われていると思われる。これが事実だとすれば志津川駅先—歌津駅手前間がBRT専用道化され、所要時間が短縮される。要するに志津川駅先—陸前小泉駅手前間が専用道になるのである。

元の志津川駅付近は嵩上げ工事中であり、ここに元の路盤などが設置されれば陸前戸倉—陸前小泉手前間が専用道1本でつながる。

柳津—陸前戸倉駅手前間は無傷で片面ホームの陸前横山駅はそのまま放置されている。陸前横山駅—陸前戸倉駅間には3508mの横山トンネルがある。長大トンネルにBRTを走らせる場合には防火対策が必要になろうが、2135mの志津川トンネルや1744mの歌津トンネルはそれを行なっている。やってやれないことはなく、そうなると柳津駅—陸前小泉手前間が専用道になるとともに、島式ホームの柳津駅の上り線側にBRTが横付けされれば、乗り換えも迅速に行うことができる。

逆にいうと柳津—陸前小泉間を鉄道として復活してもいいということである。ただし、列車を走らせるということは、それなりの信号保安装置を設置しなくてはならず、きちっとした行き違い線路を設置しなければ軽快に走れない。

それならば架線レスのLRT軽快路面電車にすることである。現在のバッテリー式BRTとあまり変わらないかのように思えるが、鉄レール鉄車輪走行は道路走行に比べて走行抵抗が格段に違い、エネルギーコストには大きな差があるのである。

あるいはＪＲ北海道が開発した鉄道線路と道路の両方を走ることができるＤＭＶ（デュアル・モード・ビークル）、しかも架線レス電気駆動ＤＭＶができれば、路盤が途切れたところは道路走行にすればいい。

陸前小泉—本吉間では津谷川橋梁とその前後の高架線のほとんどが崩壊してしまった。ここを元に戻すには多大な費用が必要である。しかし、津谷川を渡った先の高架橋は残っている。ここと国道45号のあいだに取付道路を設置すれば、ＢＲＴ軌道区間はさらに増える。

気仙沼線のＢＲＴで一番のネックは現南気仙沼駅前後の一般道路区間である。松岩—南気仙沼間の第３大川橋梁は津波で流されたが、南気仙沼—不動の沢間の第2大川橋梁は無事である。元の南気仙沼駅付近は嵩上げ工事中だが、嵩上げ工事終了後は元の南気仙沼駅経由のＢＲＴ軌道を設置することになろう。

将来はもっとＢＲＴ軌道区間が増えよう。そうなればそれなりにスピードアップすることになる。

ところで震災前の快速「南三陸」の小牛田—気仙沼間の最速の所要時間は1時間29分、停車駅は涌谷、前谷地、陸前豊里、柳津、志津川、歌津、本吉、大谷海岸、南気仙沼で1日2往復だった。始発駅は仙台で仙台—小牛田間はノンストップで所要時間31分だった。

仙台—柳津間で復活させて柳津駅からＢＲＴによる快速「南三陸」を走らせることが考えられる。しかし、ＢＲＴは一駅通過するごとに20秒程度しか短縮できない。最高速度が遅いことと加減速がいいから、さほど差はないのである。

しかし、ベイサイドアリーナを通過するとすれば10分は短縮できる。柳津—気仙沼間は1時間52分から1時間30分台に短縮できる。

快速を走らせるとすれば専用道区間を増やして、それなりの信号保安装置を設置して最高速度を上げる必要がある。その最高速度は少なくとも80キロは必要であり、そのためにはチェックイン、チェックアウト方式による閉塞区間を設定するとともに平面交差する道路とは通常の鉄道と同様な踏切が必要である。

そうなれば本来の鉄道に匹敵するＢＲＴになる。

JR大船渡線

BRT化による本数増で利用しやすくなったが、遅くなったのが難

POINT! 大船渡《おおふなと》線は東北線の部に所属している。愛称は「ドラゴンレール大船渡線」である。ずっと以前から東北本線と三陸海岸を結ぶ連絡線だったが、東日本大震災で沿岸部の気仙沼《けせんぬま》―盛《さかり》間はBRTとなった。

街ごと津波の大被害に遭った陸前高田駅付近は嵩上げ工事の真っ最中だが、そのなかで大型商業施設のアバッセたかたが開設され、大船渡線も「まちなか陸前高田」駅を開設した。道路を走るBRTだから簡単にできることで、運転本数も増えていて利用しやすくはなったが、欠点は遅くなったことである。

【概要】大船渡線は一ノ関―盛間105・7キロの路線で、気仙沼―盛間は東日本大震災の津波被害でBRT線になっている。一ノ関―盛間は単線非電化である。一ノ関駅で東北本線と接続し、東北新幹線と連絡し、気仙沼駅でBRTになった盛方面と気仙沼線に連絡する。

国鉄は最初の鉄道敷設法の予定線に取り上げられていない小規模地方路線を簡易に建設するために、大正時代に軽便線を全国各所に建設するようになった。いわゆる軽便鉄道は弱小私鉄による路線だが、国もこれを軽便線として建設することを打ち出した。

そのなかに一ノ関―気仙沼間の路線があった。決定したのは大正7年（1918）のことである。翌

8年に気仙沼―大船渡間が追加された。

大正9年になって陸中門崎《りくちゅうかんざき》からまっすぐに東進して千厩《せんまや》に向かうルートを地元出身の代議士の圧力で千厩を通らずに北側の摺沢《すりさわ》を通って東進するルートに変更することになった。

しかし、千厩側も黙っているはずもなく、千厩まで南下してから東進するように要求し、現在のルートが決定した。

大船渡線は鍋を逆さにした路線形態をしているために鍋弦《なべつる》線と俗称された。現在、路線の形から竜がうねっているように見えるとして「ドラゴンレール大船渡線」という愛称が付いているが、元来は鍋弦線と言われ、我田引鉄の象徴路線として、のちのち取り上げられるようになったのである。

大正11年に改正鉄道敷設法が公布され、その別表7に「岩手県山田ヨリ釜石ヲ経テ大船渡ニ至ル鉄道」が予定線として取り上げられた。これによって大船渡からさらに北上する路線を建設することになった。

大正14年7月に一ノ関―摺沢間が開通し、昭和2年（1927）7月に摺沢駅から千厩駅まで、3年9月に折壁《おりかべ》駅まで、4年7月に気仙沼駅まで、7年3月に上鹿折《かみししおり》駅まで、8年2月に陸前矢作《りくぜんやはぎ》駅まで、12月に細浦駅まで、9年9月に大船渡駅まで、そして10年9月に盛駅まで開通して全通した。

優等列車の運転は昭和35年6月と遅い。このとき準急「むろね」の運転を開始した。愛称の由来は折壁駅の北側にある円錐形の室根山からとっている。

「むろね」は多層階形気動車準急で仙台―一ノ関間は「くりこま」（仙台―盛岡間運転）と併結し、盛まで走る。40年10月に急行「陸中」が乗り入れるようになり、41年3月からは「むろね」も急行に格上げされた。併結列車は盛岡発の「さかり」や仙台発「よねしろ」なども加わったりした。

昭和45年10月からは大船渡線を走る急行は「むろね」の3往復となった。停車駅は陸中松川、摺沢、千厩、気仙沼、陸前高田、細浦、大船渡で、最速の所要時間は2時間19分、表定速度45・6キロと遅い。一ノ関―気仙沼間では1時間17分、表定速度48・3キロである。

昭和47年3月には東北本線で併結していた急行「よねしろ」が電車化されたために大船渡線内だけの運転となって、愛称も「からくわ」に変更した。

しかし、昭和57年11月に快速に格下げされ、ＪＲになってから気仙沼線経由で快速「南三陸」が乗り入れるようになった。平成5年（１９９３）3月に「むろね」は「スーパードラゴン」に改称し、快速運転は一ノ関―気仙沼間となった。13年には「南三陸」の乗り入れを中止し、快速は「スーパードラゴン」の2往復だけになった。

東日本大震災では竹駒―大船渡間の各駅は下船渡駅を除いて大津波によって流されてしまった。気仙沼―陸前矢作間は無事だったが、同区間を復旧するよりは同区間を通らないで国道45号経由で気仙沼―盛間をＢＲＴ化するのがいいということで、平成25年9月に大船渡―盛間をＢＲＴ軌道にして運転を開始した。その前の3月に快速「スーパードラゴン」を廃止して普通だけの運転になった。9月には竹駒駅付近、小友《おとも》駅手前―大船渡間、27年3月には気仙沼―鹿折唐桑《ししおりからくわ》間がＢＲＴ専用道となった。

鹿折唐桑―小友駅手前間は無傷だが、専用道化はしていない。途中に上鹿折駅と陸前矢作駅があるが、気仙沼―上鹿折間はミヤコーバスがＢＲＴ代行として運行している。陸前矢作―陸前高田間はＢＲＴ支線として運行し、気仙沼―陸前高田間は、国道45号バイパス名目で三陸自動車道の霧立トンネルが出来たりしてスピードが出せることから、国道経由のままにしている。
　輸送密度は一ノ関―気仙沼間で891人、震災後の平成24年度は946人、震災前の21年度は740人、昭和62年度は1547人である。震災後は気仙沼への足として利用されたが、道路のほうも復旧整備されてまた減っていっている。
　BRT区間の気仙沼―盛間は314人、BRTの運行を開始した平成25年度は200人だから約1・5倍に増えた。フリークェント運行によって利用されるようになったのである。今後も増えることになる。同区間が鉄道線運行だった平成21年度は426人、昭和62年度が1349人と3分の1程度に減ってしまっていた。BRTの発展改良によって増加を期待したいが、三陸自動車道の整備によって、陸前高田―盛間はクルマのほうが断然速くなった。これにはなかなか太刀打ちができない。

【沿線風景】●一ノ関―気仙沼間　一ノ関駅を出ると半径302mで左に大きくカーブしながら東北新幹線をくぐる。左手に転車台や留置線が見えるが、大船渡線とはつながっていない。

　カーブが終了する付近で右手から国道284号気仙沼街道が並行するようになる。この先、最小曲線半径302mで右に左にカーブして山を登っていく。当初は緩い勾配だが、徐々にきつくなって最終的には25‰の連続上り勾配を進む。

　そして一旦、気仙沼街道が右にカーブして離れ、田園や林のなかを東向きに進む。下り勾配になり、半径302mで大きく右にカーブして南下し、レベルになると相対式ホームの真滝《またき》駅がある。相対式ホームで下りホームが一ノ関寄りにずれており、気仙沼寄りには貨物側線を流用した横取線があり、前後の行き違い用のポイントはスプリング式になっている。真滝駅から再び気仙沼街道が並行するようになる。

　真滝駅を出ると南南東向きに進む。半径302m、

大船渡線（一ノ関―気仙沼）

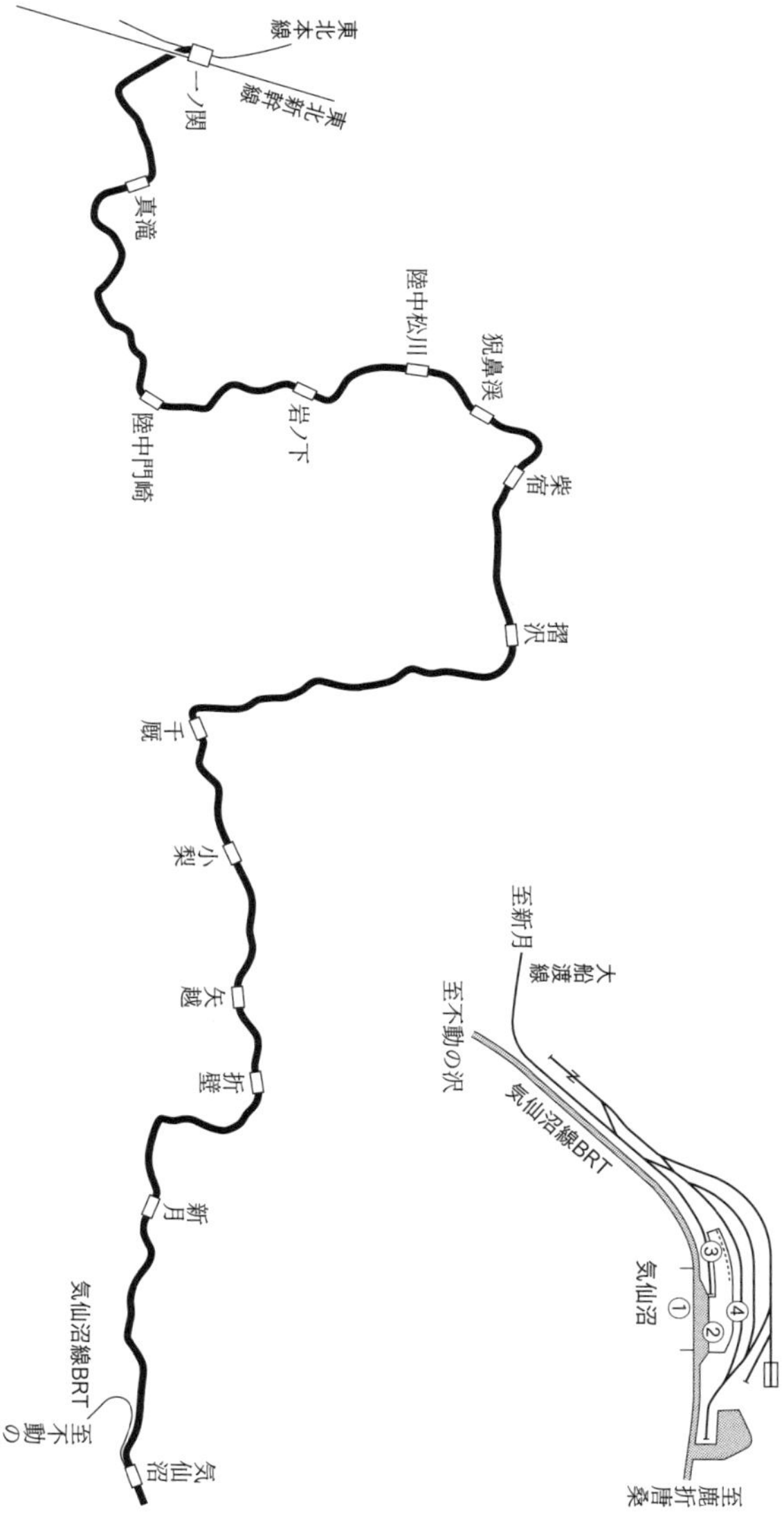
東北本線
東北新幹線
一ノ関
真滝
陸中門崎
岩ノ下
陸中松川
猊鼻渓
柴宿
摺沢
千厩
小梨
矢越
折壁
新月
気仙沼線BRT
至不動の沢
気仙沼
至新月
大船渡線
至不動の沢
気仙沼線BRT
③
④
①
②
気仙沼
至鹿折唐桑

一ノ関駅に停車中の大船渡線列車

東北新幹線をくぐる大船渡線大船渡行

続いて４０２ｍ、３０２ｍの順で左カーブして北東向きになるが、今度は３０２ｍで長い右カーブがあって南東向きになってサミットとなる。

サミットの標高は１００ｍ近くに達しており、サミットまでは最大25‰、平均21・1‰の上り勾配、サミットから先は連続25‰の下り勾配になっているとともに、半径３０２ｍの短いカーブで右に左に曲がっていく。勾配が緩むと76ｍの高屋敷トンネルをくぐる。

その次に２２０ｍの北上川橋梁を渡り、続いて８３８ｍの横石トンネルを抜けると相対式ホームの陸中門崎駅となる。駅全体が半径６０４ｍの左カーブ上にあり、下りホームがやや一ノ関寄りにずれ、貨物側線を流用した横取線がある。同駅の行き違い用ポイントもスプリング式である。

陸中門崎駅から北向きになって進む。緩い流れの砂鉄川の右岸を進むので、きつい勾配はないが、最小曲線半径３０２ｍで右に左にカーブする。次の岩ノ下駅は右手に片面ホームがあり、駅全体は半径４０２ｍの右カーブ上にある。

２０１ｍの松川トンネルを抜け、しばらく進むと陸中松川駅となる。下り線が片面ホームのＪＲ形配線になっており、ホーム部分と一ノ関寄りは３０２ｍの右カーブ上にある。

島式ホームの内側が上り本線、外側が上１線となっている。上１線は一ノ関方向へしか出発できず、元は貨物着発線を兼ねていた。片面ホームに面した下り本線１番線のほうが一ノ関と気仙沼の両方向に出発でき、行き違いをしない上り列車も１番線で発着する。

駅の東北方向に三菱マテリアル岩手工場があり、陸中松川駅から専用線が延びていて平成８年までセメント貨物を輸送していた。現在でも陸中松川駅には廃止された貨物ヤードと専用線の一部の線路が残っている。

陸中松川駅を出ると26ｍの山谷《やまや》川《がわ》橋梁を渡り、その先右手に三菱マテリアル岩手工場があり、使われなくなった専用線の線路が並行する。そして98ｍの第１砂鉄川橋梁を渡る。その先に左手に片面ホームのある猊《げい》鼻渓《びけい》駅がある。同駅を出ると１０５ｍの第２砂鉄川橋梁を渡る。橋梁から見た砂鉄川の右奥に奇岩、絶壁で知られ、駅名の由来になった猊鼻渓がある。

第２砂鉄川橋梁を渡ると25‰の連続上り勾配にな

陸中松川駅に停車中の大船渡線列車

猊鼻渓がある第2砂鉄川橋梁を渡る一ノ関行

る。曲線半径３０２ｍで大きく右にカーブし、住宅地に入って左手に片面ホームがある柴宿《しばじゅく》駅となる。柴宿駅の標高は１０１ｍ、手前の猊鼻渓駅が33ｍなので一駅間２・８キロで70ｍ近く上っている。

同駅から先は下り勾配で進む。当初は25‰だが、この勾配はさほど長く続かない。降りきったところで69ｍの第３砂鉄川橋梁を渡る。この橋梁の手前までの下りの平均勾配は24‰になっている。

第３砂鉄川橋梁を渡ると上り勾配に転じて両端がスプリングポイントで相対式ホームの摺沢駅となる。元は下り線が島式ホームのＪＲ形配線だったが、島式ホームの外側の下１線は気仙沼寄りを残して撤去し、無料の一般用駐車場になっている。気仙沼寄りで残った下１線は通常のポイントで下り本線につながっている。

手前の陸中門崎駅で気仙沼街道と分かれるが、同街道はほぼ東進して千厩駅まで進むのに対して、大船渡線は陸中松川駅や摺沢駅を通る大回りをしている。これは大船渡線建設時に政治力を使って摺沢駅経由にした佐藤家によるもので、我田引鉄の典型的な例として多くの文献に取り上げられている。そうは言っても摺沢駅経由にさせた佐藤親子は地元では偉人として称えられ、摺沢駅前に同親子の胸像が置かれている。

摺沢駅を出ると半径３０２ｍで右に大きくカーブして南下する。25‰の上り連続勾配になるとともに右に左にカーブし、標高約１４０ｍになると平均22‰の下り勾配に転じる。そして半径３０２ｍで左にカーブすると千厩駅となる。同駅は島式ホームで、駅全体は半径６０４ｍの左カーブ上にある。上り線側に保守用側線と保守車庫がある。分岐ポイントはスプリング式である。

千厩駅を出ると再び25‰の上り勾配になり、２１１ｍの千厩トンネルを抜けて一旦下るが、また上るようになって76ｍの堺トンネルを抜ける。その先でレベルになると左手に片面ホームがあって駅全体が半径８００ｍの左カーブになっている小梨駅となる。元は相対式ホームだった。その下り線を使っている。廃止された上りホームは残っている。

小梨駅を出ると25‰の連続上り勾配となり、１５０ｍの矢越《やごし》トンネルに入る。同トンネルを抜けると下り勾配になる。このトンネルの出口から少し進んだところが大船渡線の最高地点で、標高は194mである。25‰で下って3‰に緩むと左側に片面ホームがある矢越駅となる。矢越駅を過ぎると平均勾配6・9‰で下る。次の折壁駅は相対式ホームで、気仙沼寄りは半径610mの右カーブ上にある。

気仙沼街道とともに大川に沿ってさらに下ると、かつては相対式ホームだった新月《にいつき》駅となる。下り線を残した棒線駅だが、上りホームは残っている。

その先もずっと下っていく。39mの第1大川橋梁、39mの第2大川橋梁、56mの不動トンネル、67mの新城川橋梁、130mの第3大川橋梁、八瀬トンネル、85mの第4大川橋梁、78mの第5大川橋梁を通り抜け、標高10mほどまでさらに下る。右手からBRT化された気仙沼線が近寄ってきて並行し、18・2‰の上り勾配になり、半径405mで右にカーブして気仙沼駅となる。気仙沼駅の標高は21mである。

●気仙沼―陸前高田間　気仙沼駅のホームの盛寄りではBRT軌道と鉄道線の引上線が並行する。引上線の北側にはBRTの車庫がある。直線で進んでから半径300mで左に大きくカーブする。途中に跨線橋がある。汽車の煙が染みついた年季の入った跨線橋の下を新しく舗装されたBRT軌道が通り抜けているが、ミスマッチな光景である。やはりこの跨線橋の下は旧式気動車か汽車が走るのがよく似合うと思うが、致し方がない。

カーブの途中から盛土になるが、すぐに110mの第1気仙沼トンネルに入る。同トンネルからは直線になる。続いて91mの第2、123mの第3、104mの第4、58mの第5、186mの第6気仙沼トンネルを抜ける。

トンネルとトンネルのあいだは基本的には盛土になっていて、その下を道路がくぐっているが、第5気仙沼トンネルを出たところでは道路と平面交差している。

鉄道線時代は道路からのクルマの進入を防ぐために線路に並行して遮断竿があったが、BRT化後は一般車がBRT軌道に入らないように線路に直角に遮断竿があり、BRTが近づくと遮断竿が上がるようになっている。このとき一般道から入らないようにする警報機などはない。第6気仙沼トンネルの気仙沼寄りは半

大船渡線（気仙沼―盛）

岩手石橋
日頃市
岩手開発鉄道
長安寺
盛
三陸鉄道
南リアス線
至陸前赤崎
赤崎
大船渡
大船渡魚市場前
下船渡
細浦
碁石海岸口
小友
BRT化区間
BRT化
区間
BRT陸前高田
BRT
陸前矢作
陸前矢作
竹駒
まちなか陸前高田
高田高校前
高田病院
BRT脇ノ沢
崩壊した
気仙川B
奇跡の一本松
旧陸前高田
旧脇ノ沢
飯森T
未使用区間
長部
上鹿折
BRT化
区間
八幡大橋
気仙沼
至新月
鹿折唐桑
気仙沼線
至不動の沢

気仙沼—鹿折唐桑間を走る観光型BRTの「海」号。
踏切の遮断竿はBRT軌道に対して上下する

径300mの左カーブになっている。

そして鹿折唐桑駅となる。行き違いが可能な2車線の外側に低床の相対式ホームがある。この先もBRT軌道だが、鉄道線時代は半径1600mで緩く左にカーブしていた。BRT軌道はまっすぐに敷設したので元の軌道から少し離れる。そして右に直角にカーブして取付線を経由して主要地方道34号線を通る。

次の上鹿折駅へはBRTとして運行しているものの、バス会社のミヤコーバスの鹿折金山線というバス路線のうちの気仙沼駅前—上鹿折駅前間をJR東日本のBRTとして運行しているもので、バス代行運転の変形運行形態である。上鹿折駅で乗り降りするとき、鉄道線時代の運賃で利用でき、また、気仙沼以遠から盛などへ向かう101キロ以上の長距離普通切符であれば途中下車扱いで上鹿折駅まで行ける。

しかし、上鹿折駅は解体されず、相対式のホームも駅舎も線路も、そして駅前広場もそのまま残っている。この先の陸前矢作駅までは東日本大震災の被害に遭わずに残っているのである。

上鹿折駅を出ると25‰の上り勾配になる。途中に短

BRT鹿折唐桑駅の先で県道に出て国道45号経由で陸前高田駅に向かう。
鹿折唐桑駅からの線路はそのまま残っている

い鹿折トンネルを抜けて勾配が緩むと１００９ｍの飯《いい》森《もり》トンネルを上下勾配で抜ける。今度は25‰の下り勾配になって２本の小トンネルを抜け、１‰の上り勾配になると相対式ホームの陸前矢作駅がある。その先も線路は残っているが、１６８ｍの矢作川橋梁は流されてしまった。

そのため陸前矢作―陸前高田間は途中の竹駒駅の前後をＢＲＴ軌道とし、その他は一般道を走るＢＲＴ支線が運行されている。

気仙沼―陸前矢作間は東日本大震災で被害に遭わなかったために鉄道線として復旧する考えもあったが、陸前矢作駅でＢＲＴに乗り換えるのでは不便だということになり、また全区間をＢＲＴ軌道にするには費用がかかることから、とりあえずは全く異なるルートの国道45号を通ることにしたのである。

このため本線ＢＲＴは、県道に出てもすぐ先で右折して国道45号を走るようになる。やがて八幡大橋《はちまんおおはし》（東陵高校）駅となる。駅というが国道上によくあるバス停と言っていい。同駅は平成29年４月に開設された。

その先は国道45号のバイパス線として短距離区間だ

が供用開始した無料の三陸自動車道を通る。再び国道45号を通ってしばらく走ると長部《おさべ》駅となる。宮城県交通の上双六《かみすごろく》バス停と同じバスストップ場にある。

右手に奇跡の一本松を見て右折し、気仙沼川を渡った先に、奇跡の一本松駅がある。やはり道路上である。この先で左折して国道340号に移る。周囲は嵩上げ工事がほぼ終了している。北上して左折し、仮設の陸前高田市役所の横を通って右折すると陸前高田駅となる。専用の発着場と駅舎があり、駅員も配置され、終日ではないが、みどりの窓口もある。

震災前の陸前高田駅は海岸近くにあった。相対式ホームの地平駅で標高4mの位置にあったために津波によって壊滅的な被害に遭い、駅舎は流され、ホームと線路が残るだけになってしまった。もちろん周囲の街並みもなくなっている。その後、嵩上げによって駅は地中に埋まってしまった。

同駅から陸前矢作駅への支線は国道340号に戻って西に向かう。途中で左折し、BRT軌道に入って竹駒駅となる。鉄道線時代は気仙沼に向かって右側に片面ホームがあった。BRT化したときに行き違いができる2車線にして相対式ホームを置いている。元のホームの敷地を流用して下り車線が膨らんでいる。

少し走って再び国道340号を走るようになる。BRT軌道は竹駒駅の前後区間だけしかないため、さほど長くはない。竹駒駅の先もずっと線路は続いているが、気仙川橋梁が流されてしまっている。その流されて無残にも盛寄りに残っている1スパンの橋梁と橋脚をBRTの車窓から眺めるのは悲しいものがある。

国道も気仙川を渡り、その先で大船渡線と並行する。BRT軌道とせずに線路はそのまま残されている。そして鉄道線の陸前矢作駅の手前の天照御祖神社の隣にBRTの陸前矢作駅がある。気仙沼―陸前高田間を挟む101キロ以上の長距離切符は途中下車扱いで乗降できる。

●陸前高田―盛間　陸前高田駅から国道340号に出て南下し、まちなか陸前高田駅となる。元の陸前高田駅に近い北側にあり、隣接して嵩上げ地区に出来た商業・図書館複合施設の「アバッセたかた」の最寄り駅として、同施設開業と同じ平成29年4月27日に開設されたものである。震災前の陸前高田駅のやや北側にあ

BRT小友駅

細浦―下船渡間を走るBRT盛行

る。

次の高田高校前駅は高田高校の南側にある。丘を登って高田病院駅、そして主要地方道38号線に出て脇ノ沢駅となる。震災前の脇ノ沢駅は広田湾に面した漁港の近くにあった。津波によって破壊されたが、片面ホームの線路側の壁や駅舎の土台などは残っている。

震災前の脇ノ沢駅の標高は5m、このために被害に遭ってしまった。大船渡線は旧脇ノ沢駅の先で22‰の勾配で上って標高が10mほどになってから、また下り勾配になるが、内陸に入って海側に丘があるために津波被害はさほど受けなかった。そしてBRTが走る主要地方道38号線が乗り越していく。その先でBRTは左折して一般道を少し走ってBRT軌道化した大船渡線の上を走るようになる。

次の小友《おとも》駅は鉄道線のときは行き違いができる相対式ホームの駅だった。BRT化後も短い低床の相対式ホームが置かれている。

小友駅の先で当初は半径600m、次に800m、続いて200m、最後に500mで左にU字状にカーブしていく。勾配も22‰の上りになる。その先で176mの小友トンネルに入るが、このあたりの標高は20mほどになっていて津波の被害に遭わなかった。

掘割を進んで上下ホームで囲まれた1車線分の専用道になっている碁石《ごいし》海岸口駅となる。このため前後に信号機付きの行き違い区間が設けられている。また気仙沼寄りにあった踏切はBRT軌道に一般車が入れないようにBRT軌道側に遮断竿が置かれ、BRTが来れば遮断竿を上げる。鉄道線時代には駅はなく、BRT化時に開設されたものである。

次の細浦駅には鉄道線時代の相対式ホームが残されており、その気仙沼寄りのホームがなくなったところに行き違いができる相対式のBRTホームを設置している。開業したときは行き違いができる相対式ホームだった。その後、上り線側を使用する棒線駅になったが、下りホームは残されていた。

細浦駅を出て58mの石浜トンネルを抜けると25‰の上り勾配になる。海岸線が右手崖下に見える。そして下り勾配になり、行き違い可能な相対式ホームの下船《しもふな》渡《と》駅となる。鉄道線時代は右手に片面ホームが置かれていた。標高は9mである。津波によって浸水した

下船渡駅に進入するBRT気仙沼行

が、流されることはなかった。

この先、まだ下るが、すぐに上り勾配になり、盛土を走るため、津波による被害はさほどなかった。そして1車線区間に相対式ホームがある大船渡魚市場前駅となる。鉄道線時代にはなかった駅である。

次の大船渡駅は周囲の建物ともども津波によって甚大な被害に遭った。このためＢＲＴとして復旧したとき駅周辺は区画整理をしており道路上に駅があったが、区画整理が終了した現在は元の線路をＢＲＴ軌道にして2車線区間のところに相対式ホームが置かれた。これによって盛までＢＲＴ軌道になり、ＢＲＴは渋滞知らずで走行できる。

しばらく進むと右手から三陸鉄道南リアス線が並行してきて盛駅となる。盛駅はＪＲ形配線で島式ホームの外側で三陸鉄道が発着し、その向こうに貨物鉄道の岩手開発鉄道のヤードがある。片面ホームの1番線をＢＲＴの出発、島式ホームの内側の2番線をＢＲＴの到着にしている。そして奥の引上線にはＢＲＴの車庫と回転所が置かれている。ＢＲＴの車庫や回転所は鉄道線時代の引上線や貨物側線などを流用したものである。引上線はまだ先まであったため、そこにはそのまま線路が残っている。

【車両】一ノ関運輸区所属のキハ100形23両を北上線と共用している。うち2両は「ポケモントレイン気仙沼」号用の「POKEMON with YOUトレイン」という特別仕様に改造されている。1両はオールクロスシート、もう1両はフリースペースの子どもの遊び場になっている。

キハ100系は車体長16mと短くして軽量化し、330PSのエンジンを1基搭載して2軸駆動としている。これによって運転最高速度は100キロ、25‰での均衡速度は60キロとなっている。

2扉ボックス式セミクロスシートのトイレ付きで、定員は104人、うち座席41人である。

BRTは13両があり、うち2両は観光形である。

【ダイヤ】鉄道線では区間運転はなく、全線通し運転だけである。一ノ関―気仙沼間の所要時間は1時間19分、急行「むろね」は同区間を1時間17分で走っていたから、ほとんど変わらない。高出力のキハ100形だから、それだけ速くなったということである。ちなみにキハ100形を使った快速「スーパードラゴン」の最速の所要時間は1時間8分だった。

1日の運転本数は下りが11本、上りが10本で、下りは最終の一ノ関発21時25分が単行で他は2両編成、上りは気仙沼発6時1分が3両編成で他は2両編成で運転されている。

気仙沼駅で7両が夜間滞泊する。朝は気仙沼駅を2両編成2本と3両編成1本が出発、夜に2両編成2本と単行1本が留置されるほかに、日中に一部段落としで気仙沼駅に留置される。このため、気仙沼駅ではほぼ終日、留置線に2両編成1本が留め置かれている。

BRT区間では朝ラッシュ時の盛行が15分毎に運転されている。気仙沼発と陸前矢作発が交互に運転される。

昼間時はほぼ1時間〜1時間30分毎に気仙沼―盛間と陸前矢作―陸前高田間が交互に運転され、夕ラッシュ時は気仙沼―盛間と陸前矢作―盛間あるいは陸前矢作―陸前高田間のいずれかがほぼ30分毎に運転される。

気仙沼―盛間の所要時間は1時間27分である。震災前は59分だったから時間が大幅にかかるようになった。しかし、運転本数は気仙沼―盛間で1日9往復と下り1本だったのが、BRTになって気仙沼―盛間で14本、陸前高田―盛間では26往復と下り1本と大幅に増えている。

【将来】 陸前高田市の復興計画図には嵩上げ後の元の大船渡線のルートに沿って、ただ漠然と鉄道が通るように描かれている。しかし、現状ではBRT化してしまっているので鉄道としての復活を望むことは難しいし、JRは鉄道としての復活は断念してしまっている。

とはいえ、気仙沼―竹駒駅先間は矢作川橋梁以外は無傷である。気仙川橋梁さえ復旧し、BRT化した気仙沼―鹿折唐桑間を元の鉄道線に戻せば竹駒駅まで列車を走らせることはできる。

そして嵩上げした陸前高田駅まで鉄道線路を敷設すれば気仙沼―陸前高田間は鉄道として復旧できる。

また、大船渡駅付近も嵩上げをしていることから小友―盛間を再び鉄道線に戻すことで列車を走らせることはできる。

残るは陸前高田―小友間だが、大船渡線の営業キロでの距離は7・3キロしかない。このうち小友駅の陸前高田寄りの1キロほどは路盤がある。6キロ余りを復旧する費用を何とか捻出すれば全線が鉄道線で復旧する。

JRとしては復旧したとしても赤字になるということであれば、山田線の宮古―釜石間と同様に三陸鉄道が引き受けて気仙沼―久慈間を一体運営するのが理にかなっている。この場合は増収対策として、観光用の三陸縦貫列車と実用的な快速あるいは特急による三陸縦貫高速列車を走らせることである。それらの列車は一ノ関―久慈間、さらには八戸線に乗り入れて八戸まで走ることで、三陸地区は活性化されると思われる。

それはそれとして、三陸自動車道の陸前高田IC―上平《かみひら》IC間を通るクルマは陸前高田駅―盛駅間を20分もかからないで走っている。

BRTの急行を三陸自動車道経由で走らせると56分かかっているのが25分程度に短縮する。気仙沼―盛間の所要時間は1時間27分かかっているのが1時間くらいになる。BRT専用道の走行区間は気仙沼―鹿折唐桑間と下船渡―盛間である。これに加えて鹿折唐桑―竹駒間をBRT専用道化すればさらに10分程度短縮し、気仙沼―盛間の所要時間は50分程度になる。

三陸鉄道南リアス線

高出力の気動車による優等列車を走らせよ

POINT! 国鉄盛《さかり》線だったころは東北線の部に属していた。東日本大震災では多大な被害に遭ったが、見事に復興した。乙線規格ではあるが、鉄道建設公団が造ったので、線形がよく、路盤もよく整備されている。まだ復旧していないJR山田線の釜石―宮古間は復旧後、三陸鉄道に移管される。そうすると第3セクター鉄道で一番長い路線となる。盛―久慈《くじ》間163・0キロにもなるのである。

【概要】 三陸鉄道南リアス線は盛―釜石間36・6キロの単線非電化路線である。盛駅でBRTになった大船渡《おおふなと》線と連絡し、釜石駅で釜石線と接続する。山田線とも接続しているが、山田線の宮古―釜石間はまだ復旧していない。復旧後、宮古―釜石間は三陸鉄道が引き継ぐことになっている。

明治25年（1892）6月公布の鉄道敷設法では奥羽線の項に「岩手県下盛岡ヨリ宮古若《もしく》ハ山田ニ至ル鉄道」が予定線として取り上げられた。山田から先は大正11年（1922）4月公布の改正鉄道敷設法の別表7として「岩手県山田ヨリ釜石ヲ経テ大船渡ニ至ル鉄道」が予定線として取り上げられた。

このうちの盛―釜石間が盛線として、ようやく昭和36年（1961）5月に調査線に、37年3月に工事線に昇格した。そして昭和39年3月に鉄道建設公団が発足すると建設は同公団が行うことになった。これによって石巻《いしのまき》―八戸《はちのへ》間を結ぶ三陸縦貫鉄道がようやく実現する手筈になったのである。

昭和41年2月に盛―綾里《りょうり》間、43年7月に綾里―三陸間が着工され、45年3月に盛―綾里間が開通した。46年2月には三陸―釜石間が着工され、48年7月に綾里―吉浜《よしはま》間が開通した。しかし、国鉄再建法で盛線の既存開業区間は第1次特定地方交通線に指定され、未開通区間の工事は凍結となった。

国鉄は地方交通線として輸送密度8000人未満の175線を取り上げ、そのなかでバス輸送への転換が適当な路線を特定地方交通線とした。輸送密度4000人未満でピーク1時間の片道輸送量が1000人未満で、代替輸送道路が整備されていること、積雪等で冬期の代替輸送道路が1年で10日以上不通にならないこと、そして平均乗車距離が30㌔以下で輸送密度が1000人未満であることをその条件とした。特定地方交通線は3回に分けて国鉄から切り離すことになり、その第1次特定地方交通線は輸送密度2000人未満で営業キロ30㌔以下の路線、または輸送密度500人未満でかつ営業キロが50㌔以下の路線として40線を選定し、これを昭和56年9月に運輸省が承認した。

そのなかに盛線と宮古線（宮古―田老）、久慈線（普代―久慈）が選定されたが、盛線の未開通区間の工事を再開することを条件にバスではなく第3セクター鉄道である三陸鉄道が引き受けることになった。

なお、第2次特定地方交通線の条件は輸送密度2000人未満で第1次特定地方交通線に選定されなかった路線とし、31線が選定され、昭和59年6月と60年8月の2回に分けて運輸省が承認した。第3次特定地方交通線は輸送密度4000人未満の路線とし、12線が選定され、61年5月と10月、62年2月の3回に分けて運輸省が承認した。

三陸鉄道は昭和56年11月に設立された。主な株主は岩手県が48・0％、宮古市が4・5％、岩手銀行が4・0％。大船渡市が3・8％、新日本製鉄と東北電力がそれぞれ3・3％、一関市が2・3％、久慈市と釜石市がそれぞれ2・2％となっている。

その後、転換準備と未開通区間の吉浜―釜石間の工事が再開され、昭和59年4月に盛線と宮古線、久慈線が国鉄から三陸鉄道へ転換され、盛線の吉浜―釜石間と田老《たろう》―普代《ふだい》間が開通し、盛―釜石間を南リアス線、宮古―久慈間を北リアス線とした。

これによって三陸縦貫鉄道は全通したが、国鉄線である山田線を挟んだ両端に三陸鉄道線があるということで、通し列車の運転は実現しなかった。

国鉄時代の昭和50年度の盛線の輸送密度は928人、58年度が865人と減少したが、転換後の59年度は全線が開通したこともあって1158人と大幅に増えた。しかし、これは開業によるフィーバーが起因している。その後は徐々に減少し、61年度は991人に減少した。減少の理由は当時は冷夏が続いて観光客が減り、また暖冬で道路の凍結等が少なくマイカー利用のほうが便利だったからである。

それでも昭和61年度の営業収支率（北リアス線を含む鉄道事業のみ）は99・95％とかろうじて黒字になっていた。しかし、平成17年度（2005年度）の営業収支率（鉄道事業のみ）は償却前で132・7％、償却後で135・4％となり、震災前の平成21年度の関連事業も含む営業収支率は131・5％に落ちこんでしまった。

東日本大震災では盛駅、甫嶺《ほれい》駅、甫嶺―三陸間の泊《とまり》地区、唐丹《とうに》駅、釜石駅が津波によって被害に遭い、地震によって盛川橋梁と大渡川橋梁が損傷し、陸前赤崎駅付近の築堤が陥没し、多くのトンネルにクラックができ、各所で軌道が変異した。

そして配置されていた旅客車4両のうち盛駅構内に留置されていた3両は津波によって1mほど冠水

し、すぐには使える状態ではなくなってしまった。残る1両は吉浜―唐丹間にある鍬台《くわだい》トンネルを走行中に地震が発生し、ただちに非常停止した。これによって津波被害には遭わず、乗客乗員とも無事だった。

被害個所はほぼ全線にわたって散在しているために北リアス線のように部分復旧さえなかなかできなかった。そして莫大な復旧費用は国と岩手県が大幅に予算を計上し、鉄道運輸機構の協力を得て、平成25年4月に盛―吉浜間、26年4月に吉浜―釜石間が復旧して全線が復旧した。

全線が復旧した平成26年度の会社全体の営業収支率は118・6％と大幅に改善された。個人や団体の観光利用が増えたためだったが、27年度には130・0％に落ちこんだ。近年の鉄道ブームによって日本全体でのローカル鉄道の利用は増えてはいるが、27年度には北陸新幹線の開通によって鉄道好きの観光客が北陸方面へ移ったことに起因する。

大私鉄では輸送密度が100人くらい減ったとしても、それほど深刻にはならないが、小私鉄では大きく響いてしまうのである。

山田線の宮古―釜石間が三陸鉄道に転換されたときには観光客が恒久的にやって来るような方策を講ずる必要がある。

輸送密度は575人、輸送密度での定期比率は通勤が3・5％、通学が9・6％となっている。輸送人員は178人、1日平均の運輸収入は29万9920円である。北リアス線も含めた営業収支率は償却前で135・5％、償却後で137・1％、1日平均の赤字額は46万1173円、営業キロ1キロあたりで4286円となっている。

【沿線風景】　盛駅の西側に出入口がある。三陸鉄道とJRの駅本屋は別々になっていて、それぞれに待合室や切符売り場などがある。BRT化されたJR大船渡線と貨物鉄道の岩手開発鉄道に挟まれた島式ホームの3番線が発着線である。反対側の2番線はBRT化された大船渡線の気仙沼《けせんぬま》行が発車する。

大船渡線の線路を跨ぐ跨線橋があって片面ホームの1番線と三陸鉄道の待合室につながっているが、大船渡線がBRT化されて軌道を嵩上げしたために、軌道とホームとの段差は少しだけになっており、大船渡線の気仙沼寄りに横断歩道もあるので、跨線橋を渡る人はほとんどいない。

盛駅を出ると左手に三陸鉄道の車両基地があり、その先に大船渡線との連絡線があったが、大船渡線がBRT化されたために三陸鉄道側からの分岐ポイントはあっても、その先で線路は途切れている。しばらく大船渡線と並行してから半径400mで左にカーブして分かれ、盛土になる。その先でコンクリート橋梁の204mの盛川橋梁を渡り、岩手開発鉄道を乗り越して山に取りつく。

1649mの佐野トンネルを抜けると右側にコンクリート製の片面ホームがある陸前赤崎駅となる。駅は半径1200mの左カーブ上にある。JRとの共同使用駅を除いて三陸鉄道の駅には愛称が付いている。同駅の愛称は周辺に貝塚が点在しているために「貝塚めぐり」となっている。

その先で2900mの綾里トンネルに入る。佐野トンネルもそうだが、大半が上り勾配で釜石寄りの少しの区間が下り勾配の拝み勾配になっている。佐野トンネルの上り勾配は4‰、下り勾配は10‰、綾里トンネルの上り勾配は18‰、下り勾配は3‰である。

綾里トンネルを出た先にトンネル状の落石覆いがある。2・5‰の上り勾配に転じてしばらくすると相対式ホームの綾里駅となる。前後のポイントは片開きのスプリング式で、上り線が分岐側になっている。愛称は「綾姫の里」である。

国鉄によって盛線が全通したときには優等列車を走らせるつもりだった。このとき綾里駅は1線スルーに

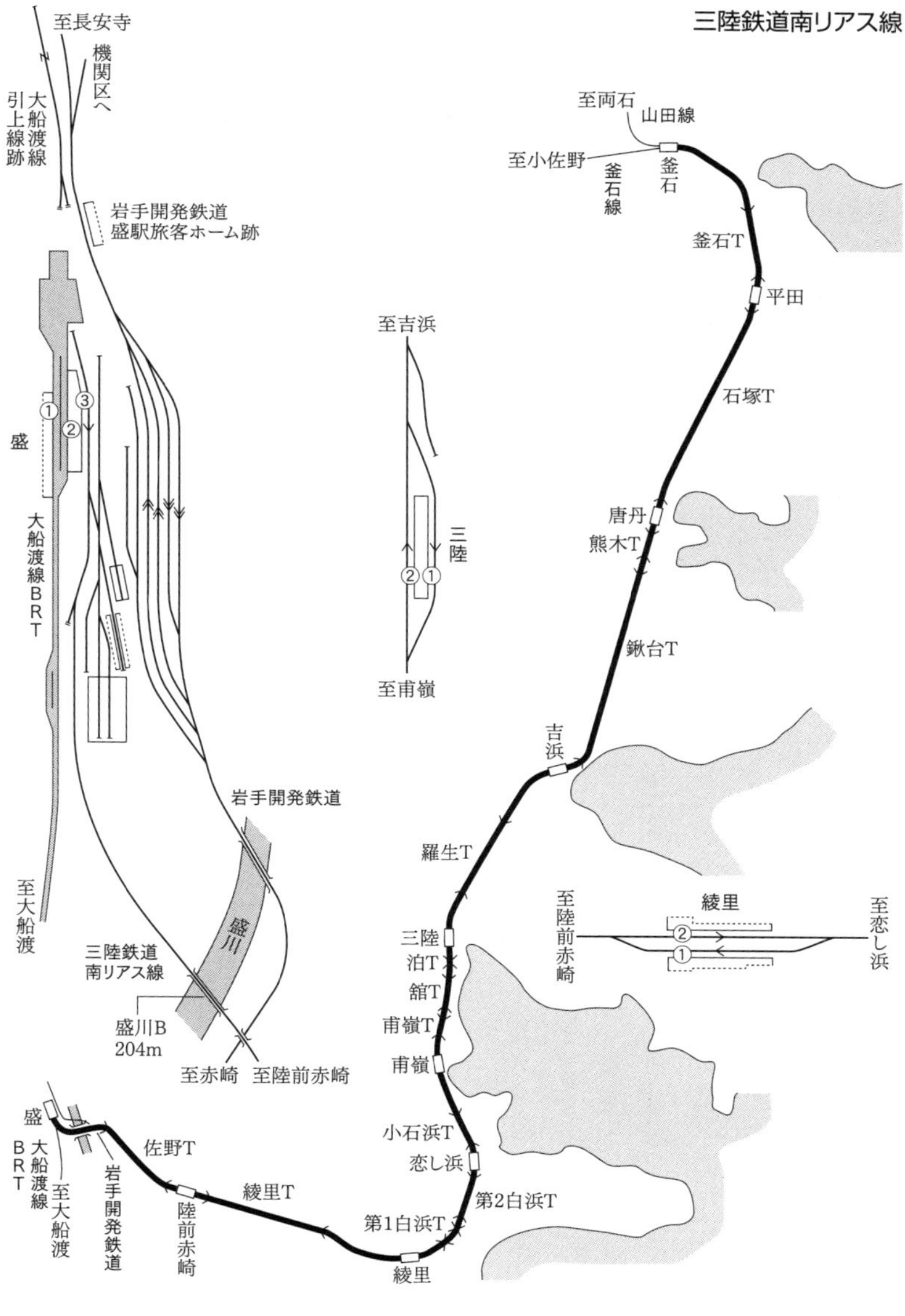
三陸鉄道南リアス線
至長安寺
機関区へ
大船渡線
引上線跡
岩手開発鉄道
盛駅旅客ホーム跡
盛
大船渡線BRT
至大船渡
岩手開発鉄道
盛川
三陸鉄道
南リアス線
盛川B
204m
至赤崎
至陸前赤崎
至吉浜
三陸
至甫嶺
至両石
山田線
至小佐野
釜石線
釜石
釜石T
平田
石塚T
唐丹
熊木T
鍬台T
吉浜
羅生T
三陸
泊T
舘T
甫嶺T
甫嶺
小石浜T
恋し浜
第2白浜T
第1白浜T
綾里
綾里T
陸前赤崎
佐野T
岩手開発鉄道
至大船渡
大船渡線
BRT
盛
綾里
至陸前赤崎
至恋し浜

盛駅。左はBRT大船渡線、中央は南リアス線、右の貨車は岩手開発鉄道

して優等列車は高速で通過することにしていた。しかし、全通したときには三陸鉄道の南リアス線になり、普通しか走らなかったので、スプリング式のポイントによる左側通行にしたのである。

106mの大久保、70mの第1白浜の短い二つのトンネルを抜け、続いて1296mの第2白浜トンネルを抜けると恋し浜駅となる。第2白浜トンネルは盛寄りが短い上り勾配、釜石寄りが長い下り勾配の拝み勾配になっている。

恋し浜駅は半径700mの左カーブ上にあって右側に片面ホームがある。もともとは昭和60年に小石浜駅として開設されたが、同地区で採れるホタテのブランド名「恋し浜」にあやかって駅名を変更したのである。景色がいい海岸を眺められることから日中は上下列車とも3分停車する。愛称は「愛の磯辺」である。

恋し浜駅を出るとすぐに1045mの小石浜トンネル、続いて短い190mの鬼ヶ沢トンネルを抜ける。トンネルを出ると65mの矢《や》作川《はぎがわ》橋梁を渡りながら半径800mで右にカーブする。この橋梁の先にある盛土は津波被害に遭った。復旧時に強固に造り直されている。右手に見える海岸沿いの堤防も嵩上げされている。

その先で左側に片面ホームがある甫嶺駅となる。同駅は崩壊は免れたが、線路は浸水し、一部のレールは歪み、バラストの一部は流された。愛称は金山が近くにあることから「金のしずく」としている。

この先で745mの甫嶺、430mの舘、250mの泊の3本のトンネルを抜ける。トンネルは被害に遭わなかったが、トンネルとトンネルのあいだにある盛土は被害に遭ったところがあり、復旧時に盛土が流されないように強化している。

次の三陸駅は島式ホームで、両端のポイントは上り線が分岐側のスプリング式になっている。釜石寄りに横取線がある。やや内陸の山裾にあるので津波は来なかった。北里大学三陸キャンパスがあるため、愛称は「科学の光」としている。

半径800mで右にカーブする。途中に42mの浦浜川橋梁がある。その先で1978mの羅生《らじょう》、43mの川原、120mの中井、105mの吉浜の四つのトンネルを抜ける。

掘割になって半径800mで右にカーブしてから右手に片面ホームがある吉浜駅となる。大船渡市の出張所などが入る、きっぴんセンターと同居している駅舎がある。愛称は「キッピンあわびの海」。

80mの扇洞トンネルを抜けた先で3906mの鍬台トンネルに入る。震災時にこのトンネルで列車が走っていた。そのため津波に流されなかった。6月にこの列車は吉浜駅まで自力回送して点検を行なった。

鍬台トンネル、続いて790mの熊の木トンネルを抜けた先に島式ホームの唐丹駅がある。下り線が分岐側で、下り線側に並行して横取線がある。津波に浸かったために一部の路盤が流出し、震災後、海岸の堤防は嵩上げされた。愛称は「鮭のふるさと」。

南リアス線で一番長い4670mの石塚トンネルを抜けると高い盛土となり、そこに右手に片面ホームのある平田《へいた》駅がある。愛称は「漁火《いさりび》大観音」。

その先で1957mの釜石トンネルを抜け、半径2000mの左カーブになっている高い高架橋を進む。高架から降りる途中からJRの引上線が並行し、JRとの連絡線が分岐し、右カーブしたところの右手に三

恋し浜駅に3分ほど停車してホームから景色を眺めることができる

三陸鉄道の南リアス線はJR釜石線と山田線につながっているが、ホーム自体は離れている

陸鉄道の釜石駅の片面ホームがある。ＪＲのホームや改札口とは地下道でつながっている。

【車両】　盛駅で津波によって3両が浸水した。修理して使おうとしたが、結局、廃車された。クウェートの支援によって三陸鉄道復興地域活性化支援事業がなされたので36-700形3両を新造し、これに生き残った36-100形1両を加えて元の4両体制となった。

さらに36-R形レトロ調車両1両をイベント列車用として追加新製して5両が在籍するようになった。

36-R形はデッキ式両運転台付き車両で、4人掛けボックス式クロスシート12組があり、定員は111人、うち座席48人となっている。当然トイレが付いている。出力330PSのエンジンを1基搭載し、2軸駆動で運転最高速度は95キロである。イベント用車両だが、土休日は定期列車として走ることが多い。

36-700形は4人掛けボックスシートが10組あり、トイレに面した個所はロングシートになっている。

36-100形はボックス式クロスシート10組40人とロングシート27人があり、クロスシートは左右でずれている。

形式の36は「さんろく」と読み、三陸をもじったものである。

【ダイヤ】　1日10往復で普通のみの運転である。行楽期の土休日と特定の平日には36-R形を使用するレトロ列車が1往復加わる。

最速普通の盛―釜石間の所要時間は47分で表定速度47・1キロとなっている。朝と夕方以降は2列車運用、昼間時は1列車運用である。朝の釜石発の2本は37分の間隔、盛発は55分の間隔だが、昼間時は2、3時間の間隔になる。2列車運用の夕方の間隔は縮まる。

朝に綾里駅と唐丹駅で行き違いをするが、以降は三陸駅だけで行き違いをする。

昼間時の列車は上下とも恋し浜駅で3分停車して、ホームに出たりして景色を楽しめる。

【将来】　今後、山田線の釜石―宮古間が三陸鉄道に転換される。このときに盛―久慈間は一体運行となろう。さらには盛―八戸間の快速列車と観光列車の運転が望ましい。観光列車については眺望がいい展望車の導入を望みたいところで、さほどスピードを要求する必要はなく、のんびりと走ればいい。

盛—宮古間の所要時間は4時間程度になる。その間にいろいろなイベントを車内で行なって観光客を楽しませてもいいし、恋し浜駅などで途中下車してあたりを散策するのもいい。

しかし、都市間連絡をする実用的な快速列車ではそうはいかない。まずは1線スルー構造になっている駅では、現実にスルー線で通過し、また直線が多いから最高速度を１３０キロに上げる必要がある。

南リアス線では停車駅を三陸駅とした快速を朝、昼、夜間に各1往復走らせるのが望ましい。３３０ＰＳのエンジンを2基装備した車両で最高速度を１３０キロに引き上げると30分を切る所要時間になる。

盛—久慈間あるいは盛—八戸間を結ぶ都市間列車にするのもいいが、釜石線に乗り入れて盛岡—盛間の運転も望みたいところである。盛岡—釜石間は快速「はまゆり」で2時間9分だが、先述した高出力気動車であれば充分に2時間を切ることができる。仮に2時間としても盛岡—盛間は2時間30分以内で結ばれる。クルマでは2時間程度だが、冬季は凍結の心配がいらない鉄道のほうが安心であるし、交通事故を起こす心配もない。

ところで盛には貨物鉄道の岩手開発鉄道がある。同鉄道はかつては旅客輸送もしていた。このため行き違い用の各駅にはホームが残っている。実用としての旅客輸送は赤字になるので復活はありえないが、南リアス線から直通の観光列車を走らせてもいい。

浜側の赤崎駅には貨車に載せていた石灰石を落下させて工場へベルトコンベアで運ぶ搬出設備があり、山側の岩手石橋駅には採掘した石灰石を上から落下させて貨車に積みこむ搬入設備がある。近年の産業施設見学ブームに便乗して、これらを探索できる観光コースを組むのである。

そのためには盛駅で岩手開発鉄道への連絡線の設置が必要だが、これはさほど難しくはない。さらに釜石線陸中大橋駅近くに釜石鉱山鉄道がある。これともタイアップして二つの鉱山等の見学ができる観光列車を花巻駅または盛岡駅から走らせるのである。この場合は速く走らせる必要はないから走行コストはあまりかからない。

ＪＲ釜石線

南リアス線に直通列車を走らせよ

POINT! 釜石線は東北線の部に所属している。愛称は「銀河ドリームライン釜石線」である。大船渡線とともに東北本線と三陸を結ぶ路線として現在も快速「はまゆり」が走っている。

上有住《かみありす》駅を出発して少し進むと右手下方に線路が見える。半ループで右にカーブして陸中大橋駅まで１５０ｍほど降りていく。釜石線ならではの絶景区間である。

【概要】 釜石線は花巻―釜石間90・2㌔の単線非電化路線で、花巻駅で東北本線と接続、新花巻駅で東北新幹線と連絡、釜石駅でＪＲ山田線と三陸鉄道南リアス線に接続する。ただし山田線は宮古―釜石間が東日本大震災で不通になっており、復旧したときには三陸鉄道の路線に転換される。

釜石線は当初、私鉄の手によって建設された。明治44年（１９１１）６月に岩手県知事の支援をもとに盛岡銀行頭取が発起人総代として岩手軽便鉄道の名で花巻―沓掛《くつかけ》（仙人峠）間の軽便線の免許を申請し、７月には免許を取得して10月に会社が設立された。

当時、仙人峠から降りた大橋（現陸中大橋駅付近）にあった釜石鉱山から鈴子にある釜石製鉄まで個人の田中長兵衛によって軌間７６２㎜で電気動力の軽便軌道が11月に開通しており、これに徒歩連絡することにしていた。さらに大橋―仙人峠間に索道（ロープウェイ）を設置して工事資材を引き上げ、花巻側と仙人峠側の両側から建設を進めることにした。

なお、釜石側は明治13年（1880）8月に釜石桟橋―大橋採鉱場まで釜石鉱山鉄道が開通したが、16年に官営製鉄所が閉鎖され、釜石鉱山鉄道も廃止され、鉄道の資材一式は現南海電気鉄道の前身である阪堺鉄道に売却されてしまった。そこで釜石製鉄所を個人の田中の手で再建するために復活開通させたのである。

大正2年（1913）10月に花巻―土沢間、3年4月に土沢―晴山《はるやま》間と東側の遠野―仙人峠間が開通した。ただし東側は貨物運輸が先で旅客運輸は1カ月後の5月になった。12月には晴山―岩根橋間と東側の鱒沢《ますざわ》―遠野間、4年7月に東側の柏木平―鱒沢間、11月に岩根橋―鱒沢間が開通して全通した。

一方、釜石側の田中長兵衛の軌道は大正5年に田中鉱山となり、大橋から先の各鉱山の坑道内まで専用軌道を延ばしていった。しかし、貨客の一般利用は大橋―鈴子間であった。

仙人峠と大橋のあいだには貨物用の索道はあったが、旅客は徒歩か篭での連絡で、最低でも2時間半はかかっていた。

そこで、旅客用索道、すなわちロープウェイを建設するか、ループ線で勾配を緩和して山を降りるかを画策したが、ロープウェイはまだまだ日本では普及しておらず費用がかかる。ループ線での建設も勾配を33‰にしたとしても相当な距離を建設しなくてはならず、いずれにしても弱小私設鉄道の岩手軽便鉄道では実現できないものだった。

そこで、国鉄によって仙人峠以東を建設してもらうように運動し、昭和2年に改正鉄道敷設法の予定線の別表8ノ2として「岩手県花巻ヨリ遠野ヲ経テ釜石ニ至ル鉄道」として追加された。予定線に取り上げられると既設の私設鉄道の買収と新線建設が実現することになるのである。

別表の予定線に追加されるのは昭和2年が最初である。なお、別表8は「岩手県小鳥谷《こずや》ヨリ葛巻《くずまき》ヲ経テ袰野《ほろの》附近ニ至ル鉄道及落合附近ヨリ分岐シテ茂市《もいち》ニ至ル鉄道」で8の2よりも北側の予定線であり、関連性はまったくない。予定線を追加するときには一番近くの予定線の別表番号に「ノ2」を追加して取り上げることになっているだけである。

ともあれ、予定線に編入後の昭和4年に、国鉄は仙人峠から大橋へのルートの検討を開始した。そして仙人峠の手前の足ヶ瀬駅から分岐する現在のルートで大橋駅に向かうことにし、昭和11年（1936）6月に着工した。そして8月に岩手軽便鉄道は国鉄に買収され、軌間762㎜の釜石線となった。

岩手軽便鉄道の花巻駅は花巻温泉電気鉄道と共用しており、国鉄花巻駅とは離れていた。そこで国鉄駅に移設するとともに花巻—土沢間のルート変更と全区間の軌間1067㎜への改軌、それに足ヶ瀬—釜石間の建設が決定した。すでに大正13年7月に釜石鉱山に改称した田中鉱山の大橋—釜石製鉄所（鈴子）間の軌道は線形が悪く軌間762㎜なので、軌間1067㎜の国鉄規格の別線を建設し、山田線の釜石駅に乗り入れることにした。

しかし、これらの工事は戦時体制下になっていたためなかなか進まず、昭和18年9月に花巻—柏木平間が完成し、19年10月に陸中大橋—釜石間が開通しただけだった。この区間の開通で花巻側が釜石西線、釜石側が釜石東線となった。

戦後の昭和24年12月になって柏木平—遠野間の改軌が完了し、25年10月に遠野—足ヶ瀬間が改軌され、足ヶ瀬—陸中大橋間が開通してようやく国鉄規格の路線となった。しかし、当然、丙線規格である。また足ヶ瀬—仙人峠間は廃止した。

昭和34年7月に準急「はやちね」の運転を開始した。小回りがきくキハ55系による気動車準急で盛岡—釜石間を1日2往復した。所要時間は最速で2時間29分で、表定速度は50・5キロだった。列車名の由来は北上山地で一番高い早池峰山からとっている。

昭和36年12月からは常磐線と釜石線経由の上野—宮古間に急行「陸中」の運転を開始した。同年10月の改正で登場したのが急行「陸中」で、このときは上野—盛岡間の運転だったが、5両編成中の2両は仙台駅で連結解放を行なっていた。この2両を花巻駅まで連結し、同駅で切り離して宮古まで行くようにしたものである。

さらに盛岡発山田線、釜石線経由で盛岡に戻る循環準急「五葉《ごよう》」、その反対回りの「そとやま」が昭和40年3月から運転を開始した。

その後、運転系統の見直しや列車名の変更などがあり、昭和45年10月改正で急行は「はやちね」2往復に仙台—宮古間運転の「さんりく」に花巻駅で併結する盛岡→釜石間の片道1本があった。また「陸中」は釜石線と山田線、花輪線経由の仙台—秋田間となり、仙台—花巻間は「くりこま」と併結していた。これに「五葉」と「そとやま」が走っていた。

さらに多客時に寝台急行「みやこ」が上野—宮古間で運転された。上野—花巻間は「十和田」2号(宮古行)、3号(宮古発)に併結され、その寝台車1両を分割併合する。このため1両の寝台車を機関車が牽引する。

急行の釜石線内の停車駅は土沢、宮守、遠野、陸中大橋だが、臨時夜行急行「みやこ」は土沢駅を通過し、朝の上り「はやちね」1号と「さんりく・はやちね」2号の併結列車は上有住駅にも停車する。

昭和60年3月に東北新幹線新花巻駅が開設され、同時に釜石線の近くにあった矢沢《やさわ》駅を廃止して新幹線との交差付近に釜石線の新花巻駅を新設した。

このとき盛岡―釜石間の急行「はやちね」は午前中に1往復運転されるのみとなり、盛岡―宮古間運転は急行「陸中」の2往復となった。そして新花巻駅に停車するようになった。

国鉄最後のダイヤ改正をした昭和61年11月には午前中に走っていた「はやちね」も「陸中」に改称し、JRになってもそれを継承した。平成3年3月からは軽量高出力のキハ110系0番台のリクライニングシート車に置き換えられた。

これによってそれまで最速の「陸中」3号で花巻―釜石間の所要時間は1時間49分だったのが、1時間36分に短縮するとともに、「陸中」2、5号は停車駅を新花巻、小佐野《こさの》だけとして5号は1時間31分、2号は1時間30分とスピードアップした。さらに下りのみ最終列車で急行にした「銀河ドリーム」号の運転を開始した。

平成7年3月から釜石線の愛称を「銀河ドリームライン」とした。平成3年登場の急行「銀河ドリーム」号もそうだが、この愛称は宮沢賢治の「銀河鉄道の夜」からとったものである。

しかし、「銀河ドリーム」号は平成4年に廃止された。「陸中」は平成14年12月に快速に格下げされ、愛称も「はまゆり」となった。

そして東日本大震災が起こったが、被害は軽微だった。3月末には花巻―遠野間、4月初めに遠野―釜石間の運転を再開した。

輸送密度は843人、平成24年度は901人、21年度は977人、昭和62年度は1917人とずっと減少している。クルマの便利さには勝てないというところである。

【沿線風景】　釜石線列車は花巻駅の片面ホームの1番線で発着する。多くの釜石線列車が東北本線の盛岡―花巻間に直通する。そのために花巻駅の東北本線の盛岡方には上下渡り線と上り本線から1番線への連絡線がある。そして1番線に進入後、向きを変えて釜石へ出発する。

　花巻駅を出ると半径３００ｍで右にカーブして東北本線と分かれるとともに20‰の下り勾配になって東北本線より一段低くなる。この先で少し上り勾配になり、再び半径４００ｍで右にカーブする。しばらく進むと国道4号をくぐった先に島式ホームの似内《にたない》駅がある。前後のポイントは両開きのスプリング式になっている。釜石線の各行き違い駅のポイントはスプリング式である。

　似内駅を出るとさらに半径３００ｍで右にカーブして２４８ｍの北上川橋梁を渡り、今度は同じ半径で左にカーブする。東北新幹線の新花巻駅が見える手前で線路が一度左にシフトし、少し先でまた右にシフトして元の位置に戻る。ここにかつて相対式ホームの矢沢駅があった。その下り線を本線として残し、上り線は撤去した。

　矢沢駅は東北新幹線と釜石線に新花巻駅を設置した昭和60年に廃止された。矢沢駅跡の中心から２００ｍほど進むと左側に片面ホームがある新花巻駅となる。新幹線のコンコースや駅前広場とのあいだには県道２８６号線が塞いでいるので地下道が設置されている。新幹線の新花巻駅は当然有人だが、釜石線の新花巻駅は無人になっている。ホームは15‰の上り勾配上にある。このくらいの勾配では通常はホームを設置しないが、新幹線と交差しているところに駅を設置しなければならず、やむを得ず設置したのである。

　ホームの釜石寄りは新幹線のホームの真下にあり、花巻寄りは露天になっている。矢沢駅の釜石寄り端部から新花巻駅の花巻寄り端部までは２００ｍくらいしか離れていないが、矢沢駅の中心と新花巻駅の中心との距離は５００ｍである。

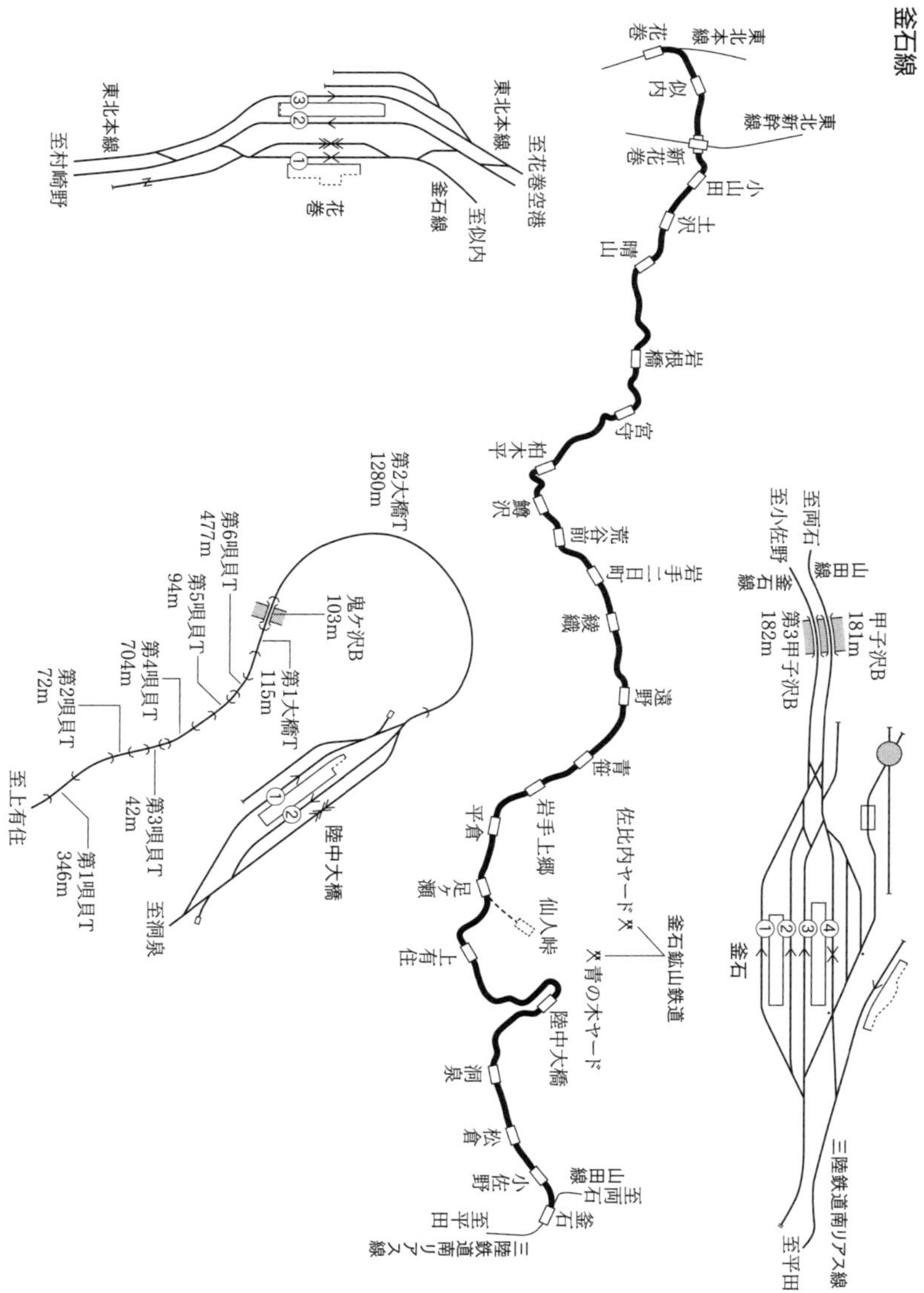

釜石線
東北本線
花巻
似内
東北新幹線
新花巻
小山田
土沢
晴山
岩根橋
宮守
柏木平
鱒沢
荒谷前
岩手二日町
綾織
遠野
青笹
岩手上郷
平倉
足ケ瀬
上有住
陸中大橋
洞泉
松倉
小佐野
釜石
至両石
山田線
至平田
三陸鉄道南リアス線
仙人峠
佐比内ヤード
青の木ヤード
釜石鉱山鉄道
東北本線
至花巻空港
至似内
釜石線
花巻
至村崎野
第2大橋T
1280m
第6唄貝T
477m
第5唄貝T
94m
鬼ヶ沢B
103m
第1大橋T
115m
第4唄貝T
704m
第2唄貝T
72m
第3唄貝T
42m
第1唄貝T
346m
至上有住
陸中大橋
至洞泉
至両石
至小佐野
山田線
釜石線
甲子沢B
181m
第3甲子沢B
182m
釜石
三陸鉄道南リアス線
至平田

新花巻駅の花巻寄りで線路がシフトしているのは、新花巻駅が設置される前までは、ここに行き違い駅の矢沢駅があったからである

新花巻駅に停車中の釜石行。上は新幹線新花巻駅

半径６００ｍで左にカーブしてから、今度は半径４００ｍで右にカーブした先に片面ホームの小《お》山田《やまだ》駅がある。かつては両側分岐の相対式ホームだったので、棒線化したものの使われていない上りホームは残っている。

上り勾配基調で進む。次の土沢駅は相対式ホームで、花巻寄りのポイントは下り線が直線になっており、釜石寄りは両側分岐になっているが、上り線側はさほどきつくなっていない。上下線が合流後、斜めに進んでから左にカーブして直線になっている。同駅から右手に国道２８３号釜石街道が並行するようになる。

蛇行している猿ヶ石川が右手に近寄ってきて並行する。このため釜石線も右に左にカーブする。右側に片面ホームがある次の晴山駅の花巻寄りは半径２４０ｍの左カーブ上にある。晴山駅のホームを過ぎると半径３００ｍで右にカーブしてから左にカーブするＳ字カーブになっている。

上り勾配で進み、４１２ｍの晴山トンネルを抜ける。トンネル内は25‰の上り勾配になっている。釜石街道が頭上を横切って左手に移って並行する。その先で半径４００ｍ、続いて２５０ｍの右カーブ上に左手に片面ホームのある岩根橋駅がある。

岩根橋駅の先はレベルになって右に大きくカーブし、94ｍの達曽《たっそ》部《べ》川《がわ》橋梁を渡る。この橋梁は4連コンクリートアーチ橋になっている。その先で25‰の上り勾配になり、３５８ｍの宮守トンネルに入る。トンネルを出ても上り続けて、勾配が3・5‰に緩むと島式ホームの宮守駅となる。半径２５０ｍ、続いて４００ｍの右カーブ上にあって標高は１９１ｍである。

急曲線のＳ字カーブを切った先の半径２５０ｍの左カーブ上に5連のコンクリートアーチ橋で１０７ｍの宮守川橋梁がある。橋梁を渡ると25‰の連続上り勾配で峠を越えて今度は25‰の下り勾配になる。３１０ｍの鱒沢トンネルを抜ける。トンネル内の下り勾配は18‰になっている。

再び猿ヶ石川が右手から近寄って並行するようになると、右に片面ホームのある柏木平駅がある。同駅を出ると左にカーブしていく。緩い上り勾配基調で左右の山に挟まれているものの、なだらかな地形の猿ヶ石

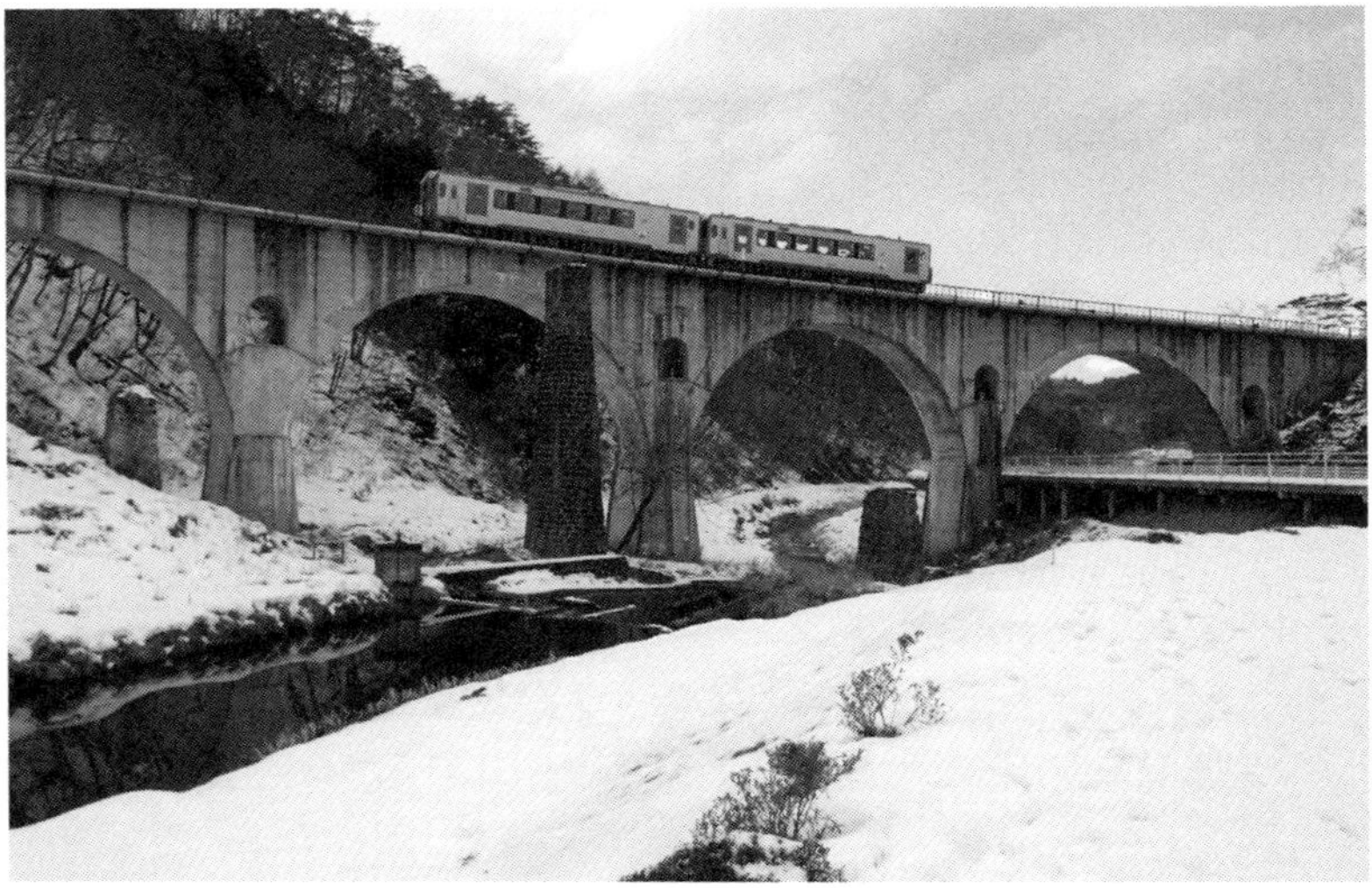

宮守駅付近にあるアーチ橋の宮守川橋梁を渡る花巻行

川沿岸を進み、島式ホームの鱒沢駅、続いて半径500mの左カーブ上で右手に片面ホームのある荒谷前《あらやまえ》駅、元島式ホームで、その下り線側を残した棒線駅の岩手二日町《ふつかまち》駅、右手に片面ホームのある綾織《あやおり》駅と進んでいく。

そして191mの猿ヶ石川橋梁を渡って少し進むとJR形配線の遠野駅となる。右手が片面ホームで下り本線の1番線、そして島式ホームの内側に上り本線、外側に上下副本線の上1線がある。この先は猿ヶ石川の支流の早瀬川に沿って進むようになる。

遠野駅を出ても地形は開けているが、ほとんどが20‰の上り勾配で進む。76mの第1早瀬川橋梁、続いて60mの河内川《かわうちがわ》橋梁を渡ってほぼ直線で進み、左手に片面ホームのある青笹《あおざさ》駅があり、その先で66mの猫川橋梁を渡ってしばらく進むと島式ホームの岩手上郷《かみごう》駅となる。

岩手上郷駅は右手に振った先で上下本線が分かれて島式ホームになっている。そして駅を出ると左に振って本来の線路位置に戻る。右に振らずにまっすぐに進んだ線路に面して左手に片面ホームのあるJR形配線だったが、現在、片面ホーム側は振ってから左に乗り上げポイントで分岐する横取線になっている。

徐々に左右の山が迫ってくる。半径５００ｍで右にカーブして直線で進み、１１５ｍの第2早瀬川橋梁を渡る。その先で半径３００ｍで左に大きくカーブして南向きから東向きに進むと右手に片面ホームのある平倉駅となる。平倉駅は元は相対式ホームだった。その上り線を残して棒線化した。対面の下りホームは撤去されている。

両側の山が迫り、釜石線は南側の山に近寄って88ｍの佐生田《さしょうだ》トンネルをくぐる。トンネルを抜けて谷筋を進むと島式ホームの足ヶ瀬駅となる。同駅は半径８００ｍの左カーブ上にある。

足ヶ瀬駅の標高は４７２ｍで釜石線で一番高いところにある駅である。

駅を出ると15‰で上り、半径２００ｍで右にカーブして１９３１ｍの足ヶ瀬トンネルに入る。坑口の標高は４８０ｍで釜石線で一番高いところである。足ヶ瀬トンネルは直線で25‰の下り勾配になっている。

足ヶ瀬トンネルを出ると半径３００ｍで右にカーブ

釜石鉱山鉄道の青の木ヤード

し、その先で半径200mで右にカーブしながら80mの神楽沢トンネルを抜けて、ほぼ直線で進む。途中に300mの第1、185mの第2大洞《おおほら》トンネルを抜ける。勾配が2‰の上りになると右手に片面ホームのある上有住駅となる。元は島式ホームの行き違い駅だった。駅を出てすぐに2976mの土倉トンネルに入る。同トンネルは直線で、上有住駅寄りは少しのあいだ2‰の上り勾配になっているが、すぐに20‰の下り勾配に転じる。

土倉トンネルを出ると半径250mで左にカーブし、346mの第1、72mの第2、42mの第3、704mの第4、94mの第5、477mの第6の唄貝《うたがい》トンネル、次いで115mの第1大橋トンネルをくぐる。さらに103mの鬼ヶ沢橋梁を渡る。右手下方にこれから通る釜石線や陸中大橋駅が見える。

次に右にカーブして1280mの第2大橋トンネルに入る。このトンネルは当初、半径250m、次に300mで右にカーブする半ループ線を成しており、北向きから南向きに変わる。土倉トンネルから第2大橋トンネルまで鬼ヶ沢橋梁付近を除いてずっと25‰の下り勾配になっている。

トンネルを出ると陸中大橋駅となる。島式ホームを挟む上下本線と貨物着発線の下1線がある。同駅の標高は252m、釜石線の最高地点である足ヶ瀬トンネルの花巻寄り坑口の標高は480mだから、一気に228m下っている。

陸中大橋駅付近は3‰の下り勾配だが、その先はまた25‰の下り勾配になっていて甲子《かっし》川《がわ》に沿って蛇行して進む。98mの唄貝トンネルをくぐり、第1甲子川橋梁を渡る。しばらく進んで自動車専用の仙人峠道路をくぐり、3‰に勾配が緩んで片面ホームの洞泉《どうせん》駅となる。元は島式ホームで、その下り線を使っている。

勾配は20‰の連続下り勾配に緩む。再び仙人峠道路をくぐって同道路と並行する。この道路は右折して国道283号と合流する。釜石線はほぼまっすぐ進んで釜石の市街地を走るようになる。そして右手に片面ホームがある松倉駅となる。釜石寄りのホーム部分は右側に振っている。かつては対面に貨物側線があった。

その先で187mの松倉トンネルをくぐり、しばらく進むと小佐野駅となる。半径800mと1000m

の右カーブ上に島式ホームがある。花巻寄りには保守基地が置かれている。

この先で229mの中妻《なかづま》トンネルを抜け、左手から山田線が合流し、半径250mで右にカーブする。第3甲子沢橋梁を渡るが、同橋梁も半径295mの右カーブになっている。渡ると釜石駅となる。島式ホーム2面4線とそれに並行して2線の留置線、1線の機走線がある。機走線には新しい機関庫と転車台がある。

機関庫と転車台は盛岡―釜石間を走る蒸気機関車列車「SL銀河」号の牽引機C58 239号機用に新設されたものである。4番線は他の発着線とともに奥にある引上線につながり、またシングルスリップポイントで三陸鉄道南リアス線にも接続している。

【車両】 盛岡車両センターのキハ110系9両とキハ100系17両が使用される。

キハ110系は快速「はまゆり」用のデッキ式オール回転リクライニングシート車で、両運転台でトイレ付きのキハ110形が5両、片運転台でトイレ付きのキハ111形と片運転台でトイレなしのキハ112形がそれぞれ2両あって、適宜組み合わせて3両編成を

釜石駅全景。右下の転車台と機関庫はC58 239号機のためのもの

組んでいる。

定員はキハ110形が52人、キハ111形が60人、キハ112形が64人で、すべて座席数イコール定員となっている。釜石寄りの1両が指定席車、他は自由席車である。

普通用のキハ100系はすべて両運転台でトイレ付きのキハ100形を使用し、最大3両編成を組む。

【ダイヤ】 快速「はまゆり」が盛岡―釜石間で3往復設定されている。花巻―釜石間の停車駅は新花巻、土沢、宮守、遠野、小佐野である（3号は岩手上郷、6号は松倉、岩手上郷、鱒沢にも停車）。花巻―釜石間で最速の所要時間は1時間36分、表定速度56・4キロとなっている。

普通は下り7本、上り8本と朝に遠野発釜石行、夜に釜石発遠野行がある。夜に遠野に到着して同駅で滞泊し、翌日の始発の釜石行になる。盛岡直通の普通は3往復が設定されている。朝の釜石発上りの2本の間隔は約30分、14、15時台と夜間の下りは約70分の間隔になっているが、それ以外は3、4時間の間隔になっている。

ただし、その間に快速「はまゆり」が走る。快速停車駅以外の駅の利用は少ないから、これでいいのかもしれない。とはいえ、快速「はまゆり」の増発によってもう少し利用できる頻度を上げてもらいたいものである。

行楽期の土日には快速「SL銀河」が走る。快速「はまゆり」の基本の停車駅に加えて上有住、陸中大橋に停車する。復元蒸気機関車は盛岡車両センターのC58 239号機を使う。

C58 239号機は盛岡にある岩手県営運動公園内交通公園に保存展示されたものを復帰させた。しかしボイラーの圧力が不足して釜石線の25‰の登り勾配で客車を牽引して走行できない。そこでもともとは国鉄時代に造られた50系客車をJR北海道が改造してキハ141系気動車とした。そのうちの4両を譲受して「SL銀河」用座席車とした。要は蒸気機関車と気動車とを連結して走らせているのである。

出力450PSのエンジンをキハ141系のうち釜石寄り1号車に2基、花巻寄り4号車に1基搭載し、中間の2両には動力エンジンはないが、補助電力発電用のエンジンをそれぞれ1基ずつ搭載している。蒸機連結時にこの3基の動力エンジンだけで走行は可能である。

蒸機との協調運転は蒸機に機関士、気動車に運転士が乗り、力行時（加速時）には無線でやりとりする。ブレーキ時は機関車の操作によって編成全体の制御ができるようになっており、このために蒸機にもATS－P形を搭載している。

かつて蒸機列車華やかなころの蒸機重連では汽笛を合図に力行、ブレーキを各機関士が行なっていた。「SL銀河」号も汽笛の合図での操作を行なってもらうと臨場感がもっと再現できるように思える。

【将来】　山田線の宮古―釜石間が三陸鉄道の路線として復旧したときには快速「はまゆり」が宮古まで直通すると便利である。

また、大船渡線の気仙沼―盛間がBRT化してしまって、東北本線方面から鉄道だけで盛に行くには釜石線を使うしかない。三陸鉄道南リアス線に乗り入れる釜石線の直通列車がほしいところである。盛岡―盛間の快速を1日2往復程度走らせると便利である。

釜石寄りから見た遠野駅

JR山田線

復旧すれば宮古―釜石間は三陸鉄道に移管される

POINT! 山田線は東北線の部に所属している。東日本大震災で宮古―釜石間が多大な被害に遭ってまだ復旧はしていない。ほとんどの区間は復旧しているが、嵩上げ工事が必要な大槌《おおつち》駅付近だけがまだ復旧しておらず、平成29年6月末時点では更地のままである。復旧後は三陸鉄道に移管することになっている。

山間部を走る盛岡―宮古間では風水害によってたびたび長期運休をしている。現在でも上米内《かみよない》―川内《かわうち》間が不通である。

【概要】 山田線は盛岡―釜石間157・5キロの単線非電化路線で、盛岡駅で東北本線とIGRいわて銀河鉄道と接続し、東北新幹線と田沢湖線と連絡する。宮古駅で三陸鉄道北リアス線、釜石駅で釜石線と三陸鉄道南リアス線と接続するが、宮古―釜石間は東日本大震災で大きな被害に遭って、現在、復旧工事中である。

さらに平成28年（2016）8月に松草―平津戸《ひらつと》間で台風10号による土砂崩壊が起こって、現在でも上米内―川内間が不通である。

山田線は明治25年（1892）6月に公布された鉄道敷設法の予定線として奥羽線の項に「岩手県下盛岡ヨリ宮古若《もしく》ハ山田ニ至ル鉄道」として取り上げられた。太平洋岸と日本鉄道とを結ぶ路線が必要だからである。しかし、急峻な地形に鉄道を敷設するのは並大抵のことではないから、なかなか着工されなかった。

大正7年（1918）に首相になった岩手県出身の原敬が9年に山田線の建設を決定し、12年10月に盛岡―上米内間が開通した。昭和3年（1928）9月に上米内駅から区界《くざかい》駅まで、5年10月に松草駅まで、6年10月に平津戸駅まで、8年11月に陸中川井駅まで、9年11月に宮古駅まで、10年11月に陸中山田駅まで開通した。

一方、大正11年4月には改正鉄道敷設法が公布され、別表7として「岩手県山田ヨリ釜石ヲ経テ大船《おおふな》渡《と》ニ至ル鉄道」が予定線として取り上げられた。それを根拠にして昭和11年11月に陸中山田駅から岩手船越《ふなこし》駅まで、13年4月に大槌駅まで、14年11月に釜石駅まで開通して山田線は全通した。

盛岡―宮古間は人口希薄地帯で山田線の建設は猿でも乗せるのかと皮肉られていた。海産物を運ぶ貨物はそれなりにあったが、乗客は少なく、優等列車の設定などまず考えられなかった。

しかし、陸中海岸国立公園への観光客や盛岡と宮古のあいだを往復する乗客も増えたために、昭和40年3月に盛岡―宮古間に1往復の準急「リアス」と1往復の盛岡―宮古―釜石―花巻―盛岡間の循環準急の「五葉《ごよう》」（内回り）と「そとやま」（外回り）が設定された。

循環準急は観光に適した時間に走るようにしていたが、「リアス」は早朝に釜石駅を出て盛岡に9時前に到着、そして夕方に盛岡を出て夜に釜石に到着する、三陸地区から盛岡への出張用のビジネス列車だった。

その後、準急はすべて急行に格上げされ、仙台―花巻―釜石―宮古―盛岡―秋田間を走る急行「陸中」などが運転された。「リアス」は昭和47年3月に盛岡―宮古間の所要時間を2時間11分から3分短縮して2時間8分、表定速度47・9キロまで短縮したが、その後は国鉄の停滞期に行き違い駅の棒線化などがなされたためにスピードダウンしていった。53年には盛岡―宮古間で2時間14分に延びてしまった。

昭和54年に並行する国道106号で盛岡―宮古間を2時間10分で頻繁に走る愛称「106急行バス」が岩手県北自動車によって運行されるようになった。

所要時間はほとんど変わらないが、「106急行バス」の運転間隔は45～60分、運賃は1800円に対して国鉄は運賃1600円と急行券600円の2200円となる。これでは太刀打ちできず、昭和57年11月に快速に格下げされるとともに、停車駅を茂市《もいち》駅だけにして盛岡―宮古間の所要時間を2時間1分に短縮した。これによって利用は増えたが、1日1往復では頻繁に走る「106急行バス」の敵ではなかった。

現在の快速「リアス」は下り2本、上り1本だが、停車駅は上盛岡、山岸、上米内、区界（下り1本は通過）、陸中川井と増えたものの、軽量高出力気動車のキハ110系を使用しているので所要時間は最速で2時間3分と少し遅くなっているだけだが、運転頻度は岩手県北バスにはかなわない。

東日本大震災では大津波によって宮古―釜石間の海岸近くの各駅が水没し、特に大槌駅と鵜住居《うのすまい》駅と、その付近の盛土や橋梁、第34閉伊川《へいがわ》橋梁、第1織笠川《おりかさがわ》橋梁、浪板川《なみいたがわ》橋梁は流失し、陸中山田駅の駅舎などは津波襲来後の火災で焼失してしまった。

3月18日には被害がほとんどなかった盛岡―上米内間が復旧し、次いで26日に上米内―宮古間が復旧したが、宮古—釜石間は現在、復旧工事中である。当初はBRTにする予定だったが、地元が反対してBRT化は中止になった。その後、JRが復旧費210億円のうち140億円を負担することになり、復旧後は三陸鉄道に移管することに決まった。さらにJRは被害に遭わなかった区間の線路をコンクリート枕木と重レールにする費用も負担することになった。

宮古—釜石間は復旧工事中だが、平成27年12月には大雨によって盛岡—宮古間が不通になるだけでなく、松草—平津戸間でレールが土砂に埋まったところに普通列車が突っ込んで脱線し、乗客10人が負傷してしまった。

その後、上米内—川内間を除いて復旧したが、上米内—川内間の復旧工事がなかなか進まないところで、今度は翌28年8月には台風10号によって、また盛岡—宮古間が不通になってしまった。そして現在でも上米内—川内間が不通になっている。

盛岡—宮古間を行き来する人の多くは岩手県北バスの急行バスかクルマを利用しており、山田線を利用する人は少ない。快速「リアス」が最速1時間59分で結んでいても1日2往復では利用しにくい。岩手県北バスのほうは所要時間が2時間15分と遅いが、30分～1時間毎に運行されている。クルマ利用では震災復興道路として宮古盛岡横断道が田の沢—区界間で供用中で、その前後を整備中である。

これに対抗するには普通も含めて最低でも1時間毎、できれば30分毎にする必要がある。思い切って単行でいいからフリークェント運転をしてみてはどうかと思う。フリークェント運転で成功した例として山形新幹線の山形—新庄間がある。山形新幹線が開通する前は特急が走ってはいたが閑散としていた。開通後は首都圏への利用だけでなく、山形—新庄間の区間利用も大幅に増えている。これと同じことをすればいいのである。

輸送密度は盛岡―上米内間で459人、平成24年度が417人、21年度が435人、昭和62年度が844人である。昭和62年度と比べるとほぼ半減してはいるが、盛岡都市圏として増えつつある。

上米内―宮古間は220人、震災後の平成24年度が209人、震災前の21年度が194人、昭和62年度が720人である。震災後は宮古への足として利用され、増加している。とはいえ200人台では鉄道としての経営は成り立っていない。

宮古―釜石間は現在不通なので統計はない。震災前の平成21年度は713人、昭和62年度は1719人と減ってはいるが、それなりに利用されていた。

【沿線風景】 **●盛岡―宮古間**　盛岡駅では主として2番線で発着するが、一部の列車は4番線から発車する。盛岡駅を出るとIGRいわて銀河鉄道と少し並行する。半径302mで右に大きくほぼ直角にカーブして、秋田新幹線、続いて東北新幹線をくぐる。直線になって104mの北上川橋梁を渡る。

その先でも半径302mで右にカーブしてから今度は同じ曲線で左にカーブする。そして直線で進むと、右側に片面ホームがある上盛岡駅となる。かつてはJR形配線で貨物側線もあった。駅の西北の岩手県立中央病院にはかつて専売公社の工場があり、上盛岡駅の貨物側線から同工場まで専売公社専用線が延びていた。

上盛岡駅は盛岡の市街地にあるので、土地としては1等地である。そのため南側の片面ホームだけ残して棒線化し、他の土地は売却するか、マンションなどが建っている。棒線と言っても元の分岐ポイントをトレースした形で線路はホーム部分で南に振っている。

上盛岡駅を出ると愛宕《あたご》山《やま》を避けるために25‰の上り勾配になりながら、半径302mのS字カーブを切っ

山田線（盛岡—宮古）

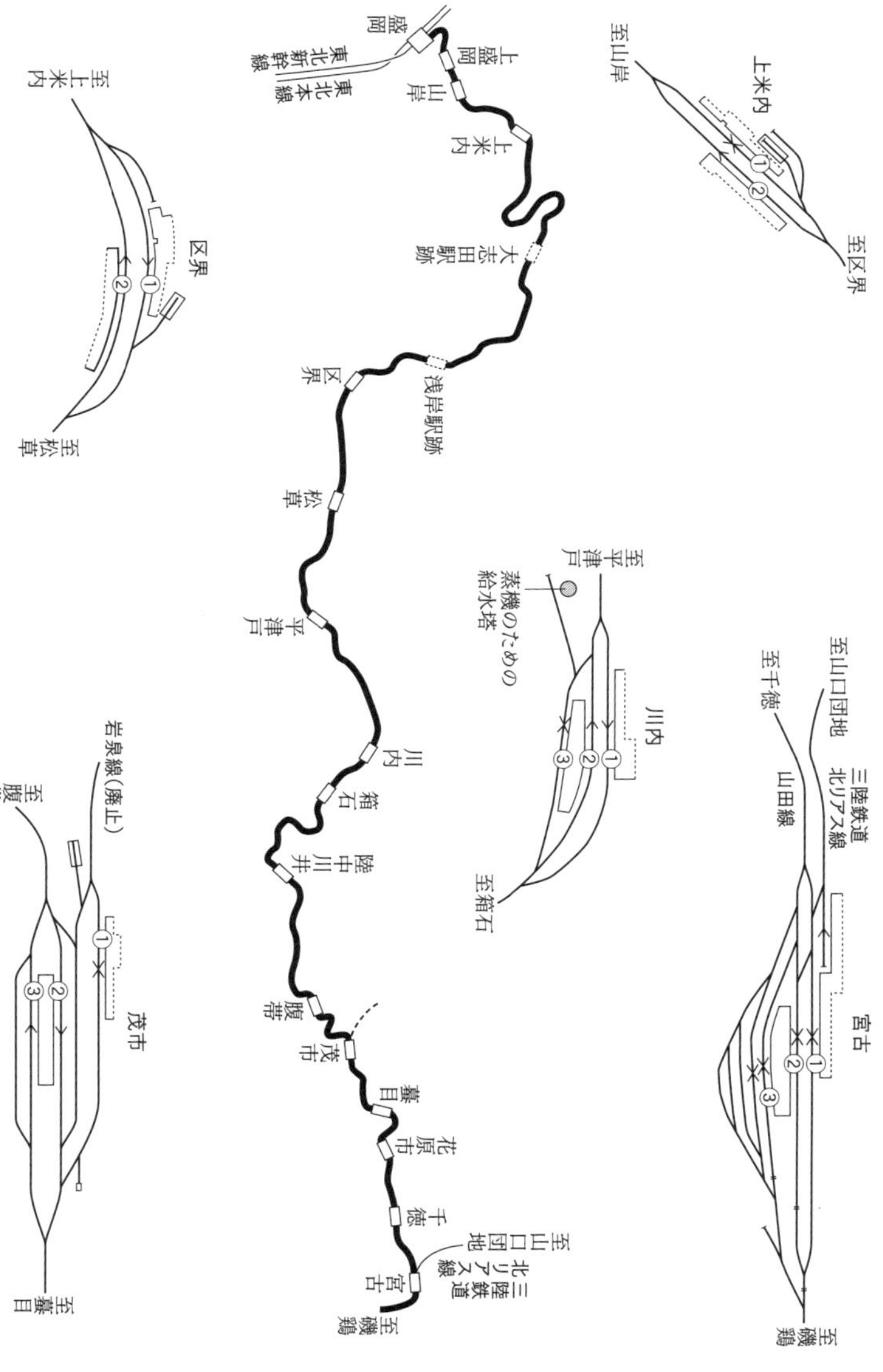
盛岡
東北新幹線
東北本線
上盛岡
山岸
上米内
大志田駅跡
浅岸駅跡
区界
松草
平津戸
川内
箱石
陸中川井
腹帯
茂市
蟇目
花原市
千徳
宮古
至山口団地
三陸鉄道北リアス線
至磯鶏
至山岸
上米内
至区界
至上米内
区界
至松草
至平津戸
蒸機のための給水塔
川内
至箱石
岩泉線（廃止）
至腹帯
茂市
至蟇目
至山口団地
至千徳
三陸鉄道北リアス線
山田線
宮古
至磯鶏

て愛宕山の山裾を241mの愛宕山トンネルで抜ける。トンネルを出ると25‰の下り勾配になる。またトンネル内の出口付近は半径302mで右にカーブしてから左にカーブする。そして5‰の上り勾配を進んで、右手に片面ホームがある山岸駅となる。盛岡寄りのホームは半径805mの右カーブ上にある。

山岸駅は市街地にあるが、少し進むと右手から米内川が並行し、最急25‰の勾配で山登りを始める。米内川は蛇行しているが、それに沿って進むとカーブがきつくなるので、第1から第7の七つの米内川橋梁を渡り、その先で51mの米内トンネルを抜ける。左右のカーブの半径はすべて302mになっている。

勾配が3・3‰に緩むと相対式ホームで釜石寄りに保線基地がある上米内駅となる。下り1番線は盛岡方向へも出発できる。これによって盛岡—上米内間の区間列車が運転されている。この先が平成27年12月の豪雨による土砂崩壊で不通になっているため、盛岡発は同駅ですべて折り返している。

この先も上り続ける。第8から第13の六つの米内川橋梁を渡る。その先では米内川の谷から少し南に避けてトンネルを多用して進む。203mの第1、166mの第2の二つの鍋倉トンネル、839mの投沼トンネル、175mの折壁トンネル、186mの第1、925mの第2外山トンネルと6本のトンネルを抜ける。

投沼と折壁の二つのトンネルのあいだには第15米内川橋梁があり、投沼トンネルから第2外山トンネルのあいだは半ループ線を二つ合わせた大きなS字カーブになっている。

その先に右側に片面ホームのある大志田駅の跡がある(平成28年3月廃止)。元はスイッチバック駅だった。盛岡寄りに折返線、釜石寄りに相対式ホームになっている停車線があり、盛岡駅から来た列車は停車線に停まって折り返して折返線に入る。再び折り返して釜石への本線に入る。停車線と折返線はレベルになっている。また、同駅通過の列車は折返線と停車線のあいだにあるシーサスポイントを通って釜石へ向かっていた。

現在は盛岡方からの線路をかつての折返線につなげ、片面ホームを折返線に並行していた本線側に設置している。このため駅部分はレベルから3・3‰の上り勾配にし、盛岡寄りを掘り下げて本線と旧折返線を接続している。ホームの釜石寄りに横取線がある。この横取線がかつての停車線方向に延びている。というよりも停車線の線路を流用している。

この先では395mの第1、259mの第2、17mの第3、80mの第4、118mの第5、91mの第6、152mの第7の大志田トンネル、続いて1183mの第1、89mの第2の浅岸トンネル、291mの第1、224mの第2の落合トンネル、204mの折戸トンネルを抜ける。また、第15から第17の米内川橋梁、第1から第4の中津川橋梁、田子文沢橋梁を渡る。

その先にかつて浅岸駅があった（平成28年3月廃止）。浅岸駅は停車線のホームが島式になっている、大志田駅とほぼ同構造のスイッチバック駅だった。今は右側に片面ホームが残っている。

次いで263mの第1、143mの第2、1114mの第3飛鳥《あすか》トンネルをくぐって少し進むと1・5‰の下り勾配になる。この地点の標高は744mで東北地方の鉄道路線で標高が一番高い。そして少し進んで区界駅となる。

区界駅は半径805mの右カーブ上にある相対式ホームの駅だが、かつては中線があった。1・5‰の下り勾配上にある。

区界駅を出ると最急25‰の下り勾配がずっと続く。最小曲線半径は200mで閉伊川と閉伊街道（宮古街道）が並行する。次の右手に片面ホームがある松草駅は半径1000mの右カーブ上にあり、標高は618mである。

この先、110mの第1、195mの第2の二つの松草トンネルを抜け、132mの門馬《かどま》トンネルを抜ける。そして半径250mの左カーブ上に片面ホームがある平津戸駅となる。元は相対式ホームで、その上り線側を使用している。標高は466mである。

さらに勾配を下る。476mの第1、148mの第2、305mの第3の三つの大峠トンネル、330mの第1、334mの第2の二つの小滝トンネル、217mの大渕トンネル、150mの第1、58mの第2の二つの芳門《よしかど》トンネル、267mの川内トンネルを抜けると変形ＪＲ形配線の川内駅となる。

下り本線である1番線が片面ホーム、上り本線の2番線が島式ホームの内側、上1線が外側にある。また、盛岡寄りには蒸気機関車の給水塔と給水線が残っている。片面ホームは盛岡寄りにずれており、島式ホームの釜石寄りは半径２００ｍの右カーブになっている。標高は２９９ｍまで下がっている。

土砂災害によって現在は同駅で宮古方向の折り返し運転がなされている。

この先、２４８ｍの第1、１９９ｍの第2の二つの蟹岡トンネル、続いて１０７ｍの第1、２６０ｍの第2の二つの鈴久名《すずくな》トンネルを抜ける。その先に右手に片面ホームのある箱石駅がある。同駅の線路とホームは右に振っている。対面には両開きポイントによる貨物側線があった。

松草駅からは多数のトンネルを抜けるが、同時に並行して蛇行する閉伊川を何度も渡る。第1閉伊川橋梁の長さは20ｍと短いが、箱石駅の先にある第22閉伊川橋梁は78ｍになっている。川幅がどんどん広がっていくからである。

次の陸中川井駅は半径１２００ｍの緩い右カーブ上にある片面ホームの駅だが、かつてはＪＲ形配線をしていた。そのときの島式ホームの内側の線路は保守用側線に流用されている。

79ｍの第23閉伊川橋梁を渡り、すぐに１４５ｍの第1、24ｍの第2の二つの袰岩《ほろいわ》トンネルを抜ける。その先で11ｍの古田《ふった》トンネル、１２８ｍの第25閉伊川橋梁、１５８ｍの第1西家トンネル、１２０ｍの第26閉伊川橋梁、１２１ｍの第2西家トンネル、98ｍの第27閉伊川橋梁、１５１ｍの三ツ石トンネル、１１８ｍの第28閉伊川橋梁、１３８ｍの第29閉伊川橋梁を通り抜ける。

その先に元島式ホームの腹帯《はらたい》駅がある。現在は片面ホームで旧上り線を使っている。腹帯駅の標高は84ｍと１００ｍを切っている。

１７５ｍの腹帯、34ｍの袰地《ほろち》、３６２ｍの茂市トンネルを抜けて半径５００ｍで右にカーブすると茂市駅である。片面ホームの1番線、そして側線があって島式ホームの2、3番線がある。茂市駅では廃止された岩泉線が合流していた。1番線が岩泉線用発着線、2

番線が山田線下り本線、3番線が山田線上り本線になっている。

現在、1番線では同駅―宮古間の区間列車が発着している。岩泉線は廃止されたのに岩泉方向への出発信号機は停止現示が点灯されたままになっている。

茂市駅を出ると118mの第30、233mの第31の二つの閉伊川橋梁を渡り、450mの大平《おおひら》トンネルを抜ける。そして第33閉伊川橋梁を渡り、半径400mで左にカーブすると左側に片面ホームがある蟇目《ひきめ》駅となる。かつては相対式ホームだった。その下り線を使用している。右手に片面ホームがある花原市《けばらいち》駅を過ぎると66mの第1、68mの第2、63mの第3の三つの門神トンネル、続いて106mの根市トンネルを抜けた先に右手に片面ホームがある千徳《せんとく》駅となる。

築堤になり、左手から三陸鉄道北リアス線が並行するようになって半径400mで右にカーブして宮古駅に滑りこむ。

宮古駅は北側の下り本線が片面ホームに面した1番線で、対面の島式ホームの内側が上り本線の2番線、外側が上1線の3番線となっている。すべての発着線

盛岡寄りから見た茂市駅

は盛岡と釜石の両方向に発車が可能である。１番線の盛岡寄りには三陸鉄道北リアス線の発着用の切欠きホームがあり、ここから山田線への渡り線が設置されている。また、上１線に続いて上２、３、４線の留置線がある。宮古駅の標高は５・９ｍとなっている。その隣に旧宮古機関区があって、震災後も側線が３線と建屋があるものの空地が広がっていた。現在、そこに新しい宮古市役所を建設中である。

●宮古―釜石間　宮古駅を出ると２４１ｍの第34閉伊川橋梁がある。この橋梁が最後の閉伊川橋梁で、震災で約半分が流されてしまった。現在、復旧工事は終了している。

　同橋梁の先はすぐには堤防から降りずに、少し築堤で進んでから地上に降りる。その先で１７５ｍの磯鶏《そけい》トンネルを出ると左手に片面ホームがある磯鶏駅となる。同駅の標高は４・３ｍ、磯鶏駅の釜石寄りは浸水したが、被害は軽微だった。

　磯鶏駅を出ると最急22‰の勾配で丘を登る。次に25‰の連続下り勾配で降りる。そして相対式ホームの津軽石駅となる。駅の宮古寄りは半径３００ｍの左カーブ上にある。標高は５・２ｍ、ホーム面から１・５ｍほど浸水した。しかし、駅舎もホームも大きな被害は受けていない。

　内陸部に入り、最急11‰の上り勾配で進んで片面ホームの豊間根《とよまね》駅となる。かつては相対式ホームで、使用されなくなった上りホームは残っている。同ホームの反対側には横取線がある。内陸部で標高は33ｍなので津波の被害はない。

　さらに最大25‰の勾配で上る。標高１００ｍまで上ると、短い祭神トンネルに入り、下りに転じる。25‰の勾配になっている。途中にも短い関口トンネルがある。

　下りきってから一度アップダウンする。そのサミットに80ｍの山田トンネルがある。そして陸中山田駅となる。標高は４・１ｍで大津波に飲みこまれ、駅舎は流されてしまった。元と同じ相対式ホームの復旧工事は終了している。

　この先で織笠《おりかさ》トンネルを抜け、58ｍの第１織笠川橋梁を渡って築堤を進むと右手に片面ホームがある織笠駅となる。標高は５・９ｍ、大津波によって第１織笠川橋梁は流され、盛土も大半が破壊され、ホームも一部が残っているだけとなった。これらの修復を行なっているが、まだ完成していない。
海岸に沿って丘を登っていく。短いトンネルを三つ抜けて標高が30mになってから降りていくが、内陸部に入って標高14mのところに相対式ホームの岩手船越駅がある。津波被害はまったくない。

この先は海岸に沿って進むが、最急25‰で最大標高40mの高台を上り下りする。次の左側に片面ホームがある浪板海岸駅は標高18mのところにあるが、盛岡寄りのわずかな部分を残して大半は津波で浸水した。駅のすぐ釜石寄りは盛土になっており、その途中にある39mの浪板川橋梁と盛土は完全に流されてしまった。波板川橋梁と盛土は復旧し、浪板海岸駅のホームは

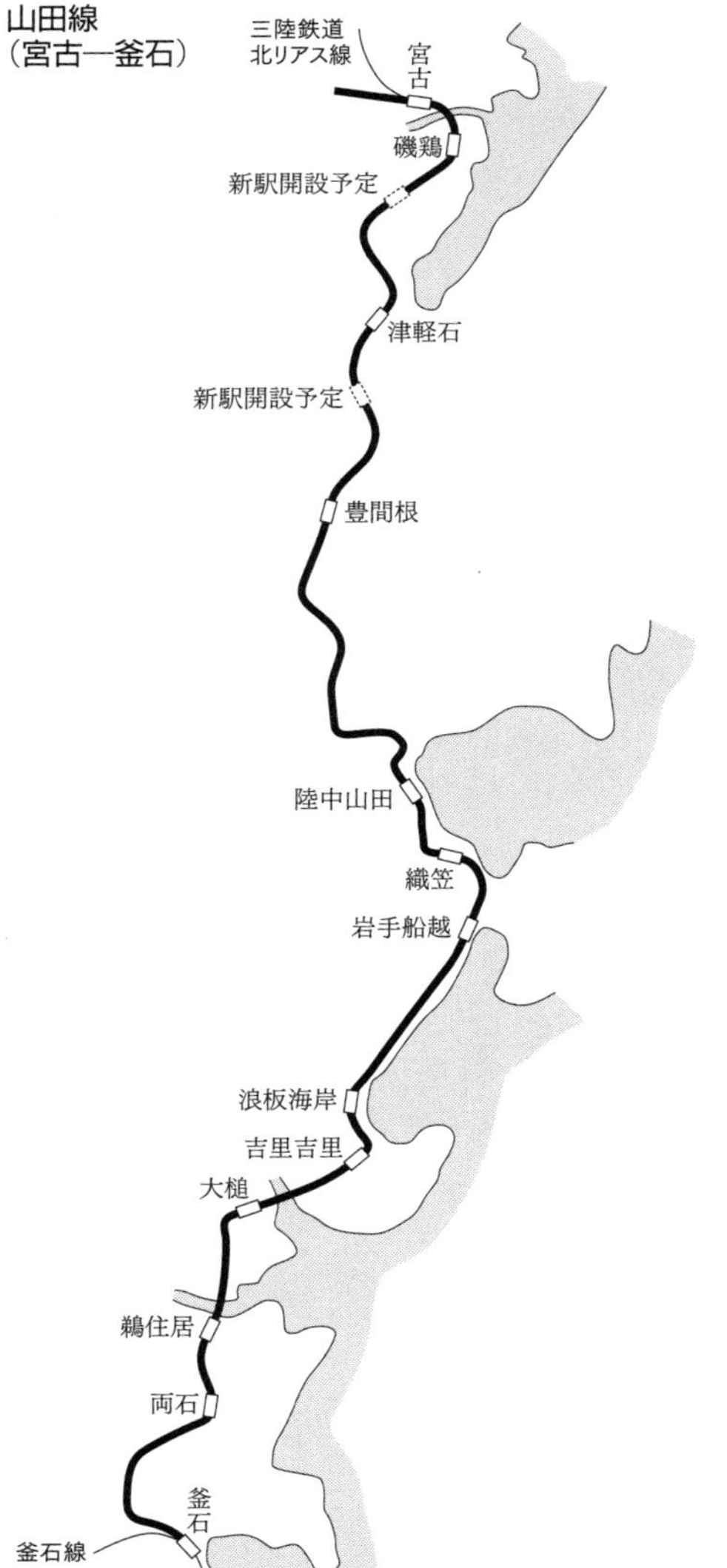

中央に見える浪板海岸駅の釜石寄りのホームの先は、橋梁も含めて大津波で流されたが、がっちりした盛土で復旧した

少し修繕しただけだが、軌道はコンクリート枕木となり、駅前広場が整備され、東屋が設置されている。

内陸部に入って左手に片面ホームがある吉里吉里《きりきり》駅となる。半径３００ｍから８００ｍで大きく右にカーブする途中にある。標高は28ｍなので津波は来なかった。

８０５ｍの吉里吉里トンネルを抜けると３７５ｍの大槌川橋梁があり、その先にＪＲ形配線の大槌駅があった。標高は３ｍなので、まともに大津波を被り、その先の盛土と小鎚川《こづちがわ》橋梁ともども流されてしまった。

土地の嵩上げ、両橋梁の架け替え、大槌駅などの復旧工事中である。

半径５００ｍで左に大きくカーブし、８４２ｍの大槌トンネルを抜ける。そして１３７ｍの鵜住居川橋梁を渡り、盛土を進んで島式ホームの鵜住居駅となる。同駅の標高は６・８ｍ、やはり大津波でほとんどの盛土は崩壊し、駅のホームもほとんど流失した。

土地の嵩上げ、鵜住居川橋梁の架け替え、駅の復旧が終了し、線路も敷設済みである。

25‰の上り勾配になり、内陸部に入って恋ノ峠トン

ほぼ復旧工事が終わった鵜住居駅。コンクリート枕木に替え重レール化した

ネルを抜けると左手に片面ホームがある両石駅《りょういし》となる。標高50mの高台にあるので津波被害はなかった。

第1、第2、そして173mの第3の水海トンネルを抜け、25‰で下りながら960mの釜石トンネルを抜けると半径2500mで左に大きくカーブし、右手から釜石線が並行する。半径600mで右にカーブしながら181mの甲子《かっし》川《がわ》橋梁を渡ると釜石駅となる。

【車両】 盛岡車両センターに所属するキハ110形100番台セミクロスシート車13両を花輪線と共用する。

キハ110形は両運転台付きで単行で走れ、ワンマン運転ができる。山田線では大半が単行だが、一部に2両編成がある。

【ダイヤ】 1日の運転本数は、快速「リアス」が上り1本、下り2本である。盛岡―宮古間の通し運転の普通は上り3本、下り2本、区間運転は盛岡―上米内間が2往復で、うち1往復は土休日運休、川内―宮古間と茂市―宮古間がそれぞれ2往復となっている。

2両編成は下りが川内発8時0分の宮古行と盛岡発11時8分の快速「リアス」、盛岡発19時6分の宮古行、上りが宮古発6時54分の川内行と宮古発9時35分の快速「リアス」である。

現在は上米内―川内間が不通のために快速「リアス」は盛岡―上米内間と茂市―宮古間に分かれ、盛岡―上米内間は普通、茂市―宮古間はノンストップの快速となっている。そして下りで2本運転していた快速は1本だけとしている。

普通は盛岡―上米内間はすべて上米内折り返しとなっているが、川内―宮古間運転は下り4本、上り5本、茂市―宮古間の区間列車は午前の1往復は運転されており、午後の1往復は運休している。

【将来】　宮古―釜石間の復旧後は三陸鉄道に転換され、磯鶏―津軽石間の八木沢地区付近と津軽石―豊間根間の払川《はらいかわ》地区に新駅を設置する。新駅予定地周辺は災害復興住宅や住宅移転で人口が増えており、復旧後に山田線の利用が増えると見込まれている。

三陸鉄道に転換後は南リアス線と北リアス線と一体的な運行形態になる。運行形態はまだ決まっていないが、盛《さかり》―久慈《くじ》間で都市間列車としての優等列車の運転が望まれるところである。停車駅は三陸、釜石、大槌、陸中山田、宮古、岩泉小本《いわいずみおもと》とすると盛―久慈間は3時間0分台で結ぶことができる。

重軌条化された山田線なので、特急の宮古―釜石間では1時間0分台は充分に可能だし、最高速度を120キロに引き上げれば1時間を切ることもでき、盛―久慈間は2時間10分台も夢ではなくなるし、特急料金収入も得られる。

これとは別にゆっくり走る観光列車も悪くはない。その場合は料理を出すのもいいが、眺望を楽しめる展望車や風を受けるオープンデッキが付いているのもいいだろう。ただし、トンネルが多い区間なのでトンネル内でも楽しめるように、トンネル内での照明に工夫を凝らす必要がある。

盛岡―宮古間では快速「リアス」が1時間59分で結んでいるが、ノンストップ運転をすれば1時間50分に短縮できよう。さらに宮古駅から久慈方面と盛方面へ延長運転をすれば、盛岡駅で東北新幹線と連絡するので、首都圏から三陸各地区へ行くのに便利になる。

この快速は朝、昼、夕、夜に各1往復設定し、宮古駅で盛方面と久慈方面に分割するのがいい。

三陸鉄道北リアス線

盛と久慈を結ぶ高速の都市間列車の運転を

POINT! 北リアス線のうち宮古―田老《たろう》間は元は国鉄宮古線、普代《ふだい》―久慈《くじ》間は元は国鉄久慈線で東北線の部に所属していた。他の区間も含めて鉄道建設公団が造ったために乙線規格であっても線形はよい。

リアス式海岸を走るため長大トンネルを多用して、法面《のりめん》の切り取りを避け、高くしている橋梁も多い。これはたびたび起こる大津波に対応したものだったが、それでも島越《しまのこし》駅のように海岸に面していたために高架橋ごと流されてしまった。

今後、山田線の宮古―釜石間が三陸鉄道に移管される。そのときには観光用の通し列車のほかに盛《さかり》、釜石、宮古、久慈を結ぶ高速の都市間列車の運転を望みたいものである。

【概要】 三陸鉄道北リアス線は宮古―久慈間71・0キロの単線非電化路線で、宮古駅でJR山田線、久慈駅でJR八戸《はちのへ》線と接続する。

大正11年4月公布の改正鉄道敷設法の別表6の「岩手県久慈ヨリ小本《おもと》ヲ経テ宮古ニ至ル鉄道」として予定線に取り上げられた。三陸縦貫鉄道の一環ではあるが、なかなか着工されなかった。

八戸線が久慈駅に達したのが昭和5年（1930）3月、山田線が宮古駅に達したのは9年11月のことで、まずはこれらの路線の建設が優先され、調査線に格上げされたのは36年5月のことだった。

昭和37年3月に工事線に編入されたが、着工はされず、39年3月に鉄道建設公団が設立されて、同公団の工事線として運輸省から指示され、40年11月に久慈線として普代―久慈間、41年12月に宮古線として宮古―田老間、そして田老―普代間は46年9月に着工された。

規格は丙線ではなく乙線とし、最急勾配20‰、最小曲線半径400m、明かり区間は40Nレール（長さ1mあたり40kg）だが、トンネル区間は50Nレール、PC（コンクリート）枕木を25mあたり39本と、丙線よりも高速用の規格である。

昭和47年2月に宮古線宮古―田老間が開通し、50年7月に久慈線普代―久慈間が開通した。なお、久慈線の起点は久慈駅である。

しかし、昭和56年9月には国鉄再建法に基づいて両線とも第1次特定地方交通線に指定され、59年4月に三陸鉄道に転換された。国鉄再建法によって工事が凍結されていた田老―普代間の工事を再開し、転換と同時に同区間も開通した。開通区間は明かり区間でも50Nレールを使用している。

昭和62年3月に国鉄山田線を介して盛―久慈間などを走る直通列車の運転を開始した。平成元年（1989）3月に最高速度を80キロから90キロに引き上げ、宮古―久慈間は最速で1時間31分から1時間26分にスピードアップした。その半面、盛―久慈間の直通列車は徐々に減り、22年3月の改正では1往復だけになってしまった。

そして平成23年3月11日に東日本大震災が起こり、島越駅とその付近の橋梁や盛土は大津波によって流失し、陸中野田―野田玉川間も大きな被害に遭った。とは言え、被害が軽微だった陸中野田―久慈間は16日には徐行運転をしながらも復旧した。3月いっぱいは復旧支援列車として運賃を無料にした。

以後、復旧工事は進み、3月20日に宮古—田老間、29日に田老—小本間が復旧し、平成24年4月に田《た》野畑《のはた》—陸中野田間、26年4月に小本—田野畑間が復旧して全線が復旧した。27年12月に小本駅は岩泉小本駅に改称した。29年3月に野田玉川—陸中野田間に十府《とふ》ヶ浦《うら》海岸駅が開設された。

輸送密度は347人、輸送密度での定期比率は通勤が0・7%、通学が24%と通勤客はほとんどいない。1日平均の運輸収入は85万2550円となっている。

今後、JR山田線の宮古—釜石間が平成30年度中に三陸鉄道に転換され、盛—久慈間が一体運行される予定である。

【沿線風景】 JR宮古駅の1番線の隣の切欠きホームが三陸鉄道北リアス線の発着ホームである。JR山田線の1、2番線からも北リアス線に直通できる配線になっている。山田線の宮古—釜石間が三陸鉄道の路線に転換したときは南リアス線も含めて一つの路線として盛—久慈間の直通列車が走ることになる。

宮古駅を出ると山田線と並行して21mの山口川橋梁を渡る。この先で12‰の勾配で上って盛土となる。山田線は地平のままなので高低差ができる。半径400mで右に大きくカーブして山田線と分かれ、地方主要道40号線を越える。地面がせりあがってきて562mの長根トンネルに入る。トンネル内でも半径400mの右カーブが少し続いてから直線になる。

長根トンネルを出ると右手に片面ホームがある山口団地駅となる。平成22年に開設された比較的新しい駅である。団地のなかに駅があり、左手は切り通しの崖になっているが、その上も団地の住宅が広がっている。

宮古駅と久慈駅を除く北リアス線の駅にもキャッチフレーズが付いており、山口団地駅は「黒森の鼓動」となっている。

駅を出るとすぐに137mの第1山口トンネルに入

三陸鉄道北リアス線

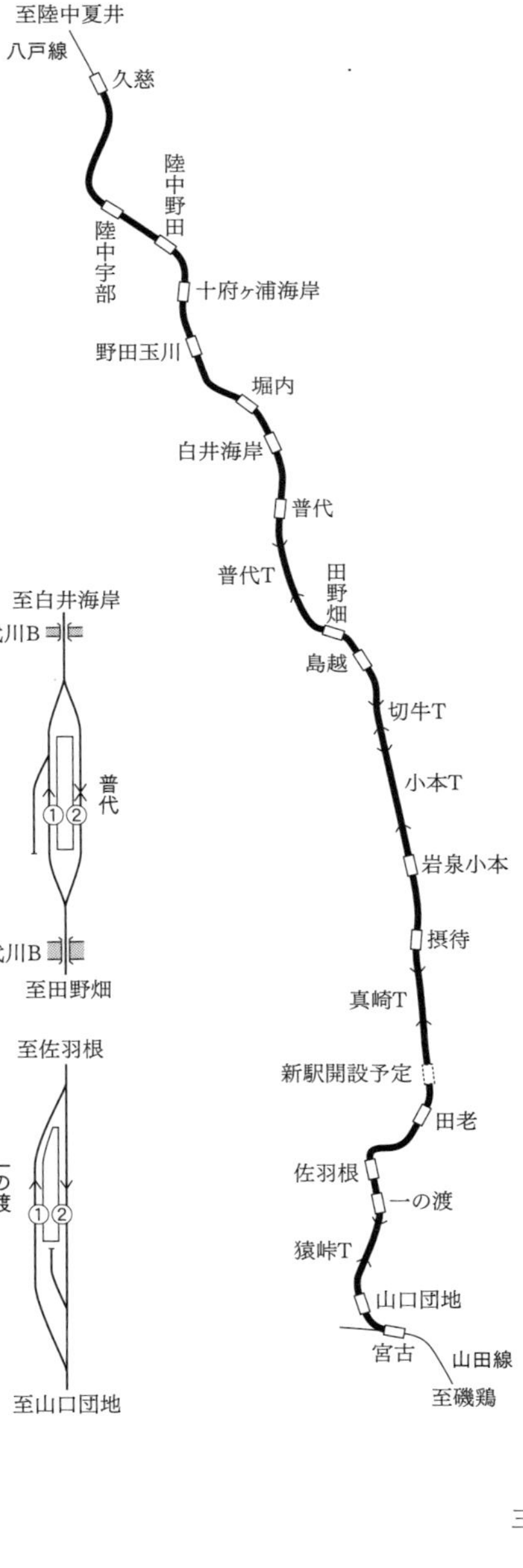

至陸中夏井
八戸線
久慈
陸中野田
陸中宇部
十府ヶ浦海岸
野田玉川
堀内
白井海岸
普代
普代T
田野畑
島越
切牛T
小本T
岩泉小本
摂待
真崎T
新駅開設予定
田老
佐羽根
一の渡
猿峠T
山口団地
宮古
山田線
至磯鶏

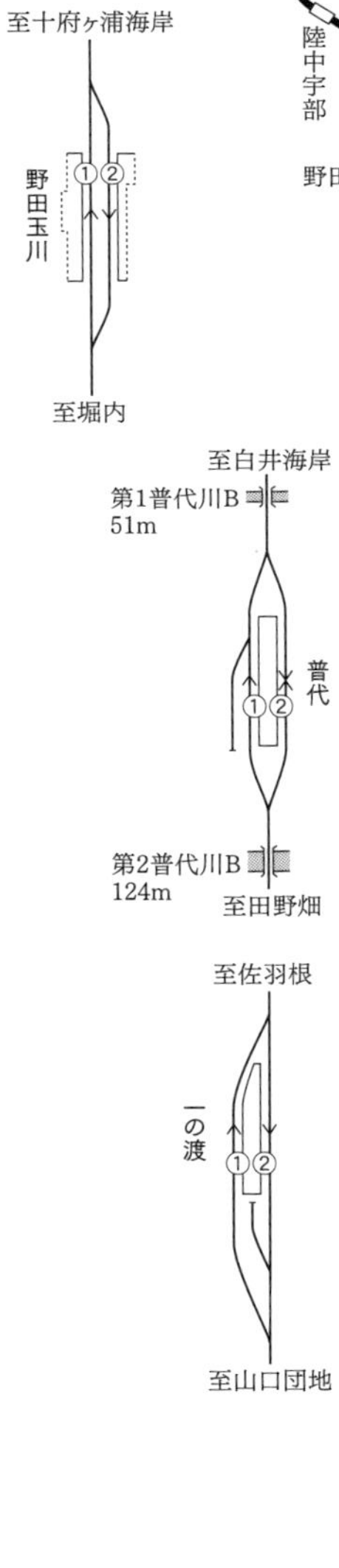

至十府ヶ浦海岸
野田玉川
①②
至堀内
至白井海岸
第1普代川B
51m
普代
①②
第2普代川B
124m
至田野畑
至佐羽根
一の渡
①②
至山口団地

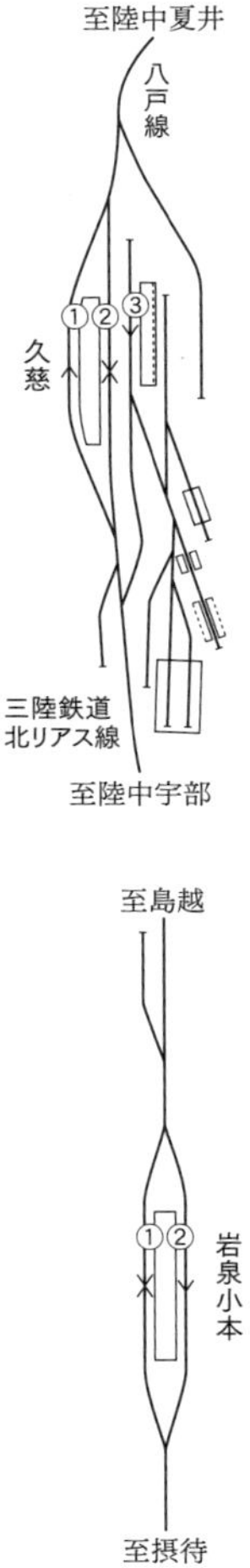

至陸中夏井
八戸線
久慈
①②③
三陸鉄道
北リアス線
至陸中宇部
至島越
岩泉小本
①②
至摂待

久慈寄りから見た宮古駅。左の切欠きホームが三陸鉄道北リアス線の発着線、他はJR山田線。右側に機関庫等があったが、売却されて市役所等が建設中

田老駅に進入する宮古行

る。同トンネルや手前の長根トンネルの久慈寄りの地上にも住宅街が広がっている。

20‰の上り勾配となり、212mの第2山口トンネルを抜ける。その先で上り勾配は19‰に緩むが、その先で2870mの猿峠トンネルに入る。同トンネルに入ると勾配は16‰に緩む。そして久慈寄りの出口付近は4‰の下り勾配になっている。

猿峠トンネルを出ても4‰の下り勾配のまま盛土で進んで島式ホームの一《いち》の渡《わたり》駅となる。下り本線の1番線が左に開く片開きのスプリングポイントになっている。開いてからいきなりホームにはならず、上下線間に上り本線の2番線から乗り上げポイントで分岐する横取線があって、その先にホームがある。宮古寄りに地上への下り階段がある。キャッチフレーズは「うぐいすの小路」である。

鉄道建設公団が建設したとき上り線がスルー線の1線スルー駅として計画されたが、結局は左側通行に固定化され、ポイントはスプリング式になった。

一の渡駅を出てすぐに2245mの一の渡トンネルに入る。入ってすぐに半径800mで左に大きくカーブする。そこまでは3‰の上り勾配、その先は18‰の下り勾配で、いわゆる拝み勾配になっている。

続いて82mの第1左羽根《さばね》トンネルを抜け、その先で盛土になって左手に片面ホームがある佐羽根駅となる。8‰の下り勾配で半径800mの右カーブ上にある。キャッチフレーズは「神楽の里」である。

駅の先で47mの第1田代川橋梁を渡る。続いて308mの第2佐羽根トンネルを抜け、72mの第2田代川橋梁を半径700mで右に大きくカーブしながら渡る。直線になって35mの堀野トンネル、43mの第1庄転トンネルを抜け、半径800mで左に大きくカーブする。カーブしてすぐのところに169mの第2庄転トンネルがあり、直線になって51mの第3田代川橋梁を渡る。

さらに489mの逢の山トンネルを抜けて半径1000mで右にカーブし、71mの神田川橋梁を渡ると島式ホームの田老駅となる。下り線が直線の行き違い駅で、キャッチフレーズは「銀色のしぶき」である。

盛土上にあって標高12mの田老駅は津波によって浸水した。駅舎は流され、地上からホームへの地下通路と階段は瓦礫に埋まったが、路盤の一部が流失した程度でホームは無事だった。下り線側に乗り上げポイントによる横取線がある。

田老駅を出て、やや左にカーブし、55mの第1田老トンネルを抜けると高架を走る。そのあたりは再建住宅のために区画整理され、人口が増えている。そのため、ここに新駅を設置することになった。

その先で２５２ｍの第2田老トンネル、３９７ｍの第3田老トンネル、そして北リアス線で一番長い６５３２ｍの真崎トンネルを抜ける。盛土を進んで右手に片面ホームのある摂待《せったい》駅となる。キャッチフレーズは「旅の八郎」。

その先で２４４６ｍの摂待トンネルを抜けてからＰＣ斜張橋で４０１ｍの小本川橋梁を渡ると島式ホームの岩泉小本駅となる。分岐ポイントが両開きとなっているのは計画当初から同駅を優等列車停車駅とするつもりだったからである。分岐ポイントはスプリング式だが、下り線は宮古方向に出発が可能になっている。

左手に片面ホームが増設できるスペースを確保して、そこは盛土になっている。小本駅（現岩泉小本駅）を終点とする小本線が鉄道建設公団によって着工されていた。小本線は山田線の茂市《もいち》を起点にして昭和17年に茂市―岩手和井内《わいない》間、そして32年に浅内《あさない》駅まで開通したのち、敷設を鉄道建設公団が引き継いで42年に着工し、浅内―岩泉間は47年に開通し、茂市―岩泉間は岩泉線に改称した。しかし、岩泉―小本間は測量または調査は行われたが、着工はされなかった。それでも小本駅は小本線の乗り入れに備えてＪＲ形配線にできるように準備されているのである。

岩泉小本駅のキャッチフレーズは「泉湧く岩」となっている。岩泉線が廃止され、竜泉洞へは同駅が鉄道線としての最寄り駅だからである。なお、小本駅から岩泉小本駅に改称したのは平成27年と、つい最近のことである。

岩泉小本駅を出ると上下本線が合流してすぐに左手に横取線が分岐する。その先で５１７４ｍの小本トンネル、続いて１８２４ｍの切牛《きりうし》トンネル、５９２ｍの浜岩トンネルを抜けると、真新しい盛土となり、その先に左手に片面ホームのある島越駅となる。キャッチフレーズは「カルボナード」。

島越―田野畑間を走る久慈行。重厚なコンクリート橋で復旧した

復旧後の島越駅の駅舎は嵩上げしたところに移転。駅全体がトンネル近くに移され、再び大津波がやって来ても山のほうへ迅速に避難できるようにしている

大津波によって駅の階段の一部を除いて駅舎、ホーム、高架橋のすべてが流失した。復旧後は堅固な盛土にして堤防を兼ね、ホームもこの先の第1島越トンネルの坑口寄りに設置して大津波がやって来ても即座に山へ待避できるようにした。駅舎もホームの西北側に併設した。

216mの第1島越トンネル、続いて723mの第2島越トンネルを抜け、主要地方道44号線を越え、655mの平井賀トンネルを抜けると田野畑駅となる。キャッチフレーズは「カンパネルラ」。

宮古寄りに横取線があり、その先に両側分岐ポイントの島式ホームがある。ホームの久慈寄りは左にカーブし、その先で上下本線は両側分岐で合流する。行き違い線が長く、両開きポイントになっているのは計画時に優等列車をすべて停車させる予定だったからである。また、上り線は久慈方向へも出発が可能である。

単線になってすぐに1271mの羅賀《らが》、140mの明戸《あけと》、4700mの普代の3本のトンネルを抜け、124mの第2普代川橋梁を渡ると盛土になり、両開き分岐で島式ホームの普代駅となる。キャッチフレーズは「はまゆり咲く」。下り線の外側に並行して横取線がある。上り線は久慈方向へも出発が可能である。

駅を出ると51mの第1普代川橋梁を渡る。半径1200mで左に大きくカーブし、18‰の上り勾配になる。上り勾配上で862mの第3、71mの第2、58mの第1の三つの力持《ちからもち》トンネルをくぐる。

普代駅からは元国鉄久慈線で、起点が久慈になっていたので、トンネルと橋梁は久慈寄りから付番している。普代駅の前後にある普代川橋梁も久慈寄りが第1、宮古寄りが第2になっている。

続いて371mの第3、35mの第2の二つの白井《しらい》トンネル抜けると左手に片面ホームのある白井海岸駅となる。キャッチフレーズは「ウニのかおり」。ホームとその前後は半径1200mで左にカーブしている。

ホームのすぐ先には1540mの第1白井トンネルの坑口がある。坑口付近は4‰の上り勾配だが、すぐに18‰の下り勾配になる。次に69mの大沢トンネルがあり、その先で178mの大沢橋梁を渡る。同橋梁は半径800mで左にカーブしている。上路コンクリートアーチ橋で右手に三陸海岸と太平洋を見渡せる。

再び8‰の上り勾配に転じ、180mの沢向《さわむかい》、74mの前浜の2本のトンネルを抜け、44mの前浜橋梁を渡る。次に225mの堀内トンネルを抜けると勾配が4‰に緩む。そして半径700mで左にカーブしているところに左手に片面ホームのある堀内駅となる。キャッチフレーズは「義経の祈り」。

駅の標高は30m、右手に堀内漁港と太平洋が見下ろせる。NHKの朝の連続テレビ小説「あまちゃん」の主人公の住まいの最寄り駅が袖が浜駅として登場したために、袖が浜とその前後の北三陸駅、磯野駅を記した駅名表が置かれ、昼間時の列車は3分ほど停車してホームに出られるようにしている。

堀内駅を出た先に半径700mの左カーブがあり、

白井海岸―堀内間にある大沢橋梁からの眺めは絶景なので昼間時の列車は徐行運転をして乗客を楽しませてくれる

381mの第2安家《あっか》トンネルを抜け、302mの安家川橋梁を渡る。同橋梁からも太平洋が見渡せる。続いて686mの第1安家トンネル、191mの銭神トンネルを抜け、37mの銭神川橋梁を渡る。この橋梁から少し進んだ地点で18‰の下り勾配に転じ、510mの石門トンネルを抜ける。

下り勾配が8‰に緩んで相対式ホームの野田玉川駅となる。キャッチフレーズは「西行の庵」。前後のポイントは上り線が分岐側の片開きになっている。国鉄久慈線時代は左手に片面ホームがある棒線駅だったのを三陸鉄道になったときに片開きポイントで上り線を新設した。海岸に近いが、標高は27mあるために津波による被害は受けなかった。

駅の前後は8‰の下り勾配で、少し進むと12‰になる。222mの玉川、300mの米田の二つのトンネルを抜けると、すぐ先に右手に片面ホームがある十府ヶ浦海岸駅となる。平成29年3月に開設した新駅である。キャッチフレーズは「はまなす香る砂浜」。同駅付近は津波で盛土が流されたりした。堅固な盛土に造り直している。

堀内駅で3分ほど停車するのでホームに出て景色を眺められる

新駅の十府ヶ浦海岸付近は北リアス線の盛土自体が第2堤防の役目を果たしている。
右に海岸に面した堤防があり、左に盛土をした第3堤防がある

盛土を進み、290mの十府ヶ浦トンネルを抜け、十府ヶ浦海岸に沿って進む。このあたりは土地が開けていたために軌道は津波によって流されてしまった。復旧にあたり、やや嵩上げしたのみである。その代わりに海岸には堅固で高い堤防が設置されている。

大きく左にカーブして海岸から離れ、盛土になった先に陸中野田駅がある。キャッチフレーズは「ソルトロード」。両側分岐の島式ホームで、下り線側に横取線がある。標高は10mで津波被害には遭わず、震災5日後には同駅と久慈駅のあいだで運転を再開した。

スプリングポイントによる左側通行になっているので、運転再開時には久慈駅から到着したとき上り2番線に入線し、乗客を降ろすとバックしてスプリングポイントを越えて停車する。運転士は地上に降りて手動でポイントを下り方向に転換し、下り1番線に進入する。そして下り線の久慈方向への出発信号機が進行現示になるのを待って出発する。

内陸部を最急16‰の上り勾配で進み、右手が山になっている切り通しを通って左手に片面ホームがある陸中宇部駅となる。キャッチフレーズは「縄文の花」。

陸中宇部駅の先で20‰、続いて19‰、そして15‰の上り勾配になり、887mの宇部トンネルを抜ける。出口付近は3‰の下り勾配になっている。そして最急20‰の下り勾配を進んで151mの長内川《おさないがわ》橋梁を渡ると久慈駅となる。

久慈駅はJR八戸線との共同使用駅で、東側の片面ホームの3番線が北リアス線の発着線である。車庫が隣接し、宮古寄りで八戸線とつながっている。というよりも八戸線の2番線が直線で宮古方向に延びており、それに北リアス線が合流する形になっている。久慈駅は元は島式ホーム1面2線だったが、三陸鉄道用の幅が短い片面ホームを増設して現在の配線になった。

【車両】 36-Z形1両と36-R形2両、36-700形3両、36-200形2両、36-100形5両がある。36-100形・200形は2扉セミクロスシートの三陸鉄道の標準車両で、200形は飲料水の自販機が設置されており、このため100形にくらべて1ボックス4人分の座席が少ない。

36-Z形はお座敷車両で、形式のZはZashikiの頭

陸中野田駅を出発する宮古行レトロ列車

久慈駅の片面ホームで三陸鉄道の列車は発着する。柵の左は車庫への引上線、その左はJRの留置線、ホームに停車している列車の右はJRのホーム

文字から取っている。通常のボックスクロスシートの座面を畳、背もたれを座卓にしたもので、通常は掘りごたつ式だが、座卓を通路部分に配置したり、座卓をなくして通路も含めてすべて座敷にすることもできる。

車体の長さを一般車の18mから20m（連結器を入れると20・5m）にした両運転台のトイレ付き車両で、デッキ式2扉になっている。定員は48人で、すべてお座敷座席である。出力330PSのエンジンを1基搭載し、2軸駆動となっている。

【ダイヤ】　宮古―久慈間を通し運転するのが基本だが、朝一番に普代↓久慈間、最終に久慈↓田野畑間の区間列車があるほか、田野畑駅で折り返して快速となって久慈に戻る区間列車もある。

朝一番の普代↓久慈間の列車は朝一番の上り久慈発宮古行の1両を普代駅で切り離して久慈に戻るように設定されている。

全線通し運転の列車は1日に11往復で、運転間隔は朝夕は約1時間毎、昼間時は約2時間毎になっている。

このため朝夕は3か所で行き違いをする4運用、昼間時は2か所で行き違いをする3運用になっている。

行楽期に走る「お座敷列車北三陸」号などの観光列車は久慈発12時15分の定期列車に連結し、帰りは宮古駅で切り離して単行で久慈に戻る。帰りは快速となっているが、観光列車のためにゆっくり走っている。行き帰りとも指定席料金310円が必要である。

【将来】　山田線の宮古―釜石間が復旧すると三陸鉄道に転換される。盛―久慈間の通し運転よりも宮古駅を中心にしてダイヤが組まれることになる。

宮古―久慈間には並行して国道45号があるが、クルマ利用では1時間50分程度かかる。北リアス線の普通は1時間40分程度で少し速いが、岩泉小本と普代の2駅だけ停車する快速であれば1時間25分程度の所要時間になる。

330PSのエンジンを2基搭載する高出力車両によって最高速度を130キロに引き上げて田老駅と野田玉川駅を1線スルーで通過できるようにすれば1時間0分台は可能である。これだけ速ければリクライニングシートによる特急にしてもいい。特急ならば特急料金収入が得られる。

盛—久慈間では2時間30分ほどに短縮し、その分、往来しやすくなり、乗客も増えるだろう。

田老駅の北側500mのところに新駅を設置するとよい。田老駅に近いが、このあたりでは宅地開発が行われ、人口が増えているから、一定の乗客が見込まれるのである。


【三陸鉄道の特急想定時刻表】 山田線の釜石—宮古間が三陸鉄道に移管されて高速の特急の運転をした場合の想定時刻表を考えてみた。

条件としてはJR山田線釜石以北と釜石線の現行列車との連絡をできるだけすること、山田線を含む三陸鉄道は特殊自動閉塞のために一つの行き違い区間では1列車しか走らせることができない。

1日4往復の運転とし、特急列車は2両編成で運用2本、予備2両の計6両を用意する。停車駅は三陸、釜石、大槌、陸中山田、宮古、岩泉小本とし、特殊自動閉塞であっても一部の特急は岩泉小本駅で普通を追い抜く緩急接続をして岩泉小本駅以北の各駅から特急の利用ができるようにした。

三陸鉄道の特急想定時刻表

（下り）

盛	発	810	1200	1450	1830
三陸	〃	823	1213	1503	1843
釜石	着	838	1228	1518	1858
釜石	発	840	1230	1520	1900
大槌	〃	851	1241	1531	1911
陸中山田	〃	907	1257	1547	1927
宮古	着	929	1319	1609	1949
宮古	発	931	1321	1611	1951
岩泉小本	〃	950	1340	1630	2010
久慈	着	1022	1412	1702	2042

（上り）

久慈	発	840	1230	1520	1715
岩泉小本	〃	912	1302	1552	1747
宮古	着	930	1320	1610	1805
宮古	発	932	1322	1612	1807
陸中山田	〃	954	1344	1634	1829
大槌	〃	1010	1400	1650	1845
釜石	着	1022	1412	1702	1857
釜石	発	1024	1414	1704	1859
三陸	〃	1039	1429	1719	1914
盛	着	1052	1442	1732	1927

盛—久慈間の所要時間は2時間12分、表定速度74・1キロとやや控えめにした。一線スルー化するには費用がかかるからとりあえずは行わない。行うのは岩泉小本駅の2番線が久慈方向へ出発できるようにするだけにとどめた。特急を走らせてみて、どのくらい利用されるのかを見てから、一線スルー化や軌道強化などによる高速化をして、さらにスピードアップすればいい。
高速化して気動車特急の「スーパーはくと」が走る智頭急行の表定速度は84キロとなっている。これと同じ表定速度を出せるとすれば盛—久慈間の所要時間は1時間57分ということになる。

JR八戸線

八戸―盛間運転の快速を走らせるべし

POINT! 八戸線《はちのへ》は東北線の部に所属している。八戸―鮫《さめ》間は「うみねこレール八戸市内線」の愛称が付き、運転本数は比較的多い。鮫以遠では種差《たねさし》海岸など景色がいいところを走るが、運転本数は少なく遅い。東日本大震災では陸中八木駅や有家《うげ》駅が被害に遭った。

【概要】 八戸線は八戸―久慈《くじ》間64・9キロの単線非電化路線で、八戸駅で青い森鉄道と接続し、東北新幹線と連絡する。久慈駅では三陸鉄道北リアス線と接続する。

日本鉄道が後の東北本線の盛岡―青森間を開通させたのは明治24年（1891）9月のことで、八戸の市街地を避けて内陸に通した。そこで9月に現八戸駅である尻内《しりうち》駅を開設した。

しかし、八戸の市街地から遠いことから、八戸の市街地の東側にある湊《みなと》地区と尻内を結ぶ支線の要望が地元から出され、これを受けて明治26年3月に鉄道局による尻内―湊間の建設が閣議決定した。ただちに認可され、開通後は日本鉄道が運行することになった。

明治27年1月に尻内―八ノ戸（現本八戸）間が開通し、10月には湊駅まで開通した。そして39年3月に鉄道国有法が公布され、11月に日本鉄道は国に買収された。40年11月に八ノ戸駅は「ノ」がとれて八戸駅に改称されたものの、42年の国鉄路線名称制定時に八ノ戸線と線名のほうは、まだ「ノ」が付いていた。

当時の三戸郡は交通が不便な陸の孤島で、八戸線を延長南下した形での鉄道敷設の要望が地元からも出ていた。また、大野地区（現岩手県九戸郡洋野町《ひろのちょう》大野）で鉄鉱石が採掘されることもあって八ノ戸―久慈間の建設が決定し、大正13年（１９３０）11月に八戸駅から種市《たねいち》駅まで開通し、このときに八戸線に改称した。14年11月に陸中八木まで、昭和5年（１９３０）3月に久慈まで開通して全通した。

このとき枝線となる八戸―湊間は湊線と呼ばれるようになったが、この湊線は昭和19年に旅客営業を廃止した。

昭和34年7月に準急「八甲田」が盛岡―大鰐《おおわに》間で運転を開始したときに、付属編成を連結解放して鮫―大鰐間で走らせた。鮫―尻内間では普通とした。35年には鮫―秋田間の準急「白鳥」が加わった。36年になって「白鳥」は「岩木」に、「八甲田」は「しもきた」に改称した。

昭和37年7月に盛岡―久慈間に準急（41年から急行）「うみねこ」の運転を開始した。それまでの優等列車は八戸線内は普通だったが、「うみねこ」は八戸、陸奥湊《むつみなと》、鮫、種市に停車する全区間準急で走った。

昭和41年10月に「うみねこ」は上野―盛《さかり》・久慈・青森間分割列車の「三陸」に取って代わられた。

昭和43年9月時点で上野―久慈間の所要時間は12時間10分、八戸線内の停車駅は八戸、陸奥湊、鮫、種市で所要時間は1時間30分、表定速度43・3キロだった。

最大14両編成で、1～3号車が盛発着で1号車は2等車指定席、4、5号車は盛岡―久慈間、6、7号車が上野―久慈間、7～11号車が上野―青森間で8号車は自由席・指定席混合の1等車となっていた。これに付属編成の1～3号車が11号車に連結される。この付属編成は盛岡―宮古―花巻―盛岡間の循環列車だった。

このほかに八戸線では普通扱いの急行「むつ」が運転され、さらに快速とはしていないが、八戸―鮫間各駅、種差（現種差海岸）、階上《はしかみ》、種市停車の尻内―陸中八木間の列車があった。

昭和43年10月のいわゆるヨンサントウダイヤ改正で「三陸」は「八甲田」に統合したものの45年10月改正で久慈発着の「八甲田」は廃止、代わって盛岡―久慈間の急行「うみねこ」が復活するとともに青森―鮫間の急行「なつどまり」を尻内―鮫間で併結した。46年2月に八戸駅を本八戸駅に、4月に尻内駅を八戸駅に改称した。47年3月の改正で急行「うみねこ」を廃止した。これによって鮫以南では急行の運転はなくなった。

しかし、通過運転をする普通はまだ走っているどころか久慈駅発着（陸中八木―久慈間では侍浜《さむらいはま》だけ停車）となり、これが実質的に快速だったと言える。ただし下りは結構通過するが、上りは種市―鮫間で階上、大久喜《おおくき》、種差にだけ停まり、他の区間では各駅に停車していた。

また、繁忙期には快速「久慈」が1往復設定されていた。快速「久慈」は久慈快速と呼ぶように変更して昭和48年3月に定期運転となった。久慈快速の下りは普代まで直通するが、上りは久慈発である。停車駅は本八戸、陸奥湊、鮫、種差、階上、種市、陸中八木、侍浜、久慈以遠各駅で八戸―久慈間の所要時間は1時間42分だった。急行料金を払ってまで乗る人は少ないと判断して快速にしたものである。さらにこれとは別に、通過するものの快速としていない普通もずっと1往復運転されていた。

昭和50年7月に久慈線の久慈―普代間が開通すると下り3本、上り1本が直通するようになった。うち下り1本は快速「久慈」の直通である。53年10月に急行「なつどまり」が快速に格下げされ、これで八戸線を走る急行はなくなってしまった。

久慈線が三陸鉄道に転換した昭和59年3月には八戸線の普代駅までの直通は廃止した。そしてＪＲとなった62年4月時点でも快速「久慈」はほぼそのまま運転されていた。ただし本八戸—鮫間で各駅に停車するようになったものの、使用車両を当時としては高出力のキハ40・47系に置き換えたために所要時間は1時間28分（上り、下りは1時間29分）に短縮した。

昭和60年3月に湊線を廃止した。その前の57年7月には鮫—久慈間を走る貨物列車が廃止された。また61年11月には本八戸—陸奥湊間の貨物運輸を廃止した。分割民営化したときにＪＲ貨物は八戸—本八戸間を第2種鉄道事業で承継し、現在でも貨物列車の運転は可能で、本八戸駅は車扱貨物の臨時取扱駅としているが、貨物取扱設備はなくなり、平成17年（２００５）5月を最後に貨物列車の着発はなくなっている。

昭和63年に快速「久慈」の名称は快速「こはく」に変更され、平成12年（２０００）12月に快速「こはく」は廃止され、八戸線は普通列車だけしか走らなくなった。このため八戸—久慈間の所要時間は1時間47分から2時間8分に延びてしまった。

そして平成23年3月11日に東日本大震災が起こり、宿戸《しゅくのへ》—陸中中野間にある各駅や軌道が大津波によって流失したり破損したりした。

3月18日には被害が小さかった八戸—鮫間で運転を再開し、24日には鮫—階上間、8月8日には階上—種市間が運転を再開した。特に階上—種市間は種市駅が自動閉塞の境界ではないために、スタフ閉塞にしての再開であった。

そして残る種市―久慈間は平成24年3月に復旧して全線の運転が再開された。輸送密度は全線で1041人、平成24年度が998人、21年度が1055人、昭和62年度が2513人である。24年度が少ないのは全線復旧していないからである。

八戸―鮫間では2951人、平成24年度は2962人、21年度は区間毎の輸送密度は公表されていない。昭和62年度は6079人もあった。なお平成26年度は3025人である。青い森鉄道との直通運転、しかも快速の頻繁運転でもっと増やすのが輸送密度を上げる方策と思われる。

鮫―久慈間は617人、平成24年度は不通区間があって407人、昭和62年度は1650人である。快速の運転で乗客を増やす必要がある。

八戸―久慈間が1時間50分前後かかるのでは、久慈はあまりにも遠い。山田線、北リアス線回りもそうである。盛岡からの路線バスも2時間50分近くかかる。八戸線に高出力の車両を投入して快速を復活するのが望まれる。できれば三陸鉄道に直通する八戸―盛間の運転を望みたいところである。

【沿線風景】 八戸駅の1、2番線で八戸線列車は発着する。1番線の線路名称は八戸線2番線、略して八2線、2番線が八戸線本線で略して八本線である。

八戸駅を出てもしばらく左に東北新幹線と青い森鉄道が並行する。そして半径805mで右に大きくカーブして東北新幹線、青い森鉄道と分かれるが、これらの路線と八戸線のあいだにJR東日本の八戸運輸区、それにJR貨物と八戸臨海鉄道の八戸貨物駅が広がっていく。

八戸貨物駅の八戸臨海鉄道の貨物出入り線が八戸線から分岐して同貨物線の南入換線につながっている。南入換線の先に八戸線と並行する八戸臨海鉄道の貨物着発線があり、その先で八戸線の本八戸方向への出入り線が合流する。この着発線に八戸線の上下いずれか

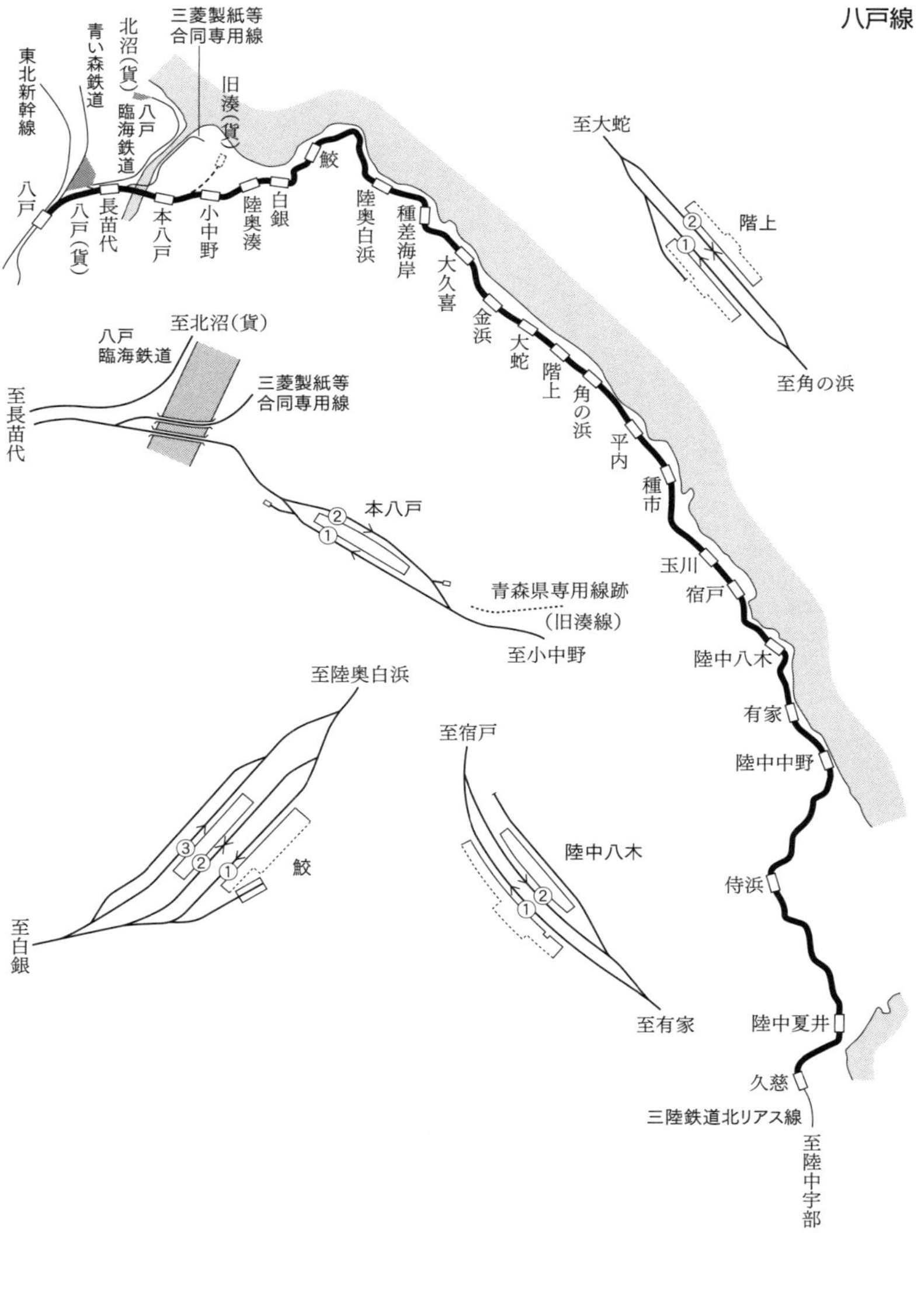
八戸線
東北新幹線
青い森鉄道
北沼（貨）
八戸臨海鉄道
三菱製紙等合同専用線
旧湊（貨）
八戸
八戸（貨）
長苗代
本八戸
小中野
陸奥湊
白銀
鮫
陸奥白浜
種差海岸
大久喜
金浜
大蛇
階上
角の浜
平内
種市
玉川
宿戸
陸中八木
有家
陸中中野
侍浜
陸中夏井
久慈
三陸鉄道北リアス線
至陸中宇部
至大蛇
階上
至角の浜
至北沼（貨）
八戸臨海鉄道
三菱製紙等合同専用線
至長苗代
本八戸
青森県専用線跡（旧湊線）
至小中野
至陸奥白浜
鮫
至白銀
至宿戸
陸中八木
至有家

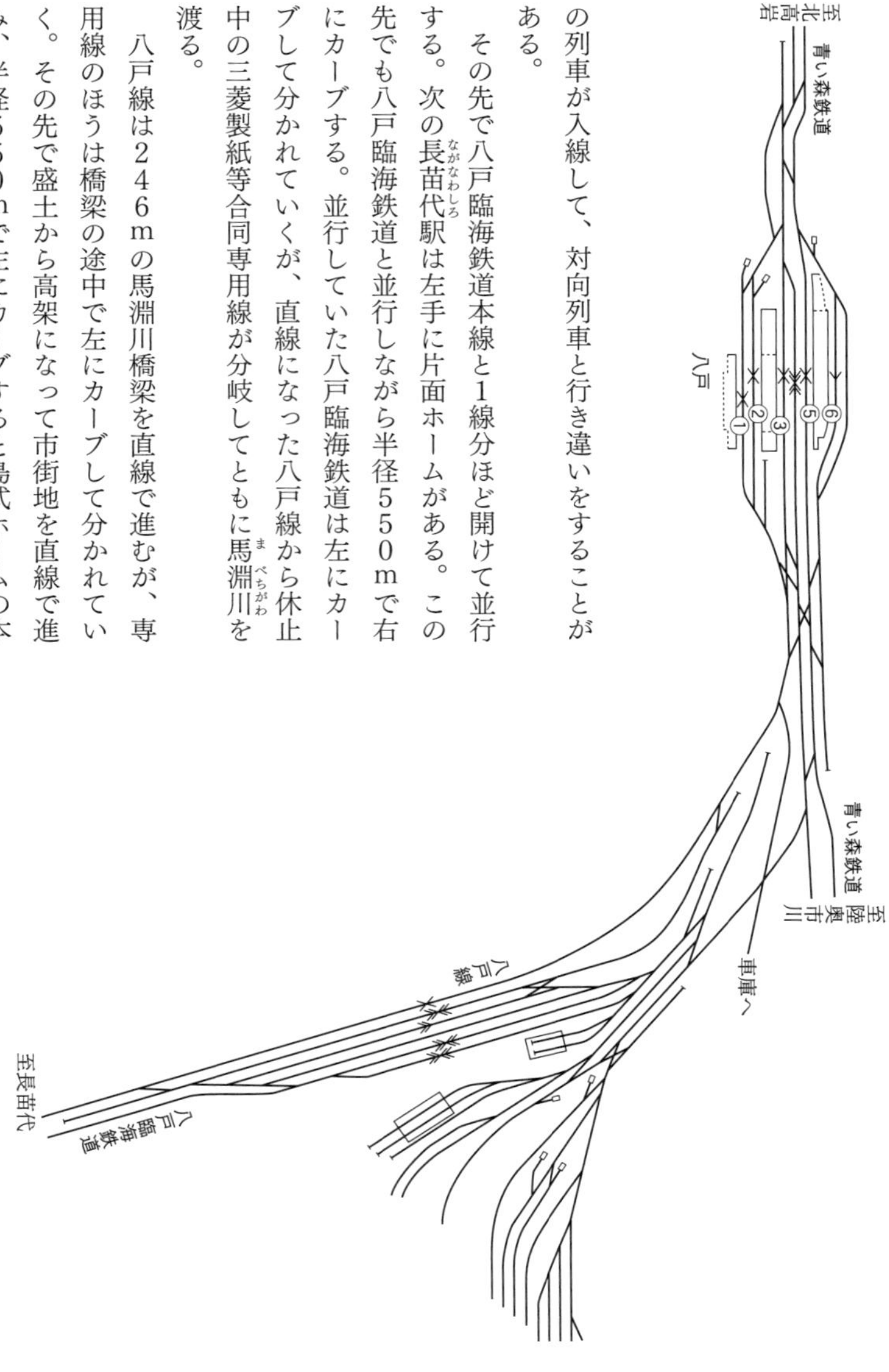

の列車が入線して、対向列車と行き違いをすることがある。

その先で八戸臨海鉄道本線と1線分ほど開けて並行する。次の長苗代《ながなわしろ》駅は左手に片面ホームがある。この先でも八戸臨海鉄道と並行しながら半径550mで右にカーブする。並行していた八戸臨海鉄道は左にカーブして分かれていくが、直線になった八戸線から休止中の三菱製紙等合同専用線が分岐してともに馬淵川《まべちがわ》を渡る。

八戸線は246mの馬淵川橋梁を直線で進むが、専用線のほうは橋梁の途中で左にカーブして分かれていく。その先で盛土から高架になって市街地を直線で進み、半径550mで左にカーブすると島式ホームの本八戸となる。

八戸駅に停車中の鮫行

本八戸駅の八戸寄りのポイントは両側分岐だが、久慈寄りは上り線が直線の片開きポイントになっている。高架化時には下り線の外側に湊貨物線への着発線があったために本八戸駅からしばらく並行することから、八戸寄りのポイントは両開きポイントとすることができなかったのである。

本八戸駅を出ると半径１６００ｍで大きく左にカーブする。廃止された湊貨物線の路盤跡も左手で並行している。八戸線が半径３５０ｍで右にカーブして旧湊貨物線の高架橋と分かれる。湊貨物線の路盤跡は高架でまっすぐ進んでから地上に降りる。そこに湊貨物駅があった。

八戸線が右にカーブした先の右手に片面ホームがある小中野《こなかの》駅となる。同駅の先は少し直線で進んでから半径６０２ｍで左に大きくカーブする。その先で盛土になってから１５４ｍの新井田川《にいだがわ》橋梁を渡る。その先に島式ホームの陸奥湊駅がある。下り線が分岐側の片開きのスプリングポイントになっている。久慈寄りの分岐ポイントの手前に半径６００ｍの右カーブがある。

八戸行の先頭から見た、行き違い待ちをしている鮫行

八戸線の信号方式は八戸―本八戸間は通常の自動閉塞で続行運転が可能だが、本八戸―久慈間は行き違い駅での出入り列車だけを検知する特殊自動閉塞になっているために、一つの行き違い駅間で同時に2列車を走らせる続行運転などはできない。特殊自動閉塞化は平成17年のことで、それまではタブレット閉塞で、続行運転ができた。

陸奥湊駅の先で半径302mで右に大きくカーブして少し進むと右手に片面ホームがある白銀《しろがね》駅となる。同駅を最寄り駅とする八戸工大第一高校と八戸学院光星高校、少し離れるが八戸水産高校があり、朝は同駅まで高校生で満員になる。同駅に到着すると一斉に降りるが、2扉デッキ式の車両なので降車に時間がかかるだけでなく、多くが降りきっても車内でゆったりしている生徒もおり、朝ラッシュ時の列車で2分くらい停車しているものがある。

同駅を出ると半径302mで大きく左にカーブし、その先で同じ半径で右に大きくカーブすると鮫駅がある。

JR形配線で上り本線が片面ホームに面した1番

鮫駅に停車中の八戸折返列車（右）と八戸行（左）

線、下り本線が島式ホームの外側に面した3番線、そして内側の2番線が中線で鮫駅折り返しが発着する。

鮫駅を出ると最初16・7‰、次に15・2‰の上り勾配になって段丘の西端を進むようになる。左手にはウミネコが集結している蕪島《かぶしま》神社が見える。

ようやく市街地を抜けて海岸線を左手に見ながら半径302mで右に左にカーブしていく。鮫角岬《さめかくみさき》を右に回りこんで南に向かっていく。

鮫駅から次の右手に片面ホームがある陸奥白浜駅までの距離は4・4キロと長い。同駅の標高は25mなので津波被害はなかった。この先、宿戸駅までの各駅は標高20m前後なので浸水もしなかった。

次の種差海岸駅は左側に片面ホームがあり、半径604mの左カーブ上にある。元は相対式ホームで、使われなくなった上りホームが残っている。

左手に片面ホームがある大久喜駅、右手に片面ホームがある金浜《かねはま》駅、左手に片面ホームがある大蛇《おおじゃ》駅と進み、相対式ホームの階上駅となる。下り線は八戸方向への出発も可能である。

続いて右手に片面ホームがある角《かど》の浜《はま》駅と平内《ひらない》駅を

階上駅を発車した久慈行

種市駅で折り返していたときは階上—種市間はスタフ閉塞にしていた

過ぎると16・1‰の下り勾配になって30mの川尻川橋梁を渡り、今度は15‰の上り勾配、そしてレベルで進み、左手に片面ホームがある種市駅となる。元は相対式ホームで、使われなくなった上りホームが残っている。

手前の平内駅近くに種市高校があり、代行バスでは不便なためと種市駅の乗降客は比較的多いために、震災後の平成23年8月に種市駅まで復旧したが、同駅は棒線駅で出発信号機はなく、このままでは折り返しができない。そこで階上―種市間は応急的にスタフ閉塞にした。スタフ閉塞では一つしかない票券を列車に搭載しなければ走れない。これによって正面衝突は避けられ、折返列車は所定の時間になると出発できる。

次の玉川駅と宿戸駅は右手に片面ホームがある。宿戸駅を出ると20‰の下り勾配になって40mの大浜川橋梁を渡る。このあたりの線路は波打ち際にあってまともに津波の被害に遭い、大浜川橋梁は流されてしまった。

復旧を急いだために路盤を嵩上げせず、ましてやルートの変更もせずに路盤を強化しただけで復旧させた。津波に対しては至るところに避難誘導路を設置したり避難用階段、はしごを備えたりして対応した。大半が崖下の海岸沿いの低いところを走っており、大津波に対応して高く嵩上げするには非常に費用と時間がかかるので行わなかったのである。

次の陸中八木駅は半径302m、続いて604mの左カーブ上にある元JR形配線の駅である。海岸寄りの島式ホームの外側の線路は横取線に転用されている。駅の標高は7・1mのため津波によって浸水し、駅舎は半壊した。

25‰の勾配で少し上り、海岸に沿って進むが、標高はさほど高くない。緩い下り勾配になり、39mの原子《はらし》内川《ないがわ》橋梁を渡って少し進むと有家駅となる。津波によって崩壊した手前の盛土高架の線路を強固な盛土で復旧し、コンクリート枕木にしたために乗り心地がいい。

有家駅は右側に片面ホームがあって半径402mの左カーブ上にある。標高は13m、このためホームの久慈寄りは津波によって少し破壊されただけですんだが、その先の路盤は完全に流されてしまった。待合室も半壊したが、リニューアルした。

陸中八木駅に進入する久慈行。津波で浸水したために、列車の向こうに堤防が設置されている

津波による被害を受けた陸中八木駅も見事に修復された

ここからは海岸まで迫っている段丘の上を最急18・2‰の上り勾配で進むようになる。やがて右手に片面ホームがある陸中中野駅となる。標高は42ｍのために津波被害はなかった。

この先で25‰の連続上り勾配になる。第1～3の三つの粒来《つぶらい》トンネルを抜け、最小半径３０２ｍで右に左にカーブする。その先で勾配は11・4‰から25‰になって上っていく。レベルになると左側に片面ホームがある侍浜駅となる。半径６０４ｍの左カーブ上にある。元は相対式ホームで、使われなくなった上りホームが残っている。標高は１５６ｍで八戸線で一番高いところにある駅である。

この先は連続25‰の下り勾配になる。途中に１１８ｍの鳥谷《とや》トンネルがある。レベルになると66mの夏井川橋梁を渡り、陸中夏井駅となる。現在は片面ホームだが、同駅も元は相対式ホームだった。そして半径362mで左にカーブしながら152mの久慈川橋梁を渡ると久慈駅となる。

久慈駅は島式ホーム1面2線がJRの駅で、宮古方向に機待線がある。その先で三陸鉄道北リアス線が合流する形で八戸線と接続している。また、北リアス線の引上線の向こうにJRの留置線が1線設置されている。

【車両】 八戸運輸区の両運転台のキハ40形521番台と片運転台のキハ48形の2両編成はトイレ付きの500番台とトイレなしの1500番台とがペアを組む。

これに「リゾートうみねこ」用3両編成と「うみねこ」用2両編成のキハ48形も普通列車として使用される。

さらに臨時列車としてレストラン列車「TOHOKU EMOTION」用に改造したキハ110系3両編成も走る。

「リゾートうみねこ」用キハ40系は、もともとは八戸―大湊《おおみなと》―青森―三厩《みんまや》―青森―八戸間を走るリゾートトレイン「きらきらみちのく」用としてキハ40系を改造した3両編成でキハ48-1506、キハ48-1534、キハ48-1505の3両である。キハ48-1506号とキハ48-1505号は正面非貫通の展望車で、座席は横1&2列の回転リクライニングシート、中間に挟まれるキハ48-1534号はトイレなし片運転台で、座席はボックス長1800㎜で大型テーブルがあるボックスクロスシートになっている。

「うみねこ」は東北新幹線八戸開業時にキハ48-555号と1549号をオール回転リクライニングシートに改造したもので、当時の新幹線「はやて」1号と20号に連絡して観光客に楽しんでもらえるようにした。

現在は「はやぶさ」9号と28号に接続する普通列車を「うみねこ」号として、この編成か「リゾートうみねこ」編成で使用される。

レストラン列車用に改造したキハ110系の種車《たねしゃ》はキハ111-2、キハ112-2、キハ110-105の3両で、キハ110-105号は小海線営業所、残り2両は盛岡車両センターに配置されていたものであ

有家駅は津波に浸かったが、ホームは修復され、駅待合室も新設された

久慈駅の島式ホームはJR八戸線用

る。

八戸寄り1号車がキハ111−701号、2号車がキクシ112−701号、久慈寄り3号車がキハ110−701号に改番された。

キハ111−701号は4人セミコンパートメントを海側に、通路を山側に配置している。キクシ112−701号は14系客車に搭載していた補助電源用発電機を設置して、その駆動用に走行エンジンを使用している。車内久慈寄り海側に厨房、八戸寄り海側にオープンカウンターを設置していて座席はない。キハ110−701号は山側に2人斜め向い合わせの座席と、そのあいだに三角テーブル、海側には2人向かい合わせの四角テーブルを設置している。この車両は両運転台になっている。

【ダイヤ】 八戸―久慈間の全区間運転が9往復、八戸―鮫間の区間運転が10往復設定されている。区間運転のうち八戸発7時26分と9時31分は青い森鉄道の三戸から直通している。八戸発12時22分と久慈発15時1分は土休日に一部指定席がある「リゾートうみねこ」として走る。

利用が多い八戸―鮫間の運転間隔は朝に12分または30分間隔になる。本八戸、小中野、白銀の各駅の付近に高校があるからで、青い森鉄道からの直通列車も高校生に利用しやすいダイヤで設定している。鮫駅の先の平内駅の付近にも種市高校があり、青い森鉄道沿線からの通学生も多い。このためスタフ閉塞にしてでも種市まで早期に復旧させたのである。昼間時は1時間前後の間隔だが、高校生が帰宅する15時台からは30分前後の間隔になる。

鮫―久慈間の運転間隔は朝は約1時間だが、昼間時は約2〜3時間、夕方は1時間となっている。朝の上り八戸行は約30分毎になっている。このため下りの久慈行は階上駅でこの2列車を待避するために39分間停車する。最初の列車を待避してから発車し、次の行き違い駅の陸中八木駅まで走りきって同駅で待避するわけにはいかないからである。

そのあいだにある種市駅の行き違い設備を復活すれば、ここで次の対向列車と行き違うことはできるが、それをしても乗客が増えるわけでもないので、今後も2列車との行き違い待ちを続けることになる。

大半は2両編成だが、下りの八戸発7時14分（久慈行）、7時26分（鮫行）、7時55分（鮫行）、17時15分（久慈行）、18時24分（鮫行）と上りの八戸着6時21分（鮫発）、7時7分（久慈発）、7時48分（久慈発）、11時46分（久慈発）、16時53分（久慈発）、22時7分（久慈発）は3両編成である。

このうち八戸発12時22分と同駅着16時55分は平日は「うみねこ」編成が連結され、土日曜は「リゾートうみねこ」として走る。

【将来】キハ40系の老朽化によって、まもなくキハE130系500番台に置き換えられる。3扉セミクロスシートで2両固定6本と単行運転できる6両の計18両が造られる。

キハE130系は加速がいいから、それなりにスピードアップする。しかし、もっとスピードアップするならば快速の設定である。

停車駅を本八戸、鮫、種差海岸、階上、種市、陸中八木とし、高出力の気動車を使用して最高速度を現行の85キロから95キロに上げれば八戸—久慈間は1時間10分程度で結ばれよう。

八戸—長苗代間を走るレストラン列車「TOHOKU EMOTION」号

用語解説

既刊の「用語解説」も参照のこと

1線スルー　単線路線では駅や信号場で行き違いをするとき複線となるが、片側あるいは両側とも速度制限を受ける（通常は45キロ制限）。その駅に停車するならそれでもかまわないが、通過列車が速度を落とすのでは時間の無駄である。片方を直線にして、通過列車は上下線ともそこを走らせれば、速度制限を受けないですむ。これが1線スルー方式である。

VVVFインバータ制御　通常の電車は回転速度の幅が大きく制御しやすい直流モーターを使う。交流モーターは周波数により回転数がほぼ決まっており、電圧による回転数の大小幅は狭かった。インバータは周波数と電圧を自由に変化させる制御装置（Variable Voltage Variable Frequency）であるが、大容量のものも開発され、これを交流モーターに採用した電車がインバータ電車である。直流モーターにくらべてメンテナンスが楽であり、車体の下にある制御機器の数が減る。また、空転が起こりにくいので加速性能を上げることができる。

運転停車　行き違いなどで停車駅でない駅などに停車すること。

営業キロ　運賃を計算するときに設定したキロ程。必ずしも実際の線路延長と合致しない。

営業係数　１００円の収益を上げるのにかかった経費。当然１００円を越えると赤字である。

ORS　Off Rail Station の略。大きな貨物駅までコンテナをトラックで輸送する貨物取扱場。ほとんどは貨物列車を走らせるほどの需要がない貨物駅を廃止してＯＲＳにするが、まれに通運会社に委託してその集荷場をＯＲＳとしているところもある。

界磁添加励磁制御　国鉄が開発した初期の省エネ電車に採用された制御器。直流モーターの界磁側の電流を制御することによって、抵抗器による電気の損失を軽減する制御器。

回生ブレーキ　電気ブレーキで発生した電力を架線に戻し、他の電車の加速に使えるようにしたもの。

回転線　転車台につながる線路。

機折線　機関車用の短い折返線。

機走線　貨物ターミナルなどで機関庫と仕訳線とを結ぶ機関車だけが走る通路線。

機待線　仕訳された列車に連結するために機関車が待機する線路。

機回線　機関車牽引の列車は終点などで折り返すとき、機関車を反対側に連結しなければならない。そうするには、切り離された機関車を先頭側に付けるための線路が必要で、これを機回り線という。ただし運転関係の部署では機関士が機関車を回すから「機回し線」、施設関係の部署では管理する線路に機関車が回るから「機回り線」と読み方が異なっている。

機留線　機関車留置線の略。

均衡速度　駆動力と走行抵抗の力が同じになって、これ以上加速できない速度。

甲線、乙線、丙線　国鉄時代に定めた線路等級の区分。甲、乙、丙と簡易線の4段階に分けていて、甲線の規格が一番よく、幹線に当てられる。その後、湖西線などができると甲線より規格が上になるため特甲線が追加され、さらに甲線から簡易線までを1級線から4級線に変更された。

シーサスポイント　シーサスクロッシングポイント。複線間の順方向と逆方向の渡り線を一つにまとめたもので、線路配線図には複線の間に×印で描く。

車扱貨物　貨車を1両ごとに扱って仕訳をし、貨物列車を組成する方式。かつてはこれが主流だったが、現在は各貨物ターミナル間を直行するコンテナ列車が主流になっている。しかし、今でも同一品目を数両の貨車に積載する貨物列車は車扱貨物として取り扱っている。

上下分離方式　線路などインフラ部分を所有する会社、あるいは公的組織と、実際に運営する鉄道会社とを分ける方式のこと。鉄道を運営する会社はインフラの建設費などの償還に関わらないので、経営が楽になる。

スタフ閉塞　一つの閉塞区間に置いて、票券（スタフ）を載せた列車しか走ることができないようにして正面衝突や追突を防ぐ信号保安方式。票券は一つしかない。

第1種（第2種、第3種）鉄道事業（者）　第1種鉄道事業者は線路を自らが敷設して運送を行い、さらに第2種鉄道事業者に使用させることができる。第2種鉄道事業者は第1種鉄道事業者または第3種鉄道事業者が保有する線路を使用して運送を行う。第3種鉄道事業者は線路を敷設して第1種鉄道事業者に譲渡するか、第2種鉄道事業者に使用させ、自らは運送を行わない。

多層階運用　発駅・着駅などの異なる列車の併結運転を何度も繰り返す運用のこと。

タブレット閉塞　スタフ閉塞と同じだが、閉塞区間の両端にタブレット発行機を設置して、その内部には複数以上の票券を収納している。ただし、発行機から出ている票券は常に一つだけとし、いずれかの発行機に収納されるともう一方から新しい票券を取り出せる。これによって同じ方向に続いて列車を走らせることができる。

通路線　車庫などのところで留置や洗浄、検査をする目的の線路のほかに、これら線路へ向かうための通路として使用する線路。

定数牽引　機関車等が駅間などで定められた走行時間で走ることができる牽引列車の牽引できる限界重量。

鉄道敷設法　明治初期および中期には鉄道の建設は全国的な観点からなされていなかったので、全国的な鉄道建設構想を打ち出すために、明治25年に鉄道敷設法が制定され、予定線33路線を、順次国が建設することとした。すでに私鉄によって開業したものを国が買収することや、私鉄による建設は、帝国議会の承認によるとした。国にすべてを建設するだけの予算がなかったためである。だが39年に鉄道国有法ができ、一地域の輸送に限定する路線以外は国有化された。また、北海道は鉄道敷設法から除外されており、別に北海道鉄道敷設法が29年に公布されている。鉄道敷設法によってほぼ幹線、亜幹線が開通した後の大正11年には、もっと細かな路線を建設するために改正鉄道敷設法が制定された。これには北海道を含めた１４９路線が別表にあげられている。改正鉄道敷設法は年を経るごとに新路線が別表に加えられて、赤字ローカル線が造られていった。

電動制御車　電車において運転台とモーターがある車両を電動制御車、モーターがない車両を制御車、モーター付きで運転台がない車両を中間電動車あるいは単に電動車、運転台もモーターもない車両を付随車と呼ぶ。

中線　基本的に上下本線の間に敷かれた副本線。

ＮＡＴＭ工法　主として山岳トンネルにおける掘削工法。掘削後、コンクリートを素早く吹き付けて、そのコンクリートを通して岩盤にアンカーボルトを打ちこんで、コンクリートと岩盤を一体化する工法。

乗り上げポイント　保守用側線から本線に入るなどの際に使用するポイント。本線と渡り線との分岐部では通常、本線側のレールにすき間があるが、乗り上げ式の場合はそれがないため、本線列車が通過してもショックは起きない。保守車両が通るときは、線路の横に置いてある山形のパーツを取り外して分岐部に置く。

表定速度　一定の区間での停車時間を含めた平均速度。

平均運賃　一人が平均的に支払ったものではなく、運賃収入を人キロで割ったもの。人キロとは輸送人員と乗車キロを掛け合わせたもので、一人が1キロ乗車したときに支払った運賃である。実際の一人が平均的に支払った運賃は平均運賃に平均乗車キロをかければ算出できる。

平均輸送キロ　乗客一人当たりの平均した乗車キロ数。

棒線駅　ホーム1面1線でポイントがない駅。ポイントがない複線の駅でも言うときがある。

ボギー台車　一般的な鉄道で使用している台車。

輸送人キロ　輸送人員と乗車キロを掛け合わせた延べ輸送量。

輸送密度　営業1キロあたりの1日平均乗車人数。

抑速ブレーキ　下り勾配で一定の速度を保って降りることができるブレーキ装置。

横取線　保守車両を収容する側線。

配線記号

乗り上げポイント　保守用側線から本線に入るなどの際に使用するポイント。通常は本線と渡り線との分岐部では、本線側のレールにすき間があるが、乗り上げ式の場合はそれがないため、本線列車が通過してもショックが起きない。保守車両が通るときには、線路の横に置いてある山形のパーツを取り外し、分岐部に置く。

シーサスポイント　正式名称は「シーサスクロッシングポイント」。順方向と逆方向の渡り線を1つにまとめたもの。

片開きポイント　直線の線路から分岐するポイント。

両開きポイント　2方向に振り分けるポイント。

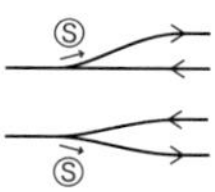

スプリングポイント　一定の開通方向に進入するようにセットされたポイント。非開通側からは車輪でポイントレールを押して進み、通過するとスプリングによって元の開通方向に戻る。矢印は開通方向を示す。

著者略歴――――
川島令三 かわしま・りょうぞう
1950年、兵庫県生まれ。芦屋高校鉄道研究会、東海大学鉄道研究会を経て「鉄道ピクトリアル」編集部に勤務。現在、鉄道アナリスト、早稲田大学非常勤講師、全国鉄道利用者会議顧問。小社から1986年に刊行された最初の著書『東京圏通勤電車事情大研究』は通勤電車の問題に初めて本格的に取り組んだ試みとして大きな反響を呼んだ。著者の提起した案ですでに実現されているものがいくつもある。著書は上記のほかに『全国鉄道事情大研究（シリーズ）』『関西圏通勤電車徹底批評（上下）』『なぜ福知山線脱線事故は起こったのか』『東京圏通勤電車 どの路線が速くて便利か』『鉄道事情トピックス』『最新 東京圏通勤電車事情大研究』（いずれも草思社）、配線図シリーズ『全線・全駅・全配線』、『日本 vs.ヨーロッパ「新幹線」戦争』『鉄道配線大研究』（いずれも講談社）など多数。

全国鉄道事情大研究
東北・東部篇

2017年10月19日　第1刷発行

著　者　川島令三
装幀者　板谷成雄
発行者　藤田　博
発行所　株式会社 草思社
〒160-0022　東京都新宿区新宿1-10-1
電話　営業 03(4580)7676　編集 03(4580)7680

組版・図版　板谷成雄
印刷・製本　中央精版印刷株式会社

ISBN978-4-7942-2304-3 Printed in Japan　検印省略